개정판

말하고 쓰기 위한

영어 문장과 표현 연습

박 상 수 저

Practice in English Sentences and Expressions

for Speaking and Writing

부산외국어대학교 출판부

〈개정판〉

말하고 쓰기 위한
영어 문장과 표현 연습

2013년 8월 30일 3판 1쇄 발행

저 자/ 박 상 수
발행인/ 정 해 린
발행처/ 부산외국어대학교 출판부
등 록/ 제 331-33100002510019880000001
주 소/ 608-738 부산광역시 남구 석포로 15
전 화/ 051)640-3439, 3440 팩스/ 051)640-3580
인터넷/ http://press.bufs.ac.kr

편 집/ 주간 · 심재륜, 디자인 · 황은석
인쇄처/ 세종문화사 (051)463-5898
공급처/ 한국출판협동조합 (02)716-5616 ~ 9

ISBN 978-89-8312-382-4 93740

정가 15,000원

머리말

언어는 인간만이 유일하게 지니고 있는 의사소통 수단이다. 이러한 의사전달 수단인 언어는 일차적인 음성 언어(verbal language)와 이차적인 문자 언어(literal language)로 이루어진다. 그런데 현대인의 언어생활은 음성 언어 사용과 더불어 문자 언어 사용이 그 어느 때보다 중요해지고 있다. 왜냐하면, 언어의 사용 영역(register of language)에서 음성 언어를 매개체로 의사소통을 하는 대화(conversation/dialogue)와 더불어 문자 언어를 매개체로 의사전달을 하는 문학 작품 언어(language used in fiction), 언론 매체 언어(mass-media language), 학문 연구 언어(academic prose)의 사용 기회가 더욱더 빈번해지고 있기 때문이다. 또한, 컴퓨터와 인터넷의 발달로 이와 같은 문명의 이기를 통해서 정보를 획득하는 글읽기와 정보를 전달하는 글쓰기 기회도 점점 더 많아지고 있다.

우리들이 일상생활에서 사용하는 언어는 음성 언어든 문자 언어든 언어 사용 규칙이라는 여과 장치를 거쳐 보다 더 원활하게 소리말(spoken language)로 발화되고 보다 더 정확하게 글자말(written language)로 표현된다. 한 언어의 사용 규칙은 선천적이고 유전적인 인간의 언어 기능(language faculty)인 언어 능력(linguistic competence)이 언어 경험을 통하여 구현된 것이다. 그런데 어린아이는 언어 사용 규칙을 의도적이고 계획적이며 원리적이고 체계적으로 배우지 않고도 생후 일정 기간이 지나면 온전한 모국어 화자로 성장한다. 언어 능력의 선천적 유전 가설에 입각한 생성 문법(Generative Grammar) 이론에 기초하여 인간의 언어 습득(language acquisition)을 연구한 결과에 따르면, 어린아이는 사춘기 이전에 모든 보편 문법(Universal Grammar) 원리와 체계를 모국어인 개별 문법(individual grammar) 원리와 체계로 매개변인 값(parametric value)을 고정시키면서 언어 성장(language growth)을 멈추게 된다.

그러나 우리나라 청소년들은 언어 능력의 성장이 거의 끝나버린 사춘기를 전후하여 모국어가 아닌 외국어로서 영어를 본격적으로 배우기 시작한다. 이때, 영어 사용 규칙은 음성 언어로 전달되는 영어를 바르게 듣고 유창하게 말하며, 문자 언어로 표현되는 영어를 정확하게 읽고 올바로 쓰기 위하여 반드시 알아야 하는 기본 지식이 된다. 그러나 앞에서 말한 것처럼 일정 기간 안에 원리적이고 체계적인 언어 사용 규칙의 습득을 통하여 어린아이의 모국어 사용을 위한 언어 기능이 완성된다는 사실을 고려하면, 언어 성장이 거의 다 멈춰버린 사춘기 이후에 본격적으로 영어를 학습하기 시작하는 우리 한국의 청소년들이 빠른 시간 안에 효

율적인 방법으로 영어 사용 능력을 갖기 위한 가장 좋은 방법 가운데 한 가지는 영어의 얼개가 되는 영어 사용 규칙을 학습하여 내재 언어 지식(internalized linguistic knowledge)으로 만드는 것이다. 현재 우리 청소년들이 영어를 학습하는 EFL(English as a Foreign Language) 환경에서 구어 영어나 문어 영어를 잘 하려면, 중요한 문장을 많이 외워 내재 언어화 하고, 내재 언어 지식으로 저장되어 있는 문장이나 표현을 필요할 때마다 바로바로 음성 언어로 발화하고 문자 언어로 표현할 수 있어야 한다.

이와 같은 영어 사용 능력을 갖추기 위해서는 영어 문장과 표현을 원리적이고 체계적으로 학습하고, 문장의 내부 구조를 결정짓는 동사 용법을 이해하고, 영어 모국어 화자들의 사고방식을 반영하는 연어 표현(collocational expression)과 관용 표현(idiomatic expression)을 배우고 익혀야 한다. 그러므로 <영어 문장과 표현 연습>에서 추구하는 궁극적인 목표는 영어 사용 규칙 자체가 아니라, 영어 사용 규칙을 담고 있는 예문들을 학습하여 내재 지식으로 저장하고 있다가 실제 영어 사용 현장에서 쉽게 꺼내어 사용할 수 있도록 도와주려는 것이다.

이 책의 출판을 맡아준 부산외국어대학교 출판부 관계자 여러분들에게 감사의 뜻을 표한다. 또한, 이 책을 집필하는 과정에서 도움을 주신 여러분들에게도 고마운 마음을 전한다.

▌목 차▐

제1부 기 초: 절과 문장의 구성과 유형 / 7

제1부 기 초

절과 문장의 구성과 유형

1. 절의 구성과 유형

1.1 절의 구성 요소

절(clause)은 주어, 어휘 동사, 보충어로 구성되고, 보충어는 목적어, 보어, 필수 부사어, 또는 선택 부사어로 나누어진다.

1.1.1 주어

주어(subject)는 동사가 표시하는 동작을 수행하는 사람(who performs the action denoted by the verb)이나 문장의 주제가 되는 사람이나 사물(who or what the sentence is about)을 가리킨다. 주어는 보통 행위자 의미역(thematic role of agent)을 받으며, 일반적으로 지시 대상(referent)을 가지고 있다.[1)]

(1) *Every mother* loves her children.

(2) *That a suspect arrested in connection with accidental homicide* becomes today's headline news.

(3) *Who our teacher likes most* is none of our business because she is impartial to every student.

(4) *Alfred's keeping accurate records* has never been questioned by anyone in the accounting section of the company.

(5) *For the student of English to study English grammar* is very important in order to develop his or her communicative competence.

주어는 명사구(noun phrase: NP)나 명사절(nominal clause)의 형태로 실현된다. 명사절에는 that-절(that-clause), wh-의문사절(wh-interrogative clause), 명사성 관계절(nominal relative clause)이나 복합 관계절(compound relative clause), 동명사절(gerundive clause), to-부정사절(to-infinitive clause)이 포함된다.

---

1) 주어는 일반적으로 지시 대상을 가지고 있다. 그러나 다음 예문처럼 의미가 없거나 지시 대상이 없이 사용되기도 한다. 날씨의 it(weather *it*)이나 존재의 there(existential *there*)가 그 예이다.

(i) *It* is raining in England now.

(ii) *There* are three lions in the cage.

1.1.2 어휘 동사

술어 동사(predicator)인 어휘 동사(lexical verb)는 주어가 수행하는 핵심적인 동작이나 과정(the main action or process denoted by the verb)을 표시한다. 문장에서 주어를 제외한 문장 구성 성분인 서술어, 즉 동사구(verb phrase: VP)를 구성하는 요소 가운데서 가장 중요한 요소가 어휘 동사이다. 주어를 제외한 나머지 요소인 목적어나 보어나 필수 부사어의 출현 여부는 어휘 동사인 본동사(main verb)가 지니고 있는 문장 구조 정보(structural information)와 의미 내용 정보(semantic information)를 통하여 결정된다.[2)]

(1) It *appears* that some of the files have been *deleted.*

(2) Maria immediately *felt* guilty when she *buried* her mistakes.

(3) Isabel has *stayed* in Seoul for three years to study Korean syntax.

(4) I *learned* that Alexander Graham Bell *invented* the telephone in 1876.

(5) The judge *awarded* Scarlet the first prize at the English speech contest.

(6) The International Court of Justice *declared* the local war between the two countries illegal.

(7) The nurse wearing white cap *poured* her patient a cup of tea and *placed* it on the table.

어휘 동사가 지니고 있는 문장 구조 정보와 의미 내용 정보는 SV, SVC, SVA, SVO, SVOO, SVOC, SVOA의 절구조의 유형을 결정하는 기준이 된다.

1.1.3 목적어

목적어(object)는 동사가 표시하는 동작이나 과정을 경험하는 실체나 대상(entity that undergoes the activity or process)을 가리킨다. 목적어는 보통 대상 의미역(thematic role of theme)을 받는 직접 목적어(direct object)와 피해자 의미역(thematic role of patient)이나 경험자 의미역(thematic role of experience)이나 수혜자 의미역(thematic role of beneficiary)을 받는 간접 목적어(indirect object)로 나누어진다.

---

2) 어휘 동사는 동사 자신의 내재 속성으로 목적어, 보어, 필수 부사어와 같은 보충어를 선택해야 하는지 선택하지 않아야 하는지를 결정하는 엄밀 하위 범주화 자질(strict subcategorizational feature) 정보를 가지고 있다. 또한, 어휘 동사는 보충어를 선택할 때 보충어의 형태를 결정하는 범주 선택(category selection) 정보와 보충어의 의미 내용을 결정하는 의미 선택(semantic selection) 정보를 가지고 있다. 그러므로 영어를 학습할 때 가장 중요한 일은 동사의 내재 속성을 예문을 통하여 외워서 내재 언어화, 또는 내재 규칙화하는 것이다.

(1) a. I like *apples* rather than *pears*.
    b. I explained *the project* to my boss yesterday.
(2) a. My father married *my mother* in 1990.
    b. The plan was designed to provide *young people* with regular work for their financial independence.
(3) a. Mary owes *one thousand dollars* to her sister. ⇒
    Mary owes *her sister one thousand dollars*.
    b. I'd like to buy *dinner* for your mother and father. ⇒
    I'd like to buy *your mother and father dinner*.
(4) a. They say *that I'm too young*, but I'm going to prove *them* wrong.
    b. I don't know *how old this greyhound is in dog's years*. It will not run at all.

직접 목적어는 명사구, that-절, wh-의문사절, 명사성 관계절이나 복합 관계절, to-부정사절, 동명사절의 형태로 실현되고, 간접 목적어는 주로 명사구의 형태로 실현된다. 목적어는 SVO, SVOO, SVOC, SVOA의 절구조 유형에 나타난다.

1.1.4 보어

보어(complement)는 주어의 속성이나 목적어의 속성(the property or the attribute of subject or object)을 표시하는 문장 구성 성분이다. 보어는 주어 보어(subject complement)와 목적어 보어(object complement)로 나누어진다.

(1) a. Pollution from cars has become *a major problem*.
    b. My elder sister is *a professor* majoring in English syntax.
    c. Many scientists remain *unconvinced* by the current evidence.
(2) a. Do you smell something *burning* in the kitchen?
    b. It says in the Bible, "I now pronounce you *man and wife*."
    c. You may call this pictures *harmless fun*, but I call them *pornography*.

주어 보어는 명사구, 형용사구, that-절, wh-의문사절, 명사성 관계절이나 복합 관계절, to-부정사절, 현재분사, 과거 분사의 형태로 실현된다.[3] 목적어 보어는 명사구나 형용사구, 또는 명사성 관계절이나 복합 관

3) 이 책에서는 동사 굴절어미의 시제와 형태를 구분하기 위하여 현재형은 V+ø/s/es로, 과거형은 V+ed로, 과거 분사형은 V+en으로 표시한다.

계절의 형태로 실현된다. 보어는 SVC와 SVOC와 같은 절구조의 유형에 사용된다.

1.1.5 필수 부사어

필수 부사어(obligatory adverbial)는 주어나 목적어의 내용을 설명해 주는 부사어 보충어이다. 필수 부사어는 동사가 결정하는 문장 유형에 따라 반드시 선택되어야 하는 문장 구성 성분이라는 점에서 문장 구성의 필수 요소이다.

(1) a. The couple had been living *apart* for years.
    b. They huddled together *around the fire* to keep warm in the valley.
(2) a. It was the first time that Joe had ever brought a girl friend *home*.
    b. If you leave the boy *alone*, he can make up his mind in a few days.
(3) a. Sales rose *by 10 percent* over the New Year's period.
    b. I have studied English *for over 9 years*, but I still have difficulty speaking in English with fluency when I talk with a native speaker.

부사어는 부사구, 전치사구, 부사절, 또는 명사구의 형태로 실현된다. 필수 부사어는 SVA에 의무적으로 사용되는 주어 관련 부사어(subject-related adverbial)와 SVOA에 의무적으로 사용되는 목적어 관련 부사어(object-related adverbial)로 나누어진다. 그러나 부사어는 필수 부사어에 대한 문법 기능(grammatical function)이 위 예문 (3)처럼 문맥에 따라 결정되는 경우가 많다. 필수 부사어를 제외한 대부분의 부사어는 임의적으로 출현하는 선택 부사어(optional adverbial)로서 부가어(adjunct)나 부사절로 기능한다.

1.2 절의 유형

문장은 시제 동사(tense verb)를 핵으로 하여 주제(theme)나 화제(topic)가 되는 주어(subject: S), 동작이나 상태를 서술해 주는 어휘 동사(lexical verb: V), 동사의 의미 내용을 구체적으로 보완해 주는 보충어(complement)인 목적어(object: O), 보어(complement: C), 필수 부사어(obligatory adverbial: A), 그리고 선택 부사어(optional adverbial)인 부가어(adjunct)로 구성되어 있다. 그러므로 문장은 어휘 동사를 중심으로 하여 주어, 목적어, 보어, 필수 부사어가 결합하여 구성된 절을 기본 단위로 삼는다. 절의 내부 구조는 이와 같은 구성 요소에 따라 SV 유형, SVC 유형, SVA 유형, SVO 유형, SVOO 유형, SVOC 유형, SVOA 유형의 일곱 가지 절유형(seven clausal types)으로 나누어진다.[4)]

1.2.1 SV 유형

SV 유형(SV type)은 절을 구성하는 필수적인 문법 범주로 주어와 완전 자동사(complete intransitive verb)만을 사용하여 완전한 의사를 전달할 수 있는 문장 구조이다. 이 유형의 문장에서는 임의적으로 출현하는 선택 부사어는 허가하지만, 목적어나 보어나 필수 부사어를 필요로 하지는 않는다.

1. 전형적인 SV 유형의 완전 자동사의 문장 구조

(1) I *think*; therefore I am in existence.

(2) My teacher usually replied, "That will *do*."

(3) The businessman always says, "Money *talks*."

(4) As you know, first impressions really do *count*.

(5) Eleanor's grandmother *died* when she was 99 years old.

SV에 사용되는 대표적인 완전 자동사로는 appear, be(=exist), come, count(=matter, be important), dawn, die, do(=be useful, be satisfactory), fall, fit, fly, go, happen, lie, pay(=be profitable), rise, stand, talk, wait, walk, work 등을 들 수 있다.

2. 타동사로부터 목적어가 생략되어 자동사로 사용되는 동사의 문장 구조

(1) Bye! *Drive* (your car) carefully!

(2) Man usually *eats* (a meal) three times a day.

(3) My roommate Alexander *drinks* (beer) like a fish.

(4) Do you mind if I *smoke* (a cigarette) in the room?

타동사로부터 목적어 생략(object deletion)이 이루어져 자동사로 사용되는 대표적인 동사로는 approach, cook, draw, drink, drive, eat, enter, hear, help, leave, marry, nod, pass, plow, shrug, smoke, sow (seeds), wave, write 등을 들 수 있다.[5)]

---

4) 전통 영문법에서는 그리스-라틴 문법의 분류 기준에 따라 절구조의 유형을 보통 다섯 가지 형식으로 구분하고 있다. 그러나 이 책에서 소개하고 있는 일곱 가지 절구조 유형은 현대 영문법 학자들이 제시하고 있는 것으로 영어 문장의 내부 구조 특성을 보다 원리적이고 체계적으로 설명해 주고 있다.

5) 목적어 생략과 같은 문장 구성 성분의 삭제는 예견 가능한 지시 대상으로 한정되는데, 생략에 적용되는 이와 같은 제약을 복원 가능성 조건(recoverability condition)이라고 한다.

1.2.2 SVC 유형

SVC 유형(SVC type)은 절을 구성하는 필수적인 문법 범주로 주어, 불완전 자동사(incomplete intransitive verb)인 계사(copular verb), 주어 보어(subject complement)를 사용하여 완전한 의사를 전달할 수 있는 문장 구조이다. 이 유형의 문장에서는 임의적으로 출현하는 선택 부사어는 허가하지만, 목적어나 필수 부사어를 필요로 하지는 않는다.

1. 현재 속성을 나타내는 불완전 자동사의 문장 구조

(1) Her appearance *is lovely*.

(2) Edward's sister *is an English teacher*.

(3) You and your husband should *eat right* to stay healthy.

(4) Many scientists *remain unconvinced* by the superficial evidence.

SVC에 사용되는 현재 속성 동사(current attribute verb)로 형용사구(adjective phrase: AP)나 명사구를 주어 보어로 선택하는 대표적인 불완전 자동사로는 be, appear, continue, eat, feel, hold, keep, lie, look, remain, rest, seem, smell, sound, stand, stay, taste 등을 들 수 있다.

2. 결과 속성을 나타내는 불완전 자동사의 문장 구조

(1) The truth *became known* to everyone.

(2) Her tastes have changed as she *grows older*.

(3) The leaves of the oak have suddenly *turned brown* at the end of last summer.

(4) The recent relations between two companies may *prove embarrassing* to the president of our company.

SVC에 사용되는 결과 속성 동사(result attribute verb)로 형용사구나 명사구를 주어 보어로 선택하는 대표적인 불완전 자동사로는 become, blush, come, end up, fall, freeze, get, go, grow, prove, run, turn, turn out 등을 들 수 있다.

3. 불완전 자동사로 사용되는 지각 동사의 문장 구조

(1) The stew *smelled delicious*.

(2) The house *felt hot* and *stuffy*.

(3) The food *tasted better* than it looked.

(4) Our English teacher *looks very young* for his age.

(5) The government decided to give a tax break to small companies. It *sounds great*.

SVC에 사용되는 지각 동사(perception verb)로 형용사나 형용사구를 주어 보어로 선택하는 대표적인 불완전 자동사로는 appear, feel, look, seem, smell, sound, taste 등을 들 수 있다.

4. It~that-절과 관련된 인상 서술어 구조

(1) It seems that the problem is of great importance to him. ⇒
The problem *seems (to be) of great importance* to him.

(2) It turned out that they were struck by lightning in the palm tree. ⇒
They *turned out to be struck* by lightning in the palm tree.

(3) It isn't likely that Peterson will avoid the next boxing match in Las Vegas. ⇒
Peterson *isn't likely to avoid* the next boxing match in Las Vegas.

인상 서술어(raising predicate) 구조는 It~that-절(It~that-clause)인 '허사 주어(expletive subject) it＋불완전 자동사인 인상 서술어＋that-절'의 문장에서 that-절의 주어가 인상 서술어의 주어로 올라온 구조이다. 인상 서술어로 사용되는 대표적인 불완전 자동사로는 appear, chance, follow, happen, look, matter, occur, seem, turn out, be certain, be likely, be sure 등을 들 수 있다.[6)]

1.2.3 SVA 유형

SVA 유형(SVA type)은 절을 구성하는 필수적인 문법 범주로 주어, 불완전 자동사, 주어 관련 부사어(subject-related adverbial)인 필수 부사어(obligatory adverbial)를 사용하여 완전한 의사를 전달할 수 있는 문장 구조이다. 이 유형의 문장에서는 필수 부사어 이외에 임의적으로 출현하는 선택 부사어는 허가하지만, 목적어나 보어를 필요로 하지는 않는다.

---

6) 이 유형의 동사들은 자신의 주어를 선택하지 못하고 엄밀 하위 범주화 자질에 따라 보충어로 정형절인 that-절(that-clause)을 선택한다. 그러므로 이 유형의 문장에서 보충어절이 비시제절로 실현될 때는 다음 예문처럼 that-절의 주어가 모문의 주어로 인상되는데, 이러한 술어 동사의 문법 특성을 인상 서술어라고 한다.

(i) It *seems* that Philip is intelligent. ⇒
Philip *seems* to be intelligent.

(ii) It *is certain* that Joan will pass the final exam. ⇒
Joan *is certain* to pass the final exam.

1. 전형적인 SVA 유형의 불완전 자동사의 문장 구조

(1) a. Your children *are outside.*

b. Why *are* you *in such a hurry* to leave?

c. Camels *were used for the transport* of goods in the desert.

(2) a. I think (that) it's time he *made for hom*e.

b. If you *stand on tiptoe*, you can reach the shelf.

c. Einstein *lived in the USA* after the Second World War.

d. Choosing the right bike *depends on what you want to use it for.*

주로 장소(place), 방법(means), 시간(time)의 의미를 나타내는 필수 부사어와 함께 SVA에 사용되는 대표적인 불완전 자동사로는 be, depend, live, lie, make, rely, rise, set, stand, stay, turn, walk 등을 들 수 있다.

2. 타동사에서 자동사로 전환된 능격 동사의 문장 구조

(1) a. They slice this corn bread easily. ⇒

This corn bread *slices easily.*

This corn bread is sliced easily.

b. They always sell anti-age creams very well. ⇒

Anti-age creams always *sell very well.*

Anti-age creams are always sold very well.

c. They broke the vase into pieces (due to carelessness). ⇒

The vase *broke into pieces* (due to carelessness).

The vase was broken into pieces (due to carelessness).

(2) a. This ball-point pen *writes well.*

b. The meat *cuts surprisingly easily.*

c. It is not true that the bureaucrats of the government *bribe easily.*

위 예문 (1)처럼 타동사의 목적어를 자동사의 주어로 사용할 수 있는 동사를 능격 동사(ergative verb)라고 한다. 양태(manner)를 나타내는 필수 부사어와 함께 SVA에 사용되는 대표적인 능격 동사로는 bribe, break, clean, cost, cut, dress, eat, frighten, hammer, iron, offend, peel, please, read, sell, slice, write, wash, weigh 등을 들 수 있다. 한편, 능격 동사 중에서도 (2)처럼 수동문으로는 사용되지 못하고 능동문으로만 사용되는 동사를 중간 동사(middle verb)라 한다.[7)]

3. 허사 주어 there-구문의 문장 구조

(1) a. There *is* a cat *under the table.*
  b. There *are* many books *on the desk.*
  c. There *were* students *in the classroom.*

(2) a. There *appeared* a little boy *on the stage.*
  b. There *happened* a big traffic accident *on the highway.*
  c. There has *occurred* a lot of environmental pollution *in industrial complex.*

허사 주어 there-구문(expletive subject there-construction)은 보통 '허사 주어 there+존재 동사/출현 동사+주어+장소 부사어'의 문장 구조로 실현된다. 허사 주어 there-구문에 사용되는 대표적인 존재 동사(existential verb)나 출현 동사(appearance verb)인 불완전 자동사로는 be, appear, approach, arise, arrive, come, develop, exist, happen, live, occur, stand, seem 등을 들 수 있다.[8)]

4. 대격 부사어와 공기하는 불완전 자동사의 문장 구조

(1) This bag *weighs ten kilograms.*
(2) He *tried several times* before giving up.
(3) My father usually *walks two hours* in the morning.
(4) The acrobat *fell several meters*, landing in a bed of nettles.

거리, 시간, 무게, 방법, 가격, 정도, 횟수 등을 나타내는 명사구 형태의 필수 부사어인 대격 부사어(accusative adverbial)와 함께 SVA에 사용되는 대표적인 불완전 자동사로는 cycle, drop, extend, fall, grow, last, live, rise, try, walk, weigh 등을 들 수 있다.

1.2.4 SVO 유형

SVO 유형(SVO type)은 절을 구성하는 필수적인 문법 범주로 주어, 완전 타동사(complete transitive verb), 직접 목적어(direct object)를 사용하여 완전한 의사를 전달할 수 있는 문장 구조이다. 이 유형의 문장에서는 임의적으로 출현하는 선택 부사어는 허가하지만, 보어나 필수 부사어를 필요로 하지는 않는다.

---

7) 중간 동사와 결합하는 대표적인 양태 부사(manner adverb)로는 easily, nicely, quickly, well 등을 들 수 있다.
8) 허사 주어 there-구문에 사용되는 주어는 신정보(new information)의 문법 기능을 수행하기 때문에 '부정관사+명사구'나 복수 명사구와 같은 비한정성(indefinite property)의 의미 특성을 지니고 있어야 한다.

1. 명사구를 직접 목적어로 선택하는 단일 타동사의 문장 구조

(1) Mrs. Susan *liked her new neighbors.*

(2) The Smiths *have a nice house* in the suburbs.

(3) Stephen leaped up and *caught the ball* in one hand.

(4) I don't really *understand the religious situation* in the Middle East.

SVO에 사용되는 단일 타동사(mono-transitive verb)로 명사구를 직접 목적어로 선택하며, 수동 변형(passivization)이 가능한 대표적인 타동사로는 admire, begin, bother, catch, call, clean, discuss, examine, find, follow, have, hold, invent, lead, like, love, marry, meet, pass, produce, understand, visit, wash, win 등을 들 수 있다.[9] 이와 같은 유형의 타동사의 의미 특성은 지시 대상(referent)을 직접 목적어로 선택하는데, 사물을 나타내는 지시 대상은 보통 명사구로 실현된다.

2. 명사구를 직접 목적어로 선택하는 다어 동사의 문장 구조

(1) a. Tom has *handed in(=submitted) his resignation.*

b. I couldn't *make out(=understand) what to do* to soothe the crying child.

(2) a. They *agreed on the need* for a global partnership

b. Recent pressure at work may *account for his behavior.*

(3) a. My elder brother *puts up with his wife's temper* for peace.

b. My younger sister says she is *looking forward to summer vacation.*

1) SVO에 사용되는 다어 동사(multi-word verb)로서 중요한 구동사(phrasal verb)로는 bring up, call off, find out, give in, hand in, look up, make out, set up, turn on 등을 들 수 있다.[10]

2) SVO에 사용되는 다어 동사로서 중요한 전치사 부가 동사(prepositional verb)로는 account for, agree on, agree with, apply for, believe in, care for, complain about, complain of, concentrate on, conceive of, consent to, contribute to, insist on, interfere with, listen to, long for, look after, object to, quarrel about, quarrel with, refer

---

9) 단일 타동사 가운데서 수동 변형이 가능하지 않은 대표적인 동사로 cost, fit, have, lack, suit, resemble 등을 들 수 있다.

10) 구동사는 '동사+불변화사(particle)(=전통 영문법에서 말하는 부사)'로 이루어지는데, 이때 불변화사는 공간이나 장소의 의미(spacial or locative meaning)를 나타내는 부사 불변화사이다. '동사+불변화사'의 불변화사와 '전치사+목적어' 구조의 전치사의 차이는 화제화(topicalization)를 통해서 증명할 수 있다. 영어 문장에서 일반적으로 전치사구를 문두로 이동시켜 화제화할 수 있다는 사실을 고려할 때, 다음 예문 (i)에서는 화제화가 가능한 반면, (ii)에서 화제화가 불가능하다는 사실은 (i)의 at은 전치사이지만, (i)의 at/on은 전치사가 아니라 동사의 일부로서 구동사를 형성하는 불변화사라는 점을 시사해 준다. 문장 앞에 표시된 *는 비문법적인 문장임을 나타낸다.

(i) Edward stayed *at his uncle's office.* ⇒
At his uncle's office Edward stayed.

(ii) Edward *called at* his uncle's office/*called on* his uncle's office. ⇒
At his uncle's office*/On his uncle's office* Edward called.

to, rely on, run for, talk to, think about, think of, wish for 등을 들 수 있다.[11]

3) SVO에 사용되는 다어 동사로서 중요한 전치사 부가 구동사(phrasal prepositional verb)로는 catch up with, come down with, face up to, get away with, keep away from, look down on, look forward to, look out for, put up with, stand up for 등을 들 수 있다.

3. that-절을 직접 목적어로 선택하는 완전 타동사의 문장 구조

(1) a. If Cathy *said that* she would come, she will come.

b. Peterson *admitted that* he felt jealous of my friendship with Stanley.

(2) a. Who do you *suppose that* I am?

b. Who do you *think (*that)* will win the next presidential election?[12]

(3) a. She *worried that* she wasn't doing enough to help him.

b. Edward was beginning to *regret that* he had come along with her.

(4) a. I *demanded that* the committee *reconsider* its decision.

b. A politician *urges that* a referendum *be* held by the end of the year.

1) SVO에서 정형절(finite clause)인 that-절(that-clause)을 목적어로 선택하는 완전 타동사인 주요 사실 동사(factive verb)로는 admit, agree, argue, claim, confirm, declare, insist, say, maintain, mention, submit 등을 들 수 있다.

2) SVO에서 that-절을 목적어로 선택하는 완전 타동사인 주요 인식 동사(cognitive verb)로는 believe, concede, decide, determine, imagine, move, order, request, require, stipulate, suggest, think 등을 들 수 있다.

3) SVO에서 that-절을 목적어로 선택하는 완전 타동사인 주요 감정 동사(emotive verb)로는 annoy, concern, regret, rejoice, wonder, worry 등을 들 수 있다.

4) SVO에서 that-절을 목적어로 선택하는 완전 타동사로서 명령, 요구 제안, 의도 등을 나타내는 주요 가정 동사(hypothetical verb)로는 command, demand, intend, insist, recommend, propose, require, suppose, urge, wish 등을 들 수 있다.

4. wh-절을 직접 목적어로 선택하는 완전 타동사의 문장 구조

(1) The stranger *asked* (me) *what time* it was.

(2) My teacher *wondered who* had sent flowers.

(3) I asked the desk clerk to *confirm whether* the flight had been booked.

---

11) 전치사 부가 동사도 각각의 개별 단어의 의미와는 다른 새로운 하나의 의미 단위를 형성한다는 점에서 구동사와 비슷하다. carry out>perform/undertake, look at>observe, find out>discover, talk about>discuss 등이 그 예이다.

12) that-절의 주어가 의문사가 되어 문두로 이동하면 that은 반드시 삭제되어야 한다.

(4) Youngsters must *learn what* is dangerous and *what* is not to be feared.

SVO에서 정형의 wh-절(wh-clause)을 직접 목적어로 선택하는 대표적인 완전 타동사로는 ask, choose, confirm, discuss, explain, guess, inquire, know, learn, perceive, predict, remember, show, wonder 등을 들 수 있다.

5. 비정형절을 직접 목적어로 선택하는 완전 타동사의 문장 구조

(1) a. I couldn't *decide (on) which bicycle to buy*.

b. You must not *forget when to keep* your mouth shut.

(2) a. They *arranged for Mary to come* at once.

b. Michael *promised to do* all he can to help his friend in need.

(3) a. I *dislike him*/his *driving* my car.

b. The accused *denied having met* the witness.

(4) a. I didn't *notice anyone leave* the house because I was sleeping.

b. While going through the corridor, he *heard two women criticize* each other.

1) SVO에서 비정형절(non-finite clause)인 wh-절(wh-clause)을 직접 목적어로 선택하는 중요한 완전 타동사로는 arrange, ask, calculate, consider, decide, demonstrate, discover, establish, explain, forget, imagine, indicate, judge, know, learn, note, notice, perceive, remember, say, see, show, think, wonder 등을 들 수 있다.
2) SVO에서 비정형절인 to-부정사절(to-infinitive clause)을 직접 목적어로 선택하는 중요한 완전 타동사로는 arrange for, ask for, call for, care for, continue, desire, hate, help, intend, like, long for, love, mean, prepare for, promise, wait for, want, wish, yearn for 등을 들 수 있다.
3) SVO에서 비정형절인 동명사절(gerundive clause)을 직접 목적어로 선택하는 중요한 완전 타동사로는 (can't) bear, deny, detest, dislike, forget, hate, involve, like, love, mind, miss, need, regret, remember, resent, (can't) stand 등을 들 수 있다.[13)]
4) SVO에서 비정형절인 원형 부정사절(bare infinitive clause)을 직접 목적어로 선택하는 중요한 지각 동사(perception verb)로는 behold, feel, listen to, look at, notice, observe, overhear, perceive, hear, see, smell, watch 등을 들 수 있다.[14)]

---

13) 하나의 동사가 to-부정사절과 동명사절을 엄밀 하위 범주화 자질로 선택할 때, 미세한 의미 차이가 드러난다. 즉, to-부정사(to-infinitive)의 목적어는 아직 이루어지지 않은 미래의 가능성(potentiality)이나 선호(preference)에 대한 의미를 내포하고 있지만, 동명사(gerund)의 목적어는 실제로 이루어진 행동의 수행성(performance)이나 동사의 동작이나 사건 자체에 대한 강조(emphasis)의 의미를 포함하고 있다.
14) 지각 동사가 선택하는 보충어가 '목적어+목적어 보어' 구조인지 보충어 전체가 목적어인지는 논쟁의 여지가 많지만, 보충어 전체를 목적어로 보는 것이 다수의 주장이다.

6. 동족 목적어를 선택하는 완전 타동사의 문장 구조

(1) The patient *breathed his last breath.*

(2) Mary always *dreams the same dream.*

(3) Chris will *sing a song* again for the audience.

(4) I think my grandmother *lived a happy life* in her hometown.

SVO에서 동족 목적어(cognate object)를 직접 목적어로 선택하는 대표적인 완전 타동사로는 breathe, die, dream, fight, laugh, live, run, sing, smile 등을 들 수 있다.

1.2.5 SVOO 유형

SVOO 유형(SVOO type)은 절을 구성하는 필수적인 문법 범주로 주어, 이중 타동사(ditransitive verb)인 수여 동사(dative verb), 간접 목적어(indirect object), 직접 목적어를 사용하여 완전한 의사를 전달할 수 있는 문장 구조이다.[15] 이 유형의 문장에서는 임의적으로 출현하는 선택 부사어는 허가하지만, 보어나 필수 부사어를 필요로 하지는 않는다.

1. 명사구를 간접 목적어와 직접 목적어로 선택하는 수여 동사의 문장 구조

(1) They *offered* him *a very good job*, but he turned it down.

(2) My mother will *make* us *some sandwiches* in the afternoon.

(3) A stranger *inquired* a passer-by, "*Where's the railroad station?*"

(4) "Could someone play a trick on him?" "Who would *play* him *such a cruel trick?*"

1) SVOO에 사용되는 수여 동사로 수동 변형이 가능하고, 'to+간접 목적어'로부터 여격 이동(dative movement)이 이루어지는 중요한 동사로는 allot, award, bring, deny, do, give, grant, leave, lend, offer, owe, pass, pay, promise, send, show, teach, tell, throw, wish, write 등을 들 수 있다.

---

15) 문장의 표면 구조를 보고 SVOO 어순을 문장의 일곱 가지 유형 가운데 한 가지로 설정한다. 그러나 현대 영문법에서 SVOO는 다음 예문 (i)처럼 'SVO+to+사람 목적어' 어순에서 사람 목적어가 구정보(given/old information)의 성격을 가질 때, 여격 이동(dative movement)을 통하여 SVOO로 도출된 것으로 본다. 한편, describe, explain, express, introduce, mention, pronounce, relay, supply와 같은 유형의 동사들은 (ii)에서 알 수 있듯이 'SVO+to+사람 목적어' 어순으로만 사용되고, SVOO 구조로는 사용되지 않는다. 이러한 사실은 'SVO+to+사람 목적어'가 기저 어순(underlying word order)이고, SVOO는 선택적으로 사용되는 도출 어순(derived word order)이라는 점을 시사해 준다.

(i) Edward gave some money *to Mary.* ⇒
Edward gave *Mary* some money.

(ii) The correspondent explained the news *to the radio listeners.* ⇒
*The correspondent explained *the radio listeners* the news.

2) SVOO에 사용되는 수여 동사로 수동 변형이 가능하고, 'for+간접 목적어'로부터 여격 이동이 이루어지는 중요한 동사로는 bake, build, buy, choose, cook, cut, do, fetch, find, get, keep, leave, make, order, prepare, reach, reserve, save, spare 등을 들 수 있다.
3) SVOO에 사용되는 수여 동사로 수동 변형이 가능하고, 'of+간접 목적어'로부터 여격 이동이 이루어지는 중요한 동사로는 ask, demand, beg, inquire, request, require 등을 들 수 있다.
4) SVOO에 사용되는 수여 동사로 수동 변형이 가능하고, 'on+간접 목적어'로부터 여격 이동이 이루어지는 중요한 동사로는 play 등을 들 수 있다.[16), 17)]

2. 두 개의 목적어로 명사구와 that-절을 선택하는 이중 타동사의 문장 구조

(1) May I *inform* you *that your order is ready for the collection?*
(2) I *persuaded* my father *that he should be examined by the doctor.*
(3) The professor of mathematics *showed* (us) *that we were mistaken.*
(4) They *advised* (him) *that a passport be carried with him at all times.*

1) SVOO에 사용되는 이중 타동사로 간접 목적어와 정형절인 that-절을 의무적으로 선택하는 중요한 수여 동사로는 assure, convince, inform, notify, persuade, remind, satisfy, tell 등을 들 수 있다.
2) SVOO에 사용되는 이중 타동사로 간접 목적어를 수의적으로 선택하고 that-절을 의무적으로 선택하는 중요한 수여 동사로는 advise, bet, charge, petition, promise, show, teach, warn, write 등을 들 수 있다.

3. 두 개의 목적어로 명사구와 wh-절을 선택하는 이중 타동사의 문장 구조

(1) The instructor *taught* us *how to land safely.*
(2) Please *remind* me *where to meet you after lunch.*
(3) Edward *asked* me *what time the meeting would end.*
(4) George didn't *tell* them *whether the train would be late* (or not).

SVOO에 사용되는 이중 타동사로서 간접 목적어와 wh-절을 선택하는 대표적인 수여 동사로는 advise, ask, instruct, remind, show, teach, tell, warn 등을 들 수 있다.

---

16) SVOO에 사용되는 이중 타동사로서 수동 변형이 불가능한 비수여 동사(non-dative verb)의 예로는 bet, charge, cost, earn, forgive, grudge, last, pardon, save(=help to avoid), take 등을 들 수 있다.
17) 간접 목적어가 구정보인 대명사일 때는 다음 예문 (i)-(ii)에서 알 수 있듯이 '동사+간접 목적어+직접 목적어'의 어순을 사용해야 한다. 그러나 직접 목적어가 구정보인 명사구일 때는 예문 (iii)-(iv)에서 알 수 있듯이 '동사+직접 목적어+전치사+간접 목적어'의 어순을 사용해야 한다.
(i) God send *us* peace!
(ii) Mary's mother gave *us* delicious cookies.
(iii) The store clerk sent *the clothes* to customer's mother.
(iv) Mary showed *the book* on the syntax to a friend of hers yesterday.

4. 두 개의 목적어로 명사구와 to-부정사절을 선택하는 이중 타동사의 문장 구조

(1) I *advised* Mark *to see a doctor*.

(2) Captain *commanded* the crew *to report to the main deck*.

(3) The teacher *forbade* the boy *to leave the house as a punishment*.

(4) I got a note from Elizabeth *urging* me *to get in touch tomorrow morning*.

SVOO에 사용되는 이중 타동사로서 간접 목적어와 to-부정사절을 선택하는 대표적인 수여 동사로는 advise, allow, command, convince, forbid, notify, order, permit, persuade, remind, teach, recommend, tell, urge 등을 들 수 있다.

1.2.6 SVOC 유형

SVOC 유형(SVOC type)은 절을 구성하는 필수적인 문법 범주로 주어, 복합 타동사(complex transitive verb)인 불완전 타동사(incomplete transitive verb), 목적어, 목적어 보어(object complement)를 사용하여 완전한 의사를 전달할 수 있는 문장 구조이다. 이 유형의 문장에서는 임의적으로 출현하는 선택 부사어는 허가하지만, 필수 부사어를 필요로 하지는 않는다.

1. 형용사구를 목적어 보어로 선택하는 불완전 타동사의 문장 구조

(1) The secretary *left* all the letters *unopened*.

(2) The doctors *pronounced* her condition *utterly hopeless*.

(3) The guide *found* it *strange* that no one else had arrived at the station.

(4) Christine's friend *thinks* it *very odd* that she left without saying goodbye.

SVOC에 사용되는 불완전 타동사로 형용사구(adjective phrase: AP)를 목적어 보어로 선택하는 대표적인 동사로는 certify, consider, declare, find, keep, leave, make, promise, pronounce, prove, think, turn 등을 들 수 있다.

2. 명사구를 목적어 보어로 선택하는 불완전 타동사의 문장 구조

(1) The queen *appointed* Cecil *her personal secretary*.

(2) His parents *named* him *Edward* after his grandfather.

(3) The scientist couldn't *prove* it *a fallacy* that old age brings wisdom.

(4) They have *made* it *a condition* that the new agreement be signed by all of the members with suffrage.

SVOC에 사용되는 불완전 타동사로 명사구를 목적어 보어로 선택하는 대표적인 동사로는 appoint, call, certify, choose, confess, consider, declare, find, imagine, judge, elect, make, name, proclaim, pronounce, prove, suppose, think, wish 등을 들 수 있다.

3. '(to be/as)+명사구/형용사구'를 목적어 보어로 선택하는 불완전 타동사의 문장 구조

(1) a. Our teacher *considers* Stephen Hocking *(to be) a genius.*
　b. The old king immediately *proclaimed* his eldest son *(to be) the next king.*
(2) a. The experts *rated* Peter's paintings *(to be/as) good* in describing nature.
　b. I don't *regard* the matter *as clarified* because I regard the contract as having been broken.

SVOC에 사용되는 불완전 타동사로 목적어 보어 앞에 수의적으로 to be나 as, 또는 의무적으로 as를 선택하는 대표적인 동사로는 appoint, certify, choose, consider, count, crown, deem, elect, esteem, proclaim, rate, reckon, regard, report, make (into) 등을 들 수 있다.[18)]

4. to-부정사절을 목적어 보어로 선택하는 불완전 타동사의 문장 구조

(1) We *forced* the stranger *to go out of the house.*
(2) My parents wouldn't *allow* me *to go to the party.*
(3) The wise teacher *encouraged* his students *to think for themselves.*
(4) The meeting *elected* Mr. Kingston *to be the next CEO of the company.*

SVOC에 사용되는 불완전 타동사로 to-부정사절을 목적어 보어로 선택하는 대표적인 동사로는 allow, announce, appoint, assume, cause, compel, conceive, consider, constrain, declare, elect, enable, encourage, expect, feel, find, force, get, help, induce, know, lead, name, oblige, permit, pronounce, require, suppose, take, think, vote 등을 들 수 있다.

---

18) 다음 예문에서 알 수 있듯이 보충어절 속의 동사인 to be가 삭제되면 무동사절(verbless clause)로서 소절(small clause)이 된다. 이때 consider와 같은 유형의 동사가 선택하는 보충어가 '목적어+목적어 보어' 구조인지 보충어 전체가 목적어인지는 논쟁의 여지가 많지만, 보충어 전체를 목적어로 보는 것이 다수의 주장이다.
　(i) Martin considers [Tim (to be) a creep].
　(ii) My sister deems [Henry (to be) foolish].

5. 원형 부정사절을 목적어 보어로 선택하는 불완전 타동사의 문장 구조

(1) I must *have* him *help me with my homework.*

(2) The author *makes* the pair *live happily ever after*.

(3) You shouldn't *let* your staff *interfere with our plans*.

(4) The farmer's sons *helped* their father *water their crops*.

SVOC에 사용되는 불완전 타동사로 원형 부정사절을 목적어 보어로 선택하는 주요 사역 동사(causative verb)로는 have, let, make, (help), bid 등을 들 수 있다.[19)]

6. 현재 분사절을 목적어 보어로 선택하는 불완전 타동사의 문장 구조

(1) Sophia *caught* Stephen *reading her private letters*.

(2) Never *leave* children *playing near water unattended.*

(3) My brother *watched* the engineer *mending*/mend *the car*.

(4) Within minutes he *had* the whole audience *laughing and clapping*/laugh and clap.

SVOC에 사용되는 불완전 타동사로 현재 분사절(present participial clause)을 목적어 보어로 선택하는 대표적인 동사로는 catch, discover, feel, find, have, leave, notice, observe, overhear, perceive, see, spot, spy, watch 등을 들 수 있다.

7. 과거 분사절을 목적어 보어로 선택하는 불완전 타동사의 문장 구조

(1) I will *get* your dinner *sent in* if you want to.

(2) Tom *had* his composition *corrected by his sister*.

(3) The supervisor *wants* this letter *typed immediately*.

(4) The CEO *found* his secretary *worn out by travel and exertion*.

---

19) 사역 동사나 지각 동사가 사용된 문장의 수동태에서는 다음 예문처럼 원형 부정사(bare infinitive)를 to-부정사로 바꾸어 써야 한다. 왜냐하면, 동사와 보충어의 문법 관계가 동시적이면 동시적일수록, 직접적이면 직접적일수록, 심리적인 거리가 가까우면 가까울수록 '원형 부정사절>to-부정사절>that-절'의 순위로 실현되는 것이 일반적인 문법 규칙이기 때문이다. 그러나 사역 동사나 지각 동사가 수동태로 바뀌면, 이와 같은 의미적인 직접성이나 심리적인 근접성이 약화되는 것으로 본다(Givón 2001).

(i) Often what *is perceived to be* aggression is simply fear.

(ii) I *was made to wait* two hours before I was examined by a doctor.

SVOC에 사용되는 불완전 타동사로 과거 분사절(past participial clause)을 목적어 보어로 선택하는 주요 사역 동사로는 get, have 등을 들 수 있고, 의지 동사(volitional verb)로는 like, need, want 등을 들 수 있고, 결과 표시 상태 동사(resulting state verb)로는 find, discover, leave 등을 들 수 있다.

1.2.7 SVOA 유형

SVOA 유형(SVOA type)은 절을 구성하는 필수적인 문법 범주로 주어, 불완전 타동사(incomplete transitive verb), 목적어, 목적어 관련 부사어(object-related adverbial)인 필수 부사어(obligatory adverbial)를 사용하여 완전한 의사를 전달할 수 있는 문장 구조이다. 이 유형의 문장에서는 임의적으로 출현하는 선택 부사어는 허가하지만, 목적어 보어를 필요로 하지는 않는다.

1. 전형적인 SVOA 유형의 불완전 타동사의 문장 구조

(1) Please *take* your hands *out of your pockets*.

(2) Could you *put* your seat back *in the upright position?*

(3) Always *keep* your eyes *on the road* when you are driving.

(4) The prosecutor *accused* the man *of stealing his friend's ideas*.

(5) Adelia's parents sometimes *treat* her *as if she were a small child*.

SVOA에서 전치사구나 부사절과 같은 필수 부사어를 목적어의 보충어로 선택하는 이동의 사역 의미를 가지고 있는 대표적인 불완전 타동사로는 accuse, bring, catch, drive, get, keep, lay, lead, leave, place, put, send, see, set, show, sit, stand, take, treat 등을 들 수 있다.

2. 목적어와 더불어 일정 형태의 필수 부사어를 동반하는 불완전 타동사의 문장 구조

(1) Please *inform us of* any change of address as soon as possible.

(2) The report *blames poor safety standards for* the tragic accident.

(3) The evening news *described the situation as* completely hopeless.

(4) Tom's back injury may *prevent him from* playing the game no more.

(5) They threatened to shoot him and *robbed him of* all his possessions.

(6) An informer *supplied the police with* names of those involved in the crime.

SVOA에서 동사가 일정한 형태의 필수 부사어를 목적어의 보충어로 선택하는 불완전 타동사들 중에서[20)]

20) SVOA 절유형에서 동사가 일정한 형태의 필수 부사어를 목적어의 보충어로 선택하는 불완전 타동사의 문장 구조는 의미론의

1) 'of + 목적어'를 선택하는 중요한 의사 전달 동사(communication/reporting verb)로는 accuse, advise, assure, convince, inform, persuade, remind, tell, warn 등을 들 수 있다.
2) 'for + 목적어'를 선택하는 중요한 판단 동사(judgement verb)로는 blame, bless, criticize, praise, mistake, punish, reprimand, reward, scold, thank 등을 들 수 있다.
3) 'as + 목적어'를 선택하는 중요한 특징 기술 동사(character description verb)로는 accept, acknowledge, characterize, class, define, describe, intend, look (up)on, refer to, regard, see, take, think of, treat, use 등을 들 수 있다.
4) 'from + 목적어'를 선택하는 중요한 금지 동사(prohibition verb)로는 deter, disable, discourage, dissuade, hinder, keep, prevent, prohibit, stop 등을 들 수 있다.
5) 'of + 목적어'를 선택하는 중요한 제거 동사(removal verb)로는 bereave, clear, cure, deprive, disburden, drain, ease, free, heal, purge, relieve, rid, rob, strip 등을 들 수 있다.
6) 'with + 목적어'를 선택하는 중요한 공급 동사(supply verb)로는 change, charge, credit, endow, entrust, equip, fill, furnish, present, provide, supply 등을 들 수 있다.

관점에서 SVO로 분석하기도 한다. 그러나 이 책에서는 표면 통사 구조와 논항 구조를 기준으로 하여 이와 같은 절유형을 SVCA로 분류한다.

2. 문장의 구성과 유형

2.1 단문

주어, 목적어, 보어, 필수 부사어, 선택 부사어 등이 하나의 정형 동사인 시제 동사(tense verb)를 중심으로 하여 단위 문장을 형성하면, 이 단위 문장은 단문(simple sentence)이 된다. 문장의 기본 단위를 이루는 단문 가운데서도 단순・서술・긍정・능동문(simple declarative positive active sentence)을 전형적인 단문(canonical simple sentence: default simple sentence)이라고 한다.

2.1.1 서술문

서술문(declarative sentence)은 어떤 내용을 진술(statement)하는 문장 형식이다. 문장의 유형 가운데서 가장 기본적이고 무표적인 서술문은 긍정 서술문과 부정 서술문으로 나누어진다.

1. 긍정 서술문

(1) Edward *has* some books about English grammar.

(2) The diplomatic representatives *have already arrived.*

(3) That *was* the way Jane solved the problem, and she *was* right too.

(4) I *was* so embarrassed when I *realized* that I had made her surprised.

긍정 서술문(positive declarative sentence)은 어떤 동작이나 상태나 상황을 긍정적으로 진술하는 문장 유형이다. 위 예문에서 알 수 있듯이 긍정 서술문은 보통 긍정의 의미를 함축하고 있는 긍정 극성어(positive polarity item)인 some, still, already, so, too와 같은 양화사, 부사, 부사구와 함께 쓰인다.

2. 부정 서술문

(1) The machine *did not* work at all.

(2) The Chinese delegates to the conference *haven't* arrived yet.

(3) Harold *made no* mistakes while he was carrying out his research.

(4) My mother *doesn't* enjoy seeing a movie and my father doesn't, either.

부정 서술문(negative declarative sentence)은 어떤 동작이나 상태나 상황을 부정적으로 진술하는 문장 유형이다. 위 예문에서 알 수 있듯이 부정 서술문은 보통 부정의 의미를 내포하고 있는 부정 극성어(negative polarity item)인 any, any longer, yet, at all, a bit, no more, never, either, neither와 같은 양화사, 부사, 부사구와 함께 쓰인다.

2.1.2 의문문

의문문(interrogative sentence)은 상대방의 의견을 묻거나 정보를 요구하는 질문(question)의 문장 형식이다. 의문문은 서술문으로부터 주어-조동사 도치(subject-auxiliary inversion: SAI)인 동사 이동(verb movement)이나 의문사 이동(wh-movement)이 적용된 문장이다. 의문문은 판정 의문문, 설명 의문문, 부가 의문문, 선택 의문문, 반향 의문문, 수사 의문문 등으로 나누어진다.

1. 판정 의문문

판정 의문문(yes-no question)은 상대방에게 긍정이나 부정의 판단을 요구하는 폐쇄 의문문(closed interrogative sentence)이다. 판정 의문문의 형성에는 주어-조동사 도치의 동사 이동만 적용된다.[1)] 판정 의문문은 긍정 판정 의문문(positive yes-no question)과 부정 판정 의문문(negative yes-no question)으로 나누어진다.

1 긍정 판정 의문문

(1) *Do you* need any extra money?

(2) *Are you* satisfied with the result?

(3) "*Would you* like to go swimming?" "Yes, I would." / "No, I wouldn't."

(4) "*Has he* read your report on the current economic crisis?"
"Yes, he has." / "No, he hasn't."

긍정 판정 의문문은 긍정 대답에 대한 기대나 부정 대답에 대한 기대를 미리 예측하거나 예상하지 않는 중립적인 의문문이다.

---

1) 주어-조동사 도치 없이 문장의 끝 부분을 상승 음조 곡선(rising intonation)으로 발음하여 질문의 의미를 전달하는 서술 의문문(declarative interrogative sentence)은 다음 예문 (i)처럼 상대방이 말한 정보 내용에 대한 점검, (ii)처럼 질문한 내용을 확인하기 위한 반복, (iii)처럼 놀람 등을 표현하는 데 사용된다(Dickerson 1989, Quirk et al. 1985).

(i) "He said he'd be here at 8:00." "*You've already talked to him?*"↗
(ii) "I lost my job yesterday." "*You lost your job yesterday?*"↗
(iii) "I can't believe we lost the game after being up by 10 points." "*You lost the game?*"↗

2 부정 판정 의문문

(1) "*Aren't you* tired yet?" "Yes, I am." / "No, I'm not."

(2) "*Haven't you* called Susan yet?" "Yes, I have." / "No, I haven't."

(3) "*Didn't John* tell you that I was coming?" "Yes, he did." / "No, he didn't."

(4) *Haven't you* considered the possibility for reducing production costs?
"Yes, I have." / "No, I haven't."

부정 판정 의문문은 일반적으로 특정한 기대나 가정을 확인하거나 실망감이나 귀찮음을 표현한다. 위 예문 (1)에는 "I thought you were tired, but you aren't."의 확인 의미가 함축되어 있다. (2)에는 "I really hoped that you had called Susan, but it appears that you haven't."의 실망 의미가 내포되어 있다.[2)]

2. 설명 의문문

설명 의문문(wh-interrogative sentence)은 '누가, 무엇을, 언제, 어디서, 어떻게, 왜'와 관련된 정보를 상대방에게 요구하는 개방 의문문(open interrogative sentence)이다. 즉, 비주어나 주어에 대한 정보를 알기 위하여 설명 의문문을 사용한다. 한편, 의문사가 종속절(subordinate clause)에 들어 있는 간접 의문문(indirect question)은 내포문의 설명 의문문(wh-interrogative in embedded clause)이라고 한다.

1 비주어 요소나 주어 요소에 대한 정보를 요구하는 설명 의문문

(1) a. *What are you* going to eat as lunch?
b. *How did you* open the entrance door?
c. *Why did you* leave alone in such cold weather?

(2) a. *Who broke* the plate in the kitchen?
b. *What brought* you here at this time of the day?
c. *Who* do you suppose *will* replace the actor on the show?

비주어 요소는 직접 목적어, 간접 목적어, 전치사의 목적어, 부사구, 전치사구 등을 뜻한다. 비주어 요소에 대한 정보를 요구하는 설명 의문문에서는 위 예문 (1)처럼 의문사 이동과 주어-조동사 도치가 적용된다. 그러나 주어 요소에 대한 정보를 요구하는 설명 의문문에서는 V-2 어순에 따라 (2)처럼 주어 의문사 이동만 적용된다.[3)]

---

2) 다음 예문처럼 부정 판정 의문문에 someone, somebody, something, already와 같은 긍정 극성어가 사용되면, 강한 긍정의 대답을 기대하는 표현이 된다.
(i) *Didn't somebody* call me this afternoon? (implies the meaning "I'll bet somebody called me this afternoon.")
(ii) *Hasn't* your sister *already* done her homework? (implies the meaning "I think she has already done her homework.")

3) 청자가 말한 내용을 화자가 잘 듣지 못했거나 수용하기 어려워서 청자로 하여금 한 번 더 대답하기를 원할 때는 반향 의문문(echo

2 내포문의 설명 의문문

(1) Tom doesn't know *who likes Mary.*

(2) Do you know *where my glasses are?*

(3) I have no idea *how much this sandwich costs.*

(4) I am not sure *what the professor's first name is.*

위 예문의 문장 형식에서 알 수 있듯이 내포문의 설명 의문문(wh-interrogative in embedded clause)에서는 비주어 요소에 대한 정보를 요구하는 경우나 주어 요소에 대한 정보를 요구하는 경우나 똑같이 의문사 이동만 적용되고, 주어-시제 동사 어순이 그대로 유지된다. 왜냐하면, 종속절의 의문사는 초점 요소가 아니어서 주어-조동사 도치가 필요하지 않기 때문이다.

3. 부가 의문문

부가 의문문(tag question)은 서술 근절(declarative root clause)에 이어지는 부가절(tag clause)에 '시제 동사+대명사 주어'를 첨가하여 의문을 제기하거나 동의를 구하는 문장 형식이다.[4] 부가 의문문은 반대 극성 부가 의문문(opposite polarity tag question)과 동일 극성 부가 의문문(same polarity tag question)으로 나누어진다.

1 반대 극성 부가 의문문

(1) He *likes* to play tennis, *doesn't* he?

(2) Your brother *wasn't* hit by a car, *was* he?

(3) The kids *have arrived* safely, *haven't* they?

(4) He should *inform* the police of the accident, *shouldn't* he?

반대 극성 부가 의문문은 서술 근절과 부가절의 극성이 반대로 나타난다. 반대 극성 부가 의문문에서 부가절이 상승 음조 곡선(rising intonation)으로 끝나면, 서술 근절의 정보에 대한 판단을 묻는 중립적인 질문이 된다. 그러나 부가절이 상승 음조 곡선으로 시작하여 하강 음조 곡선(up-falling intonation)으로 끝

---

question)의 한 유형인 반복 의문문(repeat please question)을 다음 예문 (i)처럼 사용한다. 이때 의문문은 정상적인 설명 의문문 구조나 서술 의문문 구조로 실현된다. 또한, 보다 더 자세한 대답을 원할 때는 (ii)처럼 wh-의문사 어구로만 구성되는 정밀 의문문(elaborate please question)을 사용한다.

(i) "My brother got in at six o'clock." "When did he get in?" / "He got in *when?*"

(ii) "Hey! That guy just picked my pocket!" "*Which guy?*"

4) 특수한 조동사가 사용되는 부가 의문문의 예는 다음 (i)과 같다. 또한, (ii)에서 알 수 있듯이 서술 근절에 no, nothing, seldom, hardly, scarcely 등과 같은 부정의 뜻이 포함되어 있으면 부가절은 긍정이 되어야 한다.

(i) a. You *have to* study English, *don't you?* (have to는 do 사용)
b. I *ought to* go by plane, *shouldn't* I? (ought to는 should 사용)

(ii) a. We have *no* secrets, *do we?*
b. He *seldom* came here, *did he?*

나면, 서술 근절의 내용에 대한 동의를 요청하거나, 서술 근절 내용이 진실일 것을 기대한다.[5)]

2 동일 극성 부가 의문문

(1) So, that *is* the reason you told him, *is* it?

(2) Hurry up, *will you?* / Do it at once, *will you?*

(3) Give me a glass of water, *would you?/(will you?)*

(4) It's already twelve o'clock. Let's stop for lunch, *shall we?*

(5) a. We were supposed to meet here, *remember?(=You remember that, don't you?)*

b. You were supposed to pick up Lucy at 8:00, *you know?(=You know that, don't you?)*

동일 극성 부가 의문문은 서술 근절과 부가절이 다 같이 긍정 극성으로 나타나고, 전체 문장이 낮은 음조 곡선으로 발화되다가 부가절의 주어 부분만 상승 음조 곡선으로 끝난다. 동일 극성 부가 의문문의 의미 특성은 화자가 서술 근절에서 언급한 내용을 결론으로 추론하고 있다는 점이다. 또한, 동일 극성 부가 의문문은 부가절의 형식과 관련하여 위 예문 (2)처럼 긴급한 강조 명령(urgent emphatic imperative)의 의미를 표현하거나, (3)처럼 공손한 요구(polite request)의 의미를 표현하거나, (4)처럼 제안(suggestion)의 의미를 표현하거나, (5)처럼 기억을 환기시키거나 확인하기도 한다.

4. 선택 의문문, 반향 의문문, 수사 의문문

선택 의문문(alternative question)은 적어도 두 가지 가능한 대답 가운데서 하나를 선택하도록 요구하는 의문문이다. 반향 의문문(echo question)은 이미 말한 내용의 전부나 일부를 반복하는 의문문이다. 수사 의문문(rhetorical question)은 대답을 요구하기보다는 오히려 묻는 사람의 견해를 진술하는 의문문이다.[6)]

---

5) 다음 예문처럼 서술 근절에 사용된 appear, look like, seem, be likely와 같은 인상 서술어(raising predicate)나 believe, expect, guess, imagine, suppose와 같은 의견 동사(opinion verb)가 부정 부가절을 선택하고, 이 부정 부가절이 하강 음조 곡선으로 끝나면, 서술 근절 동사의 보충어절(complement clause)의 내용이 진실임을 함축한다.

(i) It *appears* that we are going to win, doesn't it?↘

(ii) It *is believed* that Jutes came to England from 449, isn't it?↘

6) 이 밖에도 다음 예문 (i)처럼 화자가 믿는 내용을 주장하는 감탄 의문문(exclamative question)은 판정 의문문의 어순을 가지고 있지만, 문장의 끝 부분이 인상 하강 음조 곡선으로 발화된다. 또한, (ii)처럼 서술문으로 시작하여 주로 문미에 나타나는 의문사를 인상 하강 음조 곡선으로 발화하는 전시 의문문(display question)은 주로 선생님이 학생에게 알고 있는 내용을 말하도록 유도하는 문장 형식이다.

(i) a. Don't you look great today!↘

b. Am I ever starved!↘

(ii) a. So this story is about what?↘

b. And these isotopes are formed how?↘

1 선택 의문문

(1) a. Shall we *go out to the cinema or stay at home?*
b. Would you like to have *bread, pancakes, or waffles?*
c. Do you want *Italian-style spaghetti or Korean-style grilled beef, Bulgogi?*

(2) a. Which color do you like best? *Red, yellow, or blue?*
b. Which flavor would you like? *Chocolate, vanilla, or strawberry?*

(3) Would you ask Andrew *whether he will come or not?*

위 예문에서 알 수 있듯이 선택 의문문에는 적어도 두 가지 이상의 가능한 대답이 제시되어 있다. 선택 의문문의 억양 특성은 연속된 선택 요소들이 각각 인상 하강 음조 곡선(up-falling intonation)으로 발음된다는 점이다.

2 반향 의문문

(1) "What do you think of the car?" "(Did you say) *what do I think of the car?*"
(2) "Have you ever been to Troy in Turkey?" "(Have I ever been) *where?*"
(3) "Have you borrowed my pen?" "(Have I) *borrowed your pen?*"

반향 의문문에서는 이미 말한 내용의 전부나 일부를 되풀이 한다. 그러므로 위 예문 (1)처럼 화자가 언급한 내용을 청자가 확인하거나, (2)처럼 화자가 언급한 내용에서 청자가 설명해야 할 부분을 확인하거나, (3)처럼 화자가 질문한 내용의 일부를 청자가 반복하는 경우에 주로 사용한다.

3 수사 의문문

(1) Is that a reason for despair?
(implies the meaning "*Surely that is not a reason for despair.*")
(2) Isn't the answer clearly obvious?
(implies the meaning "*Surely the answer is clearly obvious.*")
(3) What difference does it make?
(implies the meaning "*Surely it makes no difference.*")

위 예문의 바꿔 쓰기에서 알 수 있듯이 수사 의문문은 의문 형식으로 표현되지만, 청자의 대답을 기대하기보다는 화자의 의견을 표시하는 주장이나 단언의 발화 의미를 내포하고 있다. 일반적으로 긍정 수사 의문문은 강한 부정의 의미를 함축하고 있고, 부정 수사 의문문은 강한 긍정의 의미를 함축하고 있다.

2.1.3 부정문

부정문(negative sentence)은 진술(statement)한 내용이나 단언(assertion)한 내용이 실현되지 않거나, 진리치를 부정하거나, 거부 의사를 표현하는 문장 형식이다. 부정문은 부정의 유형에 따라 명제 부정(propositional negation)인 동사 부정과 구성 성분 부정(constituent negation)인 비동사 부정으로 나누어진다. 부정문은 보통 any나 yet과 같은 부정 극성어와 함께 쓰이고, 긍정문은 보통 some이나 still과 같은 긍정 극성어와 함께 쓰인다.

1. 동사 부정의 부정문

동사 부정(verbal negation)은 부정 부사(negative adverb) not이 시제 동사와 결합하는 일차 동사 부정(primary verb negation)과 부정 부사 not이 비시제 동사와 결합하는 이차 동사 부정(secondary verb negation)으로 나누어진다.

[1] 일차 동사 부정

(1) a. Verbal negation *is not/isn't* divided into two types only.

b. Sarah *does not/doesn't* play the piano, but she plays the violin.

(2) *Isn't* he coming? / *Hasn't* the train arrived yet?

(3) What *haven't* you seen? / What *have* you *not* seen?

(4) Bruce *doesn't* like football, does he? / Nancy *can't* come, can she?

(5) *Do not* answer the phone. / *Don't* pick me up until nine o'clock.

일차 동사 부정에 따라 도출되는 부정문은 위 예문 (1)과 같은 기본적인 부정 서술문과 더불어, (2)와 같은 부정 판정 의문문, (3)과 같은 부정 설명 의문문, (4)와 같은 부정 부가 의문문, (5)와 같은 부정 명령문 등에도 사용된다.

[2] 이차 동사 부정

(1) Jack promised Jill *not to come* again.

(2) The policeman hates *not hearing* the truth.

(3) The tickets *not purchased* in advance will become unavailable.

(4) Mother recommended that we *not buy* a medicine for the cold at the drug store.

이차 동사 부정에 따라 도출되는 부정문에서는 부정 부사 not이 비시제 동사와 결합한다. 그러므로 이차 동사 부정에서는 비정형의 종속절인 내포문(embedded clause)이 부정된다. 비정형 내포문의 부정에는 위 예문 (1)과 같은 to-부정사절, (2)와 같은 동명사절, (3)과 같은 과거 분사절, (4)와 같은 원형 부정사절이 포함된다.

3 동사 부정과 부정어 인상

(1) Mary expects that Lora *will not* have succeeded in the exam. ⇒

Mary *doesn't* expect that Lora will have succeeded in the exam.

(2) I suppose that he *cannot* be rewarded for the Oscar as the best actor. ⇒

I *don't* suppose that he can be rewarded for the Oscar as the best actor.

(3) It appears that we *won't* win the game after all. ⇒

It *doesn't* appear that we will win the game after all.

(4) It is likely that the workers *will not* go on strike. ⇒

It *isn't* likely that the workers will go on strike.

동사 부정과 관련하여 위 예문 (1)-(2)처럼 모문(matrix clause)의 동사가 의견 동사(opinion verb)나 필요 동사(wanting verb), (3)-(4)처럼 인상 서술어(raising predicate)일 때는 부정어 인상(negative raising), 또는 부정 부사 전이(not-transportation)를 통하여 내포문의 부정어를 모문으로 인상하거나 전이해도 전체 문장의 의미가 크게 달라지지 않는다.[7] 부정어 인상이 가능한 문장에서는 내포문보다는 모문에 부정어가 나타나는 문장 구조(=통사 구조(syntactic structure))가 선호되고, 내포문에서는 일반적으로 서법 조동사가 사용되는 경향성을 갖는다.[8]

4 부정의 범위와 이중 부정

(1) a. Mike said that he *didn't* know my brother.

b. Mike *didn't* say that he knew my brother.

(2) a. The suspect *deliberately did not destroy* the evidence. ≡

The suspect acted deliberately in not destroying the evidence.

b. The suspect *didn't deliberately destroy* the evidence. ≡

The suspect did not act deliberately in destroying the evidence.

---

7) 이와 반대로 다음 예문처럼 모문에 사실 동사(factive verb)가 사용되면 not의 위치에 따라 전체 문장의 의미가 달라지므로 부정어 인상이 적용될 수 없다.

(i) We forgot that Elena *doesn't* like Mike. ≠

We *didn't* forget that Elena likes Mike.

(ii) Jackson regretted that he *hadn't* come alone. ≠

Jackson *didn't* regret that he had come alone.

8) 대표적인 의견 동사로는 anticipate, believe, expect, feel, guess, imagine, suppose, think 등을 들 수 있고, 필요 동사로는 choose, intend, mean plan, want 등을 들 수 있다, 대표적인 인상 서술어로는 appear, look, sound, seem, be likely, be certain, be sure 등을 들 수 있다.

(3) a. Tóm doesn't hate Mary.

(implies the meaning "There may be other person who hates Mary.")

b. Tom doesn't háte Mary.

(implies the meaning "Tom doesn't actually hate Mary, rather likes her.")

c. Tom doesn't hate Máry.

(implies the meaning "Tom doesn't hate Mary, but hates someone else.")

(4) a. I *didn't not* respond to my e-mails.(=I responded to my e-mails.)

b. You *can't not* go there with your sister.(=You must go there with your sister.)

위 예문 (1)의 의미 차이에서 알 수 있듯이 모문의 동사가 사실 동사(factive verb)일 때는 부정 부사 not의 위치에 따라 부정의 범위(scope of negation)가 달라진다. 또한, (2)의 의미 차이에서 알 수 있듯이 어떤 유형의 부사들은 부정 부사 not 앞에 오느냐, 아니면 not 뒤에 오느냐에 따라 부정의 범위가 달라지기도 한다.[9] 한편, (3)에서는 강조 강세(emphatic stress)가 오는 부분이 부정 초점(negation of focus)이 되고 있다. (4)는 이중 부정(double negation)으로 하나의 절 안에 부정 부사가 두 번 사용된 문장인데, 이와 같은 이중 부정은 긍정의 의미로 해석된다.

2. 비동사 부정의 부정문

부정문에서 부정 부사 not이 동사를 부정하는 동사 부정과 달리, 비동사 부정(nonverbal negation)은 not이 아닌 다른 부정어(negative word)를 사용하는 경우와 부정 접사(negative affix)를 사용하는 경우로 나누어진다.

1 not이 아닌 다른 부정어를 사용하는 부정문

(1) I have *never* seen a unicorn. ⇒

I *haven't ever* seen a unicorn.

(2) The young man did *nothing* to stop smoking. ⇒

The young man *didn't* do *anything* to stop smoking.

(3) The agent revealed *no* information about the secret project. ⇒

The agent *didn't* reveal *any* information about the secret project.

위 예문에서 알 수 있듯이 부정어를 사용하는 부정문은 동사 부정문으로 바꾸어 쓸 수 있다. 부정 부사 not을 제외한 대표적인 부정어로는 no, nobody, nothing, none, no one, never와 같은 부정 부사와 nor나

9) 이 유형에 속하는 단어는 주로 의지 부사(volitional adverb)나 행위 관련 부가어(act-related adjunct)인데, deliberately, expressly, intentionally, on purpose, purposely, willfully 등이 그 예이다(Huddleston & Pullum 2002).

neither와 같은 상관 접속사(correlative conjunction)를 들 수 있다.

② 부정 접사를 사용하는 부정문

(1) She looked at my clothes with *disapproval*. ⇒
She looked at my clothes with *no approval*.

(2) Why do you *dislike* her cousin who is very kind to you? ⇒
Why *don't* you *like* her cousin who is very kind to you?

(3) We all know too well who is *unhappy* with this situation. ⇒
We all know too well who *is not* happy with this situation.

위 예문에서 알 수 있듯이 일정한 단어에 부정 의미의 접사가 첨가되어 부정의 의미를 나타내는 문장을 부정 접사를 사용하는 부정문이라고 한다.[10)]

③ 비동사 부정에 사용되는 not과 중출 부정

(1) a. *Not all(=Some)* of his suggestions were accepted as an action plan.
b. *Not one customer/Not a single customer(=No customer)* has protested so far.
c. His remarks resulted in *not a little confusion(=a good deal of confusion)*.

(2) a. You have *never* seen *nothing* like it. ⇒
You have *never* seen *anything* like it.
b. He *can't* get *no* satisfaction from helping poor people. ⇒
He *can't* get *any* satisfaction from helping poor people.
c. The manager told his staff *not* to say *nothing* to *nobody* about it. ⇒
The manager told his staff *not* to say *anything* to *anybody* about it.

위 예문 (1)에서는 비동사 부정에 not이 사용되고 있다. (1a)처럼 not이 all, every, many, much와 같은 양화사(quantifier)와 결합하면 some이나 a little amount of와 같은 긍정 의미를 나타낸다. (1b)처럼 not이 'one + 명사'나 'a single + 명사'와 결합하면 not any, no, none과 같은 부정 의미를 나타낸다. (1c)처럼 not이 'a little + 명사'나 'a few + 명사'와 결합하면 상당한 양의 의미를 나타낸다.[11)] 위 예문 (2)와 같은 중출 부정(multiple negation)은 둘 이상의 부정어나 'not + 하나 이상의 부정어'가 결합된 문장이다. 중출 부정문은

---

10) 대표적인 부정 접사로는 unhappy, inefficient, implausible과 같은 형용사, illegally, irregularly, disloyally와 같은 부사, disapproval, asymmetry, nonviolence와 같은 명사, dislike, misunderstand, unfasten과 같은 동사를 들 수 있다.

11) 부정 부사구인 not often은 다음 예문에서 알 수 있듯이 never, rarely, seldom, only와 유사한 의미로 해석된다.
(i) It is *not often* that a government minister will admit to being wrong.
(ii) *Never/Rarely/Not often* in my entire life have I witnessed such bravery.

영국 영어나 미국 영어의 방언, 또는 구어 영어에서 부정 의미를 전달하는데 자주 사용된다.[12)]

2.1.4 명령문

명령문(imperative sentence)은 화자가 청자에게 어떤 일이나 행위를 하도록 명령, 요구, 충고하거나 제안, 요청, 권유하는 지시(directive)의 문장 형식이다. 명령문은 명령문의 형식과 명령문의 의미에 따라 구조와 기능을 세분할 수 있다. 또한, 주어 you가 명시적으로 발음되는 명령문도 가끔 사용된다.

1. 명령문의 형식

명령문은 형식에 따라 긍정 명령문(positive imperative sentence), 부정 명령문(negative imperative sentence), Let's 명령문(*Let's* imperative sentence)으로 나눌 수 있다.

① 긍정 명령문

(1) a. *Be* quiet. / *Be* quiet, please!
  b. *Choose* the one word or phrase that best completes the sentence.
  c. *Analyze* the structure of English sentences everyday, and you will be an expert in English.

(2) a. *Do be* careful!
  b. *Do hurry* up! Or you will be late for the first class.

(3) a. Hurry up, *will you?*
  b. Get my gloves out of the car, *would you?*

긍정 명령문은 위 예문 (1)처럼 주어 you가 삭제되고 원형 동사(root verb)로 시작된다. 강조 명령문(emphatic imperative sentence)은 (2)처럼 원형 동사 앞에 do를 첨가한다. 명령문에서 주어 you와 시제를 표시하는 서법 조동사 will이 삭제되었다는 증거는 (3a)와 같은 부가절의 문장 구조를 통해서 알 수 있다. 한편, 부가절인 (3a)의 will you는 긴급한 명령의 의미를 포함하고 있고, (3b)의 would you는 겸손한 요구의 의미를 포함하고 있다.[13)]

---

12) 두 개의 부정어를 포함하고 있는 이중 부정이 긍정의 의미를 나타낸다는 분석은 논리적으로는 옳지만, 문법적으로 언제나 옳은 것은 아니다. 왜냐하면, 많은 언어에서 부정의 의미를 전달하는데 이중 부정이 중출 부정으로서 부정의 의미를 전달하는데 사용되고 있기 때문이다(Cowan 2008).

13) 명령문에서 2인칭 주어인 you가 삭제되었다는 증거는 위의 예문 (3)과 같은 부가절을 통해서 알 수 있지만, 다음과 같은 재귀 대명사가 들어 있는 명령문을 통해서도 증명할 수 있다.

 (i) Behave yourself! / You behave yourself!
 (ii) Behave *myself/*himself/*herself/*ourselves/*themselves!

2 부정 명령문

(1) *Don't leave* me alone.

(2) *Don't tease* the little girl any more.

(3) *Don't be* afraid to change the flight plan via Seoul.

위 예문의 문장 형식에서 알 수 있듯이 부정 명령문은 원형 동사 앞에 do not/don't를 첨가하여 사용한다.

3 Let's 명령문

(1) a. *Let's eat* lunch.

b. *Let's open* the window.

(2) a. *Let's have* a look at your tongue.

b. *Let me not forget* to post these letters.

(3) a. Let's make a start, *shall we?* (British English)

b. Let's take turns driving the car, *OK?* (spoken American English)

(4) a. *Let's not talk* about what happened anymore, shall we?

b. *Let's not jump* the conclusion - he might have been delayed.

Let's 명령문은 위 예문 (1)처럼 화자와 청자가 포함되는 행위를 제안하는데 사용된다는 점에서 1인칭 포함 명령문(first person inclusive imperative sentence)이라고도 말한다. Let's 명령문은 (2)처럼 지시나 부드러운 명령에 사용된다. Let's 명령문에 (3)처럼 부가절이 첨가될 때, 영국 영어서는 shall we?를 사용하는 것이 일반적이고, 미국 구어 영어에서는 OK?를 사용하는 경향성을 보이고 있다. Let's 명령문의 부정은 (4)처럼 부정 부사 not을 Let's와 원형 동사 사이에 넣어 표현한다.[14)]

2. 명령문의 의미

명령문의 의미는 명령문을 발화하는 화자와 청자의 관계, 명령의 내용과 의도, 명령문을 발화하는 상황에 따라 명령(commands/orders/demands), 요청(requests/entreaties), 충고(advice/warnings/recommendations), 지시(instructions/expository directives), 권유(invitations), 허가(permission), 수용(acceptance) 등으로 나눌 수 있다.[15)]

---

14) 문장 "If that is what he really intends to do, let him say so." ⇒ "If that is what he really intends to do, then he should say so."의 고쳐 쓰기에서 알 수 있듯이 개방 let 명령문(open *let* imperative sentence)은 제안을 나타내는 Let's 명령문과 달리 서법 조동사 should를 사용하여 고칠 수 있는 것으로 보아 진정한 명령문은 아니다.

15) 다음 예문의 문법성 판단에서 알 수 있듯이 소유, 존재, 의무 등을 표현하는 have got(=have)은 명령이나 행위를 서술할 때는 사용되지 않는다.

(i) a. *Don't have* anything to do with him!

b. **Don't have got* anything to do with him!

① 명령의 의미를 포함하는 명령문

(1) Get out of my way!

(2) Right face! Forward, march!

(3) Let the meeting resume its session tomorrow morning!

명령의 의미를 포함하는 명령문에서는 화자가 말한 내용을 청자가 실천하기를 요구하거나 강하게 기대한다. 이때 명령의 내용이 실현되지 않으면 유쾌하지 않은 결과가 초래될 수도 있다.16)

② 요청의 의미를 포함하는 명령문

(1) Please help me finish my work by Saturday.

(2) Children are in the room. Shut the window, will you?

(3) Kindly lower your voices. I think I have a pain in the ear.

요청의 의미를 포함하는 명령문에서는 화자가 말한 내용을 청자가 반드시 따라야할 의무는 없다. 요청의 의미를 포함하는 명령문에는 부탁이나 동의의 의미를 명시적으로 표현하는 please나 will you/would you와 같은 부가절이 첨가되기도 한다.

③ 충고의 의미를 포함하는 명령문

(1) Remember, always buy low and sell high.

(2) Don't let yourself become too complacent.

(3) Watch your step! The floor's very slippery.

충고의 의미를 포함하는 명령문에서는 화자가 청자에게 이익이 되거나 유리한 쪽으로 행동하도록 충고하거나 가르쳐 준다.

④ 지시의 의미를 포함하는 명령문

(1) Take the case of my uncle, for example.

(2) Insert a cassette as illustrated with its labelled side.

(3) Compare these figures with those shown in Table 2 above.

지시의 의미를 포함하는 명령문에서는 화자가 청자로 하여금 어떤 목표를 달성하도록 지시하거나, 주

(ii) a. Bill's mother *has* a fit whenever she sees his report card.
b. *Bill's mother *has* got a fit whenever she sees his report card.

16) 위의 예문 (3)처럼 'Let+목적어+원형 동사~' 형식이 명령의 의미로 사용되면, 3인칭 명령(third person imperative)이 된다.

장이나 증거를 통하여 명령의 내용을 받아들이도록 설명한다.

5 권유의 의미를 포함하는 명령문

(1) Feel free to call me any time.

(2) Have another piece of cake and bread.

(3) Drop by after work, and we'll discuss it in more detail.

권유의 의미를 포함하는 명령문에서는 화자가 청자로 하여금 어떤 행동을 하도록 권유하거나 설득하거나 타이른다.

6 허가의 의미를 포함하는 명령문

(1) OK, go ahead and do it.

(2) Take as many as you'd like. There still remain a lot of apples in the box.

(3) "Do you mind if I sit down? I'm exhausted." "By all means. Relax for a while."

허가의 의미를 포함하는 명령문에서는 화자가 청자에게 말한 발화 내용이 실현되거나 실천되도록 허가한다.

7 수용의 의미를 포함하는 명령문

(1) Tell your sister if you want to.

(2) OK, buy it if you want - it's your money, after all.

(3) Since you feel so strongly about it, go ahead and tell him.

수용의 의미를 포함하는 명령문에서는 화자가 원하지는 않지만, 사회적인 힘이 약하거나 지위가 낮아 발화 내용을 수용하거나 청자의 의지를 용인한다.

3. 주어 you가 명시적으로 사용되는 명령문

주어 you가 명시적으로 사용되는 명령문(imperative sentence with a visible *you* subject)에서는 2인칭 주어인 you뿐만 아니라, 다른 주어가 사용되기도 한다. 주어 you가 명시적으로 사용될 때는 대조 기능의 you (contrastive function of *you*)와 비대조 기능의 you (non-contrastive function of *you*)로 나누어진다. 또한, you가 아닌 다른 요소가 원형 동사 앞에 명시적으로 사용되는 호칭 명령문(vocative imperative sentence)도 있다.

1 주어 you나 다른 주어가 명시적으로 사용되는 명령문

(1) *You*/**He*/**She*/**They* behave yourself!

(2) *Somebody* please go find a medical doctor.

(3) *Passengers* go to New York, form a line over here.

명령문의 주어 you 이외에 화자가 그 자리에 있는 다른 사람들에게 지시를 할 때는 위 예문 (2)처럼 someone, somebody, nobody와 같은 비한정 대명사(indefinite pronoun)나 (3)처럼 특정 집단의 사람들을 주어로 사용할 수 있다. 이때 (2)의 somebody나 (3)의 passengers는 호칭으로 볼 수도 있다.

② 대조 기능의 주어 you가 명시적으로 사용되는 명령문

(1) *You take* the high road, and I'll take the low road.

(2) *You be* Butch Cassidy, and I'll be the Sundance Kid.

(3) *You take* those two out on the tray. And I'll just put this milk away.

위 예문에서 알 수 있이 두 가지 이상의 의미 역할이 서로 다른 행위자에게 할당되는 문장 구조에 명령문이 포함되어 있으면, 대조 기능의 주어 you가 명령문에 명시적으로 사용된다.

③ 비대조 기능의 주어 you가 명시적으로 사용되는 명령문

(1) "*Can't you* take a little joke, my friend?" "*Don't you* call me your friend."

(2) "*You* take it easy, dear boy," Tom's mother smiled and whispered.

(3) She led him to the door, and "*Don't you* ever forget what we swore to do."

명령문을 발화하는 화자가 청자에게 어떤 행동이나 행위를 요청할 수 있는 권위를 가지고 있는 상황에서 위 예문 (1)처럼 짜증스러움(impatience/irritation)을 표현하거나, (2)처럼 위안이나 용기(comfort/encouragement)를 주거나, (3)처럼 훈계나 충고나 위협(admonishment/advice/threat)을 할 때, 비대조 기능의 주어 you가 명령문에 명시적으로 사용되기도 한다.

④ 호칭 명령문

(1) *Ann*, you mind your own business.

(2) *Dear*, look what I found under the couch.

(3) *Everybody*, raise your left hand if you know the answer.

호칭 명령문에서 호칭은 고유 명사나 Dear, Ma'am, Sir, Waiter, You (all)과 같은 호격을 의미한다. 위 예문에서 알 수 있듯이 호칭 명령문은 어떤 사람을 부르거나 어떤 사람의 주의를 이끌어 낼 때 사용한다.[17)]

17) 미국 영어에서 새로운 형태의 부드러운 명령문(softened command imperative sentence)으로 'I need you+to-부정사~' 표현이

2.1.5 기원문

기원문(optative sentence)은 소원, 축복, 바람과 같은 미래의 희망적이고 가정적인 기원을 표시하는 문장 형식이다. 기원문은 기원 가정의 형식을 사용할 수도 있고, 공식적인 형식으로 may를 주어 앞에 전치시킬 수도 있고, 예스러운 형식으로 would로 시작할 수 도 있다.

1. 기원 가정의 형식을 사용하는 기원문

기원문에서 기원 가정(optative subjunctive)은 명령 가정(mandative subjunctive)의 내포문인 that-절(that-clause)을 사용한다. 그러므로 명령 가정 형식을 기원 가정의 기원문으로 사용할 때는 시제 표지 없는 정형 동사(finite but tenseless verb)로 일정하게 고정된 표현(fixed formulaic expression)이 서술 근절(declarative root clause)이나 주절인 모문에서 실현된다.

(1) a. Long *live* the Emperor!

b. Far *be* it from me to complain!

(2) a. God *help* you if you're not ready on time!

b. God *save* the Queen and the Lord *bless* you!

기원 가정 형식을 사용하는 기원문에서는 위 예문 (1)처럼 강조 초점(emphatic focus) 요소의 전치에 따라 주어와 동사를 도치시키기도 하고, (2)처럼 정상 어순을 사용하기도 한다.

2. 공식적인 형식을 사용하는 기원문

기원 표지인 may를 사용하는 공식적인 형식(formal style)의 기원문에서 may는 I hope/I pray와 같은 기원이나 소망의 의미를 담고 있다.

(1) *(May)* God save the Queen!

(2) *May* all your troubles be quickly resolved!

(3) *May* you both enjoy the long and happy retirement that you so richly deserve.

(4) They all cheered and shouted all together, "*May* the Republic of Korea prosper forever!"

공식적인 형식을 사용하는 기원문에서는 may를 전치시켜 'May+주어+동사' 어순을 주로 사용한다.

관용적인 용법으로 사용되고 있다. 이와 같은 명령문은 다음 예문에서 알 수 있듯이 비개인적인 표현으로 불특정의 낯선 사람들을 상대하는 안내원, 경찰, 세관원, 간호사 같은 전문 업종 분야에서 주로 쓰인다(Cowan 2008).

(i) *I need you to fill out* this immigration form.

(ii) *I need you to take off* your clothes and put on this robe.

3. 예스러운 형식을 사용하는 기원문

모문의 동사 would를 기원 표지로 사용하는 예스러운 형식(archaic style)의 기원문에서는 would가 과거 가정구문이나 과거 완료 가정구문의 that-절을 보충어절(complement clause)로 선택한다.

(1) *Would that* my father were still alive!
(2) *Would that* she had been there with me!
(3) *Would that* I could stop working and go hiking with you.
(4) I can use "*Would that* it were." or "*Would that* it were so" to mean "I wish it was so."

위 예문에서 알 수 있듯이 예스러운 형식을 사용하는 기원문에서는 주어 I가 삭제된 모문의 동사 would가 고대 영어의 용법에 따라 타동사 wish/want/desire의 의미를 표현하고 있다.[18)]

2.1.6 감탄문

감탄문(exclamative sentence)은 놀람, 기쁨, 슬픔과 같은 감정 표시를 나타내는 감탄 진술(exclamative statement)의 문장 형식이다. 감탄문은 문두에 오는 wh-어(wh-word)가 감탄문의 표지로 기능하지만, 특별한 경우를 제외하고는 의문문과는 달리 주어-조동사 도치가 일어나지 않는다는 점에서 설명 의문문과 구별된다.

1. 감탄문을 유도하는 wh-어의 문법 기능

감탄문은 wh-어의 문법 기능에 따라 주어 요소 감탄(exclamative subject) 문장과 비주어 요소 감탄(exclamative non-subject) 문장으로 나누어진다.

[1] 주어 요소 감탄 구조의 문장

(1) a. *How many students fall* asleep in the math class!
b. *How few people understand* the present circumstances!
(2) a. *What strange people inhabit* this area!
b. *What an enormous crowd came* to the industrial exhibition!

18) 이 유형의 기원문에서 would는 will의 가정법 동사로 사용되고 있다. 동사 will/would가 현대 영어의 서법 조동사(modal auxiliary verb)로 분화되기 이전에는 완전한 의미 내용을 지니고 있는 어휘 동사(lexical verb)로서 wish/want/desire의 의미를 가지고 있었다.

위 예문에서 알 수 있듯이 주어 요소 감탄 구조는 이동이 없는 주어 자리에서 주어 요소에 how나 what과 같은 wh-어가 첨가되어 'How + AP/AdvP + ((a) NP) + 동사!' 어순이나 'What + (a) AP + NP + 동사!' 어순으로 실현된다.

2 비주어 요소 감탄 구조의 문장

(1) a. *How absolutely disgraceful* (a man) he looks!

b. *How difficult a job* it is to get a ticket to go abroad on holidays!

(2) a. *What a pretty girl* Mary is!

b. *What an extraordinary professor* Dr. Harold is!

위 예문에서 알 수 있듯이 비주어 요소 감탄 구조는 목적어나 보어나 부사어가 문두로 이동하면서 그 앞에 how나 what과 같은 wh-어가 첨가되어 'How + AP/AdvP + ((a) NP) + 주어 + 동사!' 어순이나 'What + (a) AP + NP + 주어 + 동사!' 어순으로 실현된다.

2. 감탄문을 유도하는 단어의 유형

감탄문은 문두에 오는 wh-어의 유형에 따라 수식 부사(modifying adverb)나 강의 부사(intensifying adverb)로 시작하는 How~감탄문(exclamative *How*)과 전위 한정사(pre-determiner)로 시작하는 What~감탄문(exclamative *What*)으로 나누어진다.[19)]

1 How~감탄문

(1) How tall they are! ⇔ How tall are they?

(2) How much time we wasted! ⇔ How much time did we waste?

(3) How they deceived their boss! ⇔ How did they deceive their boss?

How~감탄문에서 how는 위 예문 (1)-(2)처럼 형용사나 부사나 정도 한정사를 수식하기도 하고, (3)처럼 동사를 수식하기도 한다. 위 예문의 대조에서 알 수 있듯이 주어-조동사 도치가 적용되지 않은 ⇔ 앞의 감탄문과 주어-조동사 도치가 적용된 ⇔ 뒤의 의문문은 두 문장의 어순 차이에 따라 뚜렷하게 구별된다.[20)]

---

19) 감탄문의 문체와 관련하여 주절에서는 How~감탄문이 What~감탄문보다 더 공식적인 표현으로 인식된다(Huddleston & Pullum 2002).

20) 드물기는 하지만 주어-조동사 도치가 적용된 어순의 감탄문도 사용된다. 그러나 이와 같은 문장은 다음 예문 (i)-(ii)에서 알 수 있듯이 절유형과 관련하여 문법적인 관점에서 볼 때 중의적으로 해석될 뿐만 아니라, 문장 구조상으로는 오히려 의문문으로 분석된다.

(i) *How much clearer does it* seem now that you have explained it yourself!

(ii) *What a row would there* have been if they had known that you were here!

2 What~감탄문

(1) What a game it is! (← It is a very interesting/dull game.) ⇔
What game is it? (→ It is a cricket game.)

(2) What music he played! (← He played a remarkably sweet/simple music.) ⇔
What music did he play? (→ He played some sort of music.)

(3) What a mistake they made! (← They made a serious/small mistake.) ⇔
What mistake did they make? (→ They made some kind of mistake.)

위 예문 (1)-(3)의 ⇔ 앞뒤 문장의 대조에서 알 수 있듯이 ⇔ 앞의 What~감탄문에서는 what이 전치 한정사의 문법 기능(grammatical function)을 수행한다. 그러나 이와 유사한 ⇔ 뒤의 설명 의문문에서는 what이 형용사의 문법 기능을 수행한다.

2.2 중문

중문(compound sentence)은 두 개, 또는 두개 이상의 단문이 대등하게 연결되어 있는 문장 구조이다. 중문은 등위 접속문, 상관 등위 접속문, 관련 등위 접속문으로 나눌 수 있다.

2.2.1 등위 접속문

등위 접속문(coordinating construction)은 두 개, 또는 두 개 이상의 절이 등위 접속사(coordinate conjunction: coordinator)로 연결되어 있는 중문의 문장 구조이다. 등위 접속문에서 등위 접속사의 사용은 수에 제한이 없다. 등위 접속문은 동일한 통사 구조(syntactic structure)를 가져야 한다는 구조 제약을 받는다. 대표적인 등위 접속사로는 and, or, but을 들 수 있다.

1. 등위 접속사 and로 연결되는 등위 접속문

(1) Matthew got up at 6 *and* had breakfast at 7.

(2) My friend called me *and* I was still asleep then.

(3) Smith comes to work by bus *and* (he) goes home by subway.

(4) The principal came in *and* everybody immediately stopped talking.

(5) You can eat as much of this as you like *and* (you) will not put on weight.

등위 접속사 and는 논리적인 접속(logical conjunction)을 통하여 대칭의 등치 구조(symmetric equivalent construction)나 부가 구조(additional construction)의 문장을 만든다. 또한, 시간 연속(temporal sequence), 결과(consequence), 양보(concession), 조건(condition), 시점 포함(temporal inclusion)과 같은 비대칭 구조(asymmetric construction)를 만들기도 한다.

2. 등위 접속사 or로 연결되는 등위 접속문

(1) I have three *or* four letters to write every week.
(2) I think I'm leaving before the end of the meeting *or* I'll miss the last train.
(3) Those students who're late *or* who're improperly dressed will be punished.
(4) You can find recent papers on Generative Grammar on the desk *or* in the top drawer.

등위 접속사 or는 논리적인 이접(logical disjunction)을 통하여 대칭 조건의 등치 구조(equivalent construction) 문장이나 선택 구조(alternative construction) 문장을 만든다. 또한, 조건이나 어림 수치(numeral approximation)와 같은 비대칭 구조를 만들기도 한다.

3. 등위 접속사 but으로 연결되는 등위 접속문

(1) Andrew is Irish *but* Frederick is Welsh.
(2) We have invited our boss, *but* she may decide not to come.
(3) My younger sister enjoyed the magic show, *but* I didn't like it at all.
(4) Everyone *but* Joan was told that a bunch of flowers was sent by Roberts.

등위 접속사 but은 논리적인 역접(logical adversative)을 통하여 대조의 등치 구조 문장이나 대조 구조(contrastive construction) 문장을 만든다. 또한, 두 구조 사이의 제약(restriction), 강조의 재확인(emphatic reaffirmation), 제외(exception)와 같은 의미를 전달하는 문장 구조를 만들기도 한다.

2.2.2 상관 등위 접속문

상관 등위 접속문(relative coordinating construction)은 일반적으로 두 개의 절이 상관 등위 접속사(correlative coordinator)로 연결되어 있는 중문의 문장 구조이다. 대표적인 상관 등위 접속사로는 both~and~, either~or~, neither~nor~, not~but~, not only~but also~ 등을 들 수 있다.

1. 상관 등위 접속사 both~and~로 연결되는 상관 등위 접속문

(1) I believe that *both* Jack *and* Jill *are* happy.

(2) The allegation was *both* untrue *and* offensive.

(3) As you know, this book is *both* interesting *and* instructive.

(4) The government official is *both/at once* incompetent *and* corrupt. ⇒

The government official is *not just* incompetent, *but in addition* corrupt. ⇒

The government official is *not only* incompetent *but also* corrupt. ⇒

The government official is corrupt *as well as* incompetent. ⇒

Besides incompetent, the government official is corrupt.

상관 등위 접속사 both~and~는 두 개의 동일한 구나 절을 동시에 선택하는 문장 구조이다. 이와 같은 상관 등위 접속문이 주어의 문법 기능을 수행하면 복수 형태의 시제 동사와 결합한다.

2. 상관 등위 접속사 either~or~로 연결되는 상관 등위 접속문

(1) *Either* you *or* he *is* to go.

(2) *Either* my brother *or* my cousin must be sent for a doctor.

(3) They will *either* have to reduce expenditure *or* increase income.

(4) The little boy still cannot *either* read *or* write. ⇒

The little boy still can *neither* read *nor* write.

상관 등위 접속사 either~or~는 두 개의 동일한 구나 절 가운데서 한 가지만을 선택하는 문장 구조이다. 이와 같은 상관 등위 접속문이 주어의 문법 기능을 수행하면 뒷부분의 구나 절과 시제 동사의 수를 일치시킨다.

3. 상관 등위 접속사 neither~nor~로 연결되는 상관 등위 접속문

(1) *Neither* you *nor* I *am* to go out.

(2) We *neither* moved *nor* made any noise.

(3) *Neither* you *nor* he *is* to blame for the accident.

(4) A good conversationalist talks *neither* too much *nor* too little.

(5) *Neither* my mother *nor* my father *has* seen the movie. ⇒

My mother *hasn't* seen the movie *and* my father *hasn't*, *either*. ⇒

My mother *hasn't* seen the movie *and* my father *also hasn't* seen it.

상관 등위 접속사 neither~nor~는 두 개의 동일한 구나 절을 모두 동시에 부정하거나 배제하는 문장 구조이다. 이와 같은 상관 등위 접속문이 주어의 문법 기능을 수행하면 뒷부분의 구나 절과 시제 동사의 수를 일치시킨다.

4. 상관 등위 접속사 not~, but~으로 연결되는 상관 등위 접속문

(1) The student *doesn't* specialize in literature, *but* in linguistics.

(2) They *did not* invite Tom's friends, *but* Mary's friends to the party. ⇒
They invited Mary's friends but not Tom's friends to the party.

(3) I can't go to the movies with you *not because* I don't want to, *but because* I have another plan to do.

(4) A mountain is valuable, *not because/not that* it is high, *but because/but that* it has trees which supply fresh oxygen to us.

상관 등위 접속사 not~, but~은 두 개의 동일한 구나 절 가운데서 한 가지를 선택하고, 다른 한 가지를 부정하거나 배제하는 문장 구조이다.

5. 상관 등위 접속사 not only~but also~로 연결되는 상관 등위 접속문

(1) *Not only* she *but also* you *are* able to do it within a week.

(2) He *not only* never went to school, *but also* never even learned to read. ⇒
He not only never went to school, but never even learned to read as well.

(3) As you know, *not only does* the meeting take place on a holiday, *(but)* it *also* conflicts with my winter vacation.

(4) Professor Chomsky is *not only* a linguist *but also* a politician. ⇒
Professor Chomsky is a politician *as well as* a linguist. ⇒
Besides being a linguist, Professor Chomsky is a politician.

상관 등위 접속사 not only~but also~는 부정과 긍정의 등위 접속 요소가 혼합된 상관 등위 접속문으로 두 가지를 다 선택하는 강조의 문장 구조이다. 이와 같은 상관 등위 접속문이 주어의 문법 기능을 수행하면 뒷부분의 구나 절과 시제 동사의 수를 일치시킨다.

2.2.3 관련 등위 접속문

관련 등위 접속문(related coordinating construction)은 관련 등위 접속사(related co-ordinator)로 연결되어 있는 중문의 문장 구조이다. 관련 등위 접속사의 사용은 문장의 논리성과 예증성을 강화시켜 준다.

(1) I went to bed early, *for* I was exhausted.
(2) They own a house in France *as well as* a villa in Spain.
(3) I would stay home *rather than* go out on such a rainy day.
(4) The workers got free milk and meat *in addition to* their wages.
(5) There is a need to provide special, *including* institutional and traditional, treatment as well.
(6) Our teacher would make him stand face-to-wall in the corner *instead of/in place of* studying for himself after school.
(7) a. I can play tennis everyday**:***(=because)* I have a lot of time.
b. Jill dislikes Jack**;***(=and)* she even told him so.
c. To err is human**,***(=but)* to forgive divine.

관련 등위 접속문은 주로 이유를 나타내는 for, 비교를 나타내는 ~as well as~나 rather than~, 부가나 포함을 나타내는 including, in addition to, instead of 등의 관련 등위 접속사로 연결된다. 구두점(punctuation mark)으로 표시되는 설명의 콜론(colon) ':'(=because), 분리의 세미콜론(semi-colon) ';'(=and), 쉼표(comma) ','(=but) 등을 사용해서 관련 등위 접속 관계를 표현하기도 한다.21)

2.3 복문

복문(complex sentence)은 모문(matrix clause)인 주절(main clause)이 하나, 또는 하나 이상의 내포문(embedded clause)인 종속절(subordinate clause)을 포함하고 있는 문장 구조이다. 복문 속에서 모문과 내포문은 종속 접속사(subordinate conjunction: coordinator)로 연결되기도 하고, 수식의 문법 관계로 연결

21) 콜론의 주요 문법 기능은 예문 (i)처럼 목록이나 명세서를 소개하거나, 부주제(sub-title)를 소개하거나, 주제를 하위분류하는데 사용한다. 쉼표의 주요 문법 기능은 (ii)처럼 주절과 종속절을 분리하거나, 나열이나 설명의 의미를 갖는 내용을 연결하는데 사용한다.
(i) a. There are three arguments for the withdrawal of the troops: military, economic and ethical.
b. The History of Britain: A Personal View
(ii) a. If you get stuck, come back and see me. ⇒
Come back and see me if you get stuck.
b. The town was cold, dark and inhospitable.

되기도 한다. 복문에서 주절에 종속된 내포문의 유형은 문법 범주와 문법 기능에 따라 분류할 수 있다. 즉, 문법 범주를 기준으로 하여 주어, 목적어, 보어의 문법 기능을 수행하는 명사절, 명사구를 수식하는 형용사절, 부사어나 부가절로 사용되는 부사절로 나눌 수 있다.

2.3.1 복문 속의 명사절

종속절인 내포문의 문법 기능과 관련하여 내포문이 주어나 목적어나 보어로 사용되거나, 내포문이 주절 속의 명사나 전치사나 형용사의 보충어로 사용되면, 이 내포문은 명사절(nominal clause)의 문법 기능을 수행한다. 복문의 명사절은 유형에 따라 that-절(that-clause), wh-의문사절(wh-interrogative clause), 명사성 관계절(nominal relative clause)과 복합 관계절(compound relative clause), 화법절(narrative clause)로 나눌 수 있다.

1. 명사절로 사용되는 that－절

(1) *That they were lying* is now quite obvious. ⇒
It is now quite obvious that they were lying.
(2) The problem is *that there isn't enough time.*
(3) Your boss mentioned to me *that your secretary might be leaving.*
(4) a. Democracy is based on *the idea that all men are created equal.*
b. People know *the fact that most deaths from lung cancer are caused by cigarette smoking.*
(5) Are you sure *that you know how to get there?*
(6) I've been lucky *in that I have never had to worry about money.*

대표적 종속 접속사의 한 가지인 보문소(complementizer) that이 유도하는 내포문인 that-절은 서술문의 문장 형식을 선택한다.[22] that-절은 복문에서 문장의 주어, be 동사의 주어 보어(subject complement), 타동사의 목적어, 동격(apposition) 명사구의 보충어,[23] 형용사의 보충어, 전치사의 보충어의 문법 기능을 수행한다.

22) 보문소는 내포문을 유도하는 동시에 절의 유형을 명시해 준다. 즉, 보문소는 서술문이나 의문문과 같은 문형(clausal type), 또는 내재적 발화 수행력(illocutionary force)을 나타내는 문법 기능어(grammatical function word)를 말한다. 대표적인 보문소로는 that, if, whether, for 등을 들 수 있다.
23) 명사구의 보충어인 동격절(appositive clause)을 유도하는 대표적인 명사, 또는 명사구로는 argument, assumption, belief, evidence, fact, idea, knowledge, news, opinion, possibility, principle, proof, proposition, view 등을 들 수 있다.

2. 명사절로 사용되는 wh-의문사절

(1) *What happened to Peterson* isn't clear. ⇒

It isn't clear what happened to Peterson.

(2) My father and mother don't know *what made my brother do it.*

(3) One of the concerns that voters have is *who will win the presidential election.*

(4) My first question, *who Elizabeth likes*, has not been answered.

(5) Henry wasn't sure *how to answer the question.*

(6) He is only interested *in how he can make a quick profit.*

wh-의문사절은 wh-어로 시작되는 설명 의문문인 개방 의문문(open interrogative sentence)과 whether나 if로 시작되는 폐쇄 의문문(closed interrogative sentence)으로 나누어진다.[24] 설명 의문문은 주로 문장의 주어, 타동사의 목적어, be 동사의 주어 보어, 동격 명사구의 보충어, 형용사의 보충어, 전치사의 보충어의 문법 기능을 수행한다.

3. 명사절로 사용되는 명사성 관계절과 복합 관계절

(1) a. *What(=The thing that/That which) the man said* was outrageous. ⇒

It was outrageous what(=the thing that/that which) the man said.

b. The dog wouldn't eat *what the stranger over there gave it.*

c. I was ashamed of *what I had done.*

d. Things aren't always *what they seem to be.*

(2) a. You may invite to the party *whoever you like.*

b. *Whoever(=Anyone who) finishes first* will win the first prize.

명사성 관계절과 복합 관계절은 주로 문장의 주어, 타동사의 목적어, 전치사의 목적어, 주어 보어의 문법 기능을 수행한다. 선행사를 내포하고 있는 명사성 관계 대명사(nominal relative pronoun)인 what이 선도하는 문장과 복합 관계 대명사(compound relative pronoun)인 '관계사+ever'가 선도하는 문장을 합하여 융합 관계절(fused relative clause)이라고 한다.[25]

---

24) 다음 예문에서 알 수 있듯이 whether는 wh-어와 유사한 문법 기능을 수행하는데 반하여, if는 주로 의문 내용을 전달하는 타동사의 목적어의 문법 기능으로 한정되므로 (i b)는 비문법적인 문장이 된다.

(i) a. *Whether* this was right decision remains unclear.

b. **If* this was right decision remains unclear.

(ii) a. They are investigating *whether* there is any way of closing the loophole.

b. He wants to know *if* you'd mind moving your car.

25) 전통 영문법에서 보통 정형절(finite clause)로 분류하는 명사성 관계절은 엄밀히 분석하면 명사구로 보는 것이 옳다. 왜냐하면,

4. 명사절로 사용되는 화법절

(1) a. He said, "I am going to study hard."

b. He said (that) he was going to study hard.

(2) a. The prime minister of the United Kingdom said to the reporters yesterday, "I have no intention of resigning." ⟹

b. The prime minister of the United Kingdom told the reporters the previous day that he had no intention of resigning.

화법절(narrative clause)은 대부분 타동사의 목적어의 문법 기능을 수행한다. 화자가 청자에게 말한 내용을 전달하는 방법에는 두 가지가 있다. 한 가지는 (1a)와 (2a)처럼 원래 화자가 실제로 말한 내용을 그대로 전달하는 직접 화법(direct reported speech)이고, 다른 한 가지는 (1b)와 (2b)처럼 원래 화자가 말한 내용을 화자의 관점에서 바꾸어 전달하는 간접 화법(indirect reported speech)이다.

1 간접 화법에서 직시 표현의 변화

(1) Mary said to me, "I love you." ⟹

Mary told me *(that) she loved me.*

(2) Our professor said, "I am busy today." ⟹

Our professor said *(that) he was busy that day.*

(3) The manager said, "The lease expired yesterday." ⟹

The manager said *that the lease had expired the previous day.*

간접 화법에서는 위 예문에서 알 수 있듯이 직접 화법 내용인 피전달문의 인칭, 지시사, 시제와 같은 직시 표현(deictic expression)을 화자의 시점으로 변형하여 표현해야 한다.[26] 특히, 직접 화법을 간접 화법으로 바꿀 때 보문소 that을 사용하는 것은 that-절의 내용이 간접적인 의사 전달이라는 서술 표지로서 내포문의 문법 기능을 수행하기 때문이다.

다음 예문 (i)에서 알 수 있는 것처럼 명사성 관계절은 주어-동사 일치가 요구되고, (ii)에서 알 수 있듯이 주어-조동사 도치가 이루어지기 때문이다.

(i) a. *What money* she has *is* in the bank.

b. *What books* she has *are* in the attic.

(ii) *Is what she suggests* unreasonable?

26) 문장에 나타나는 지시 대상(referent)은 화자와 청자, 시간, 장소를 통하여 결정되는데, 지시 대상을 결정하는 이와 같은 어휘 항목들을 직시 표현이라고 한다. 대표적인 직시 표현으로는 yesterday, tomorrow, now, then 등과 같은 시간 직시(temporal deixis), here, there, school, Seoul 등과 같은 장소 직시(locative deixis), 1인칭, 2인칭, 3인칭 대명사와 같은 인칭 직시(person deixis)를 들 수 있다.

2 간접 화법에서 전달 동사의 변화

(1) Juliet *replied*, "I live alone here." ⇒
 Juliet *replied* (that) she lived alone there.
(2) The foreigner *said to* me, "Do you speak English?" ⇒
 The foreigner *asked* me if I spoke English.
(3) The customs inspector *said to* me, "Speak in Korean."⇒
 The customs inspector *told* me to speak in Korean.
(4) The policeman *asked* me, "Where did you live two years ago?" ⇒
 The policeman *asked* me where I lived two years ago.
(5) The teacher *said*, "What an excellent student Caroline is!"⇒
 The teacher *exclaimed* what an excellent student Caroline was.
(6) The priest *said*, "God may bless you!"⇒
 The priest *wished* that God might bless me.

위 예문에서 알 수 있듯이 문장의 유형과 성격에 따라서 직접 화법의 전달 동사(reporting verb)는 간접 화법에서 적절하게 변형되어야 한다.

2.3.2 복문 속의 형용사절

종속절인 내포문의 문법 기능과 관련하여 내포문이 모문의 명사구를 수식해 주는 형용사의 문법 기능을 수행하면, 이 내포문은 형용사절(adjectival clause)이 된다. 복문에 나타나는 형용사절은 문장 구조 유형에 따라 관계 대명사가 선도하는 관계절(relative clause headed by relative pronoun), 관계 형용사가 선도하는 관계절(relative clause headed by relative adjective), 관계 부사가 선도하는 관계절(relative clause headed by relative adverb)로 나눌 수 있다.

1. 관계 대명사가 선도하는 관계 형용사절

(1) The man *who came to dinner* is my brother's friend.
(2) The problem is that Matilda likes Edmund *whom Elizabeth loves*.
(3) This is the letter *that Sophia received from the international office the other day*.

위 예문처럼 복문에서 관계 대명사가 선도하는 관계절이 모문의 주어 명사구, 목적어 명사구, 보어 명사구를 수식하면, 형용사절의 문법 기능을 수행한다.

2. 관계 한정사/관계 형용사가 선도하는 관계 형용사절

(1) The girl *whose parents I know well* is Scarlet.

(2) The report contains statements *whose factual truth is doubtful.*

(3) We found *the house of which the roof had been damaged in the storm.*

위 예문처럼 복문에서 관계 형용사가 선도하는 관계절이 모문의 주어 명사구나 목적어 명사구를 수식하면, 형용사절의 문법 기능을 수행한다.

3. 관계 부사가 선도하는 관계 형용사절

(1) I don't know the exact day *when Jack will come back.*

(2) Susan wanted to see the house *where she had grown up.*

(3) Have you learned (the way) *how you make it from raw materials?*

(4) Simon loves Jenny - that is the true reason *why he wants to be with her.*

위 예문처럼 복문에서 관계 부사가 선도하는 관계절이 시간, 장소, 방법, 이유를 나타내는 모문의 명시적인 명사구를 선행사로 선택하여 수식하면, 형용사절의 문법 기능을 수행한다.

3. 주어절과 보충어절

3.1 주어절

주어(subject)는 서술어/동사 앞에 오는 문장 구성 성분으로서 시제 동사와 주어-동사 일치(subject-verb agreement)를 이루어 시제 동사의 형태를 결정해 준다. 주어는 일반적으로 명사구나 명사절의 형태로 실현되는데, 주어절은 명사절이 주어의 문법 기능을 수행하는 것을 말한다.

3.1.1 주어절의 유형

명사구가 주어의 문법 기능을 수행하는 것처럼 비정형절(non-finite clause)이나 정형절(finite clause)도 명사절(nominal clause)로서 주어의 문법 기능을 수행한다. 주어의 문법 기능을 수행하는 주어절(subject clause)인 명사절에는 to-부정사절(to-infinitive clause), 동명사절(gerundive clause), that-절(that-clause), wh-의문사절(wh-interrogative clause), 명사성 관계절(nominal relative clause)과 복합 관계절(compound relative clause)이 포함된다.1)

1. 주어의 문법 기능을 수행하는 to-부정사절

(1) *To write a good poem* requires as much practice as talent. ⟹
It requires as much practice as talent to write a good poem.

(2) *For college students to develop intercultural communicative competence* is important. ⟹
It is important for college students to develop intercultural communicative competence.

(3) a. *To ask someone for help* simply wouldn't occur to my father.
b. Considering his age, *for Tony to believe such a lie* is unthinkable.

---

1) 문두에 오는 비정형절이나 정형절이 주어가 될 때, 이 절을 명사구 성격의 명사절로 분석하는 이유는 다음 예문 (i)처럼 부가 의문문 형성에서 부가절의 주어가 대명사 it으로 나타나기 때문이다. 그러나 (ii)에서 알 수 있듯이 의문문을 만들 때는 비정형절이나 정형절의 주어는 명사구처럼 주어-조동사 도치가 이루어지지 않고, 외치를 적용받은 다음에 주어-조동사 도치가 이루어진다.

(i) That she did not reply immediately doesn't surprise him, *does it?*

(ii) a. **Doesn't that she did not reply immediately* surprise him?
b. *Doesn't it* surprise him that she did not reply immediately?

c. As you know, *to get a simple 'yes' or 'no' answer out of my mother* is a real task to me.

위 예문 (1)처럼 주어의 문법 기능을 수행하는 to-부정사절 자체에 명시적인 주어가 없을 때는 'people in general'의 의미를 갖는 이해된 주어(understood subject)가 삭제된 것으로 본다. 그러나 (2)처럼 명시적인 주어를 가지고 있을 때는 'for + 목적어'의 형태로 실현된다.[2] 한편, (3)에서 알 수 있듯이 to-부정사절은 일반적으로 amuse, cause, delight, occur와 같은 어휘 동사의 주어가 되거나, difficult, easy, foolish, good, impossible과 같은 'be + 술어 형용사/술어 형용사구'의 주어가 되거나, error, mistake, offence, task와 같은 'be + 술어 명사/술어 명사구'의 주어가 된다.

2. 주어의 문법 기능을 수행하는 동명사절

(1) *Keeping our promise* is very important in our social life. ⇒
It is very important in our social life to keep our promise.

(2) *Parents' bragging about their children* is usual and customary. ⇒
It is usual and customary for parents to brag about their children.

(3) a. *My visiting grandmother* always makes her happy.
b. *Writing a good drama without an experience in real life* isn't easy.
c. *Taking an extra week of vacation* wasn't such a good idea after all.

위 예문 (1)처럼 주어의 문법 기능을 수행하는 동명사절에 명시적인 주어가 없을 때는 불특정 일반인이 주어인 것으로 본다.[3] 그러나 (2)처럼 명시적인 주어를 가지고 있을 때, 그 주어는 주로 속격 명사나 속격 대명사 형태로 실현된다. 한편, (3)에서 알 수 있듯이 동명사절도 어휘 동사의 주어가 되거나, 'be + 술어 형용사/술어 형용사구'의 주어가 되거나, 'be + 술어 명사/술어 명사구'의 주어가 된다.

3. 주어의 문법 기능을 수행하는 that-절

(1) *That he would even consider doing it* bothered me. ⇒
It bothered me that he would even consider doing it.

(2) *That the singer enjoys such popularity among the general public* surprises many people. ⇒

---

2) 여기서 for는 비정형절을 선도하는 보문소(complementizer)로 정형절을 선도하는 보문소 that과 상보적 분포를 이룬다.

3) 다음 예문의 비교처럼 대부분의 부정사절 주어는 동명사절 주어로 바꾸어 쓸 수 있다.
(i) *(For a reporter) to get an interview with him* is practically impossible.
(ii) *(A reporter's) getting an interview with him* is practically impossible.

It surprises many people that the singer enjoys such popularity among the general public.

(3) a. *That he is in hospital* illustrates his critical condition.

b. *That he managed to get his degree* is truly remarkable.

c. *That his brother would say such a thing* is the result of his complete lack of understanding the matter.

주어의 문법 기능을 수행하는 정형절인 that-절에서 보문소(complementizer) that은 정형절 표지이다. 위 예문 (3)에서 알 수 있듯이 that-절은 amaze, bother, deter, illustrate, indicate, surprise와 같은 어휘 동사의 주어가 되거나, apparent, clear, disconcerting, evident, important, remarkable과 같은 'be＋술어 형용사/술어 형용사구'의 주어가 되거나, accident, asset, factor, miracle, result (of), source (of)와 같은 'be＋술어 명사/술어 명사구'의 주어가 된다.

4. 주어의 문법 기능을 수행하는 wh-의문사절

(1) *To what extent these views were shared* is not clear. ⇒

It is not clear to what extent these views were shared.

(2) *Who will be president in the next election* doesn't interest me in the least. ⇒

It doesn't interest me in the least who will be president in the next election.

(3) a. *How you deal with him* is for you to decide.

b. *Whether he can get a scholarship* will depend on his credits.

c. *How my cousin plans to do his business with you* is not clear.

d. *Whether he completes it today or tomorrow* is not the issue of debate.

주어의 문법 기능을 수행하는 정형의 wh-의문사절은 서술 정형절의 어순 구조를 형성한다.[4] 위 예문 (3)에서 알 수 있듯이 정형의 wh-의문사절은 bother, concern, depend on, determine, interest, matter와 같은 어휘 동사의 주어가 되거나, arguable, certain, clear, debatable, important, obvious, relevant, significant와 같은 'be＋술어 형용사/술어 형용사구'의 주어가 되거나, concern, issue, matter, problem과 같은 'be＋술어 명사/술어 명사구'의 주어가 된다.

---

4) 다음 예문 (i)과 같은 비정형의 wh-의문사절은 (ii)와 같은 정형의 wh-의문사절처럼 전치를 통하여 도출된 것으로 본다.

(i) They were discussing *what to do next*. ⇒

What to do next was being discussed (by them).

(ii) It is none of our business *who our teacher likes most* because she is impartial to every student. ⇒

Who our teacher likes most is none of our business because she is impartial to every student.

5. 주어의 문법 기능을 수행하는 관계절

(1) a. *What money remains* is in the bank.

b. *What amuses you* doesn't necessarily amuse everyone else.

(2) a. *Whoever he marries* will have to be very tolerant.

b. *Whoever is responsible for the damage* must pay for it.

위 예문에서 알 수 있듯이 (1)과 같은 명사성 관계 대명사(nominal relative pronoun)가 이끌어가는 명사성 관계절이나 (2)와 같은 복합 관계 대명사(compound relative pronoun)가 이끌어가는 복합 관계절이 주어의 문법 기능을 수행한다.

3.1.2 주어절의 이동

주어절(subject clause)은 문미 초점 원리(end focus principle)와 문미 가중 원리(end weight principle)에 따라 외치(extraposition)를 통하여 그 문장의 뒤쪽으로 이동하는 경우가 많다. 또한, 허사 주어(expletive subject) it으로 시작되는 'It~to-부정사절' 문장 구조에서 내포문(embedded clause)의 목적어를 모문(matrix clause)의 주어로 이동하는 목적어-주어 인상(object-to-subject raising)인 tough-이동(tough-movement)과 It~that-절의 문장 구조에서 내포문의 주어를 모문의 주어로 이동하는 주어-주어 인상(subject-to-subject raising)도 외치구문(extraposed construction)과 관련되어 있다.

1. 주어절의 외치

(1) a. *That the accused man was innocent* was obvious to the jury. ⇒

It was obvious to the jury that the accused man was innocent.

b. *That his efforts are doomed to fail* is now readily apparent. ⇒

It is now readily apparent that his efforts are doomed to fail.

(2) *For John to ignore Mary's advice* would be stupid. ⇒

It would be stupid for John to ignore Mary's advice.

(3) *How they will manage to do that* is not clear. ⇒

It is not clear how they will manage to do that.

이 예문 (1)처럼 that-절 주어가 허사 주어 it으로 대체되면, 그 주어절도 문장의 뒤쪽으로 외치된다.[5] 또

5) 주어의 문법 기능을 수행하는 that-절의 술어 동사가 amuse, bother, surprise 등이거나, 서술어로 사용되는 형용사 apparent, clear, evident, important 등일 때, 'It~that-절' 구문으로 외치가 적용된다.

한, (2)처럼 (for~)to-부정사절 주어가 허사 주어 it으로 대체되면, 그 주어절은 문장의 뒤쪽으로 외치된다.[6] (3)에서 wh-의문사절 주어가 'be + 술어 형용사/술어 형용사구'를 서술어로 선택할 때, 허사 주어 it으로 대체되면, 그 주어 역시 문장의 뒤쪽으로 외치된다.[7]

2. 주어절을 반드시 외치시키거나 외치시키지 않아야 되는 문장 구조

(1) **That Jane won't be joining us* appears. ⇒

It appears that Jane won't be joining us.

(2) **[That [that he was angry] was so obvious]* embarrassed her. ⇒

It embarrassed her [that *it* was so obvious [that he was angry]].

(3) *Herb's winning the gold medal* came as a complete surprise to us. ⇒

**It* came as a complete surprise to us Herb's winning the gold medal.

위 예문 (1)의 문법성 판단에서 알 수 있듯이 인상 동사(raising verb)인 일부의 자동사들은 It~that-절(It~that-clause) 문장인 외치구문(extraposed construction)으로만 사용되고, 시제 동사 앞에 that-절이 오는 것을 허가하지 않는다.[8] 또한, (2)처럼 주어절이 다중 내포문(multiple embedded clause)으로 구성되어 있으면 비문법적인 문장이 되므로 의무적으로 외치를 적용해야 한다. 한편, 동명사절 주어는 (3)에서 알 수 있듯이 외치시키지 않는 것이 원칙이다.[9]

3. 내포문의 목적어를 모문의 주어로 이동하는 목적어-주어 인상

(1) It is easy (for me) to understand *this lesson*. ⇒

This lesson is easy (for me) to understand.

(2) It's a real pleasure (for me) to work with *Anne*. ⇒

Anne is a real pleasure (for me) to work with.

(3) It is impossible to justify *his behavior* without doubt. ⇒

His behavior is impossible to justify without doubt.

---

6) 주어의 문법 기능을 수행하는 to-부정사절의 술어 동사가 amuse, bother, delight, disturb, embrace 등이거나, 서술어로 사용되는 형용사 difficult, easy, foolish, good, impossible 등일 때, 'It~to-부정사' 구문으로 외치가 적용된다.

7) 주어의 문법 기능을 수행하는 wh-의문사절이 서술어로 사용되는 형용사인 clear, important, obvious 등과 결합할 때, 'It~wh-의문사절' 구문으로 외치가 적용된다. 그러나 서술어가 (타)동사일 때는 "Whether he gets a scholarship will depend on his grades." ⇒ "?It will depend on his grades whether he gets a scholarship."처럼 'It~wh-의문사절' 구조의 문법성이 떨어진다(Cowan 2008).

8) 외치구문인 'It~that-절'만을 허가하는 대표적인 자동사로는 appear, come about, develop, happen, seem, transpire, turn out 등의 인상 동사들이다.

9) 그러나 "Protesting the new policies would be no use." ⇒ "It would be no use protesting the new policies."와 같은 관용구문에서는 동명사절의 외치가 예외적으로 적용된다.

위 예문의 의미에서 알 수 있듯이 (for~)to-부정사절인 내포문의 목적어를 모문의 주어로 인상시킬 때, 목적어는 구정보(given/old information)이거나 강조 초점으로 해석된다. 또한, 모문의 술어 형용사나 술어 명사는 일의 쉽고 어려움의 의미(meaning of easiness/difficulty)를 표시하는 단어라는 점에서 특징적이다.[10] 목적어-주어 인상이 이루어지는 문장에서 (for~)to-부정사절에 사용되는 동사들의 내재 의미 속성은 심리 동사(psych-verb)에 속한다는 점에서 공통적이다.

4. 내포문의 주어를 모문의 주어로 이동하는 주어-주어 인상

(1) a. It seems that Edmund enjoys his own job.
  b. It seems *Edmund* to enjoy his own job. ⇒
  Edmund seems to enjoy his own job.

(2) a. It is *certain/likely* that the value of the dollar will go up next week.
  b. It is certain/likely *the value of the dollar* to go up next week. ⇒
  The value of the dollar is certain/likely to go up next week.

(3) a. It appears that there are few students in the classroom.
  b. It appears *there* to be few students in the classroom. ⇒
  There appears to be few students in the classroom.

위 예문에서 알 수 있듯이 to-부정사절인 내포문의 주어를 모문의 주어로 인상시키는 주어-주어 인상에서 주어는 구정보나 강조 초점으로 해석된다.[11] 또한, 모문의 동사나 술어 형용사는 비사실 술어(nonfactive predicator)로서 외견 동사(verb of appearance) 유형에 속한다는 점에서 특징적이다.[12]

5. 지시 대상을 가지고 있는 '주어+be eager to+부정사절' 구문

(1) *John is eager* (for John) to please. ⇔

---

10) 일의 쉽고 어려움을 표시하는 술어 형용사로는 amusing, awkward, bad, boring, convenient, dangerous, depressing, desirable, difficult, dreadful, easy, embarrassing, essential, exciting, expensive, fashionable, fine, good, hard, impossible, instructive, interesting, nice, odd, painful, pleasant, safe, simple, tedious, tough, useful, wonderful 등을 들 수 있고, 술어 명사로는 bastard, bitch, cinch, delight, devil, dream, joy, pig, embarrassment, nightmare, pain, pleasure, snap 등을 들 수 있다. 그러나 sure나 opt와 같이 개연성(probability)을 나타내는 형용사는 다음 예문에서 알 수 있듯이 주어-주어 인상된 문장 구조로만 사용된다.

(i) He is *sure/opt* to complain about something.
(ii) *It is *sure/opt* that he will complain about something.

11) 한편, appear나 seem 뒤에 'to+목적어'가 와서 이 목적어가 that-절과 의미상 관련이 있을 때는 다음 예문 (i)처럼 'It appears/seems+to+목적어+that-절' 구조를 사용한다. 또한, that-절이 길어질 때도 (ii)처럼 문미 가중 원리에 따라 'It~that-절' 구조를 사용한다.

(i) *It appears to me that* Susan is honest.
(ii) *It* seems to her *that she was losing control of her temper all the time.*

12) 외견 동사 유형에 속하는 동사로는 appear, become, begin, chance, come, don't care, fail, grow, happen, have got, look, pretend, promise, prove, seem, tend, turn out, use 등을 들 수 있고, 비사실 술어 형용사로는 certain, likely, unlikely 등을 들 수 있다.

*It is eager that John will please (someone). / *It is eager to please John.

(2) *I haven't been able* to read and analyze that report yet.

(3) Everything is prepared, and *we're ready* to begin testing the new software.

위 예문 (1)의 문법성 판단에서 알 수 있듯이 일부의 술어 형용사는 주어-주어 인상도 적용되지 않고, 목적어-주어 인상도 적용되지 않는다. 이와 같은 유형의 술어 형용사는 처음부터 지시 대상(referent)을 가지고 있는 명사구만을 주어로 선택해야 한다. 이와 같은 유형에 속하는 술어 형용사로는 의지나 능력(willingness/ability)의 의미를 내포하고 있는 able, eager, free, eligible, ready, welcome, willing 등이다.

3.2 보충어절

보충어절(complement clause)은 모문의 동사가 필수적으로 선택하는 문장 구성 성분으로 목적어의 문법 기능을 수행하는 목적어 보충어절이 될 수도 있고, 보어의 문법 기능을 수행하는 보어 보충어절이 될 수도 있고, 필수 부사어의 문법 기능을 수행하는 부사어 보충어절이 될 수도 있다.

3.2.1 목적어로 사용되는 that-보충어절

복문(complex sentence)에서 주절인 모문 동사가 '주어+서술어' 형태의 서술 내용의 정형절(finite clause)을 종속절인 내포문으로 선택하면, 주로 that-절(that-clause)이 목적어의 문법 기능을 수행하는 목적어 보충어절(complement clause functioning object)이 된다.

1. 보충어절로서 목적어의 문법 기능을 수행하는 that-절

(1) Joe said *(that) she is beautiful and kind.*

(2) The architect thinks *(that) the house was built in the Middle Ages.*

(3) You'll understand immediately *that my orders are carried out at once.*

(4) a. I regret *that I had to punish him.* / ?I regret *I had to punish him.*[13)]

b. ?She comprehended *this would mean a big change in her lifestyle.*

(5) a. My uncle mentioned to me *that he would be leaving early.*

b. The chief police told reporters *that two people were killed in the blast.*

---

13) 위첨자 물음표 표시 '?'는 문법성이 약간 떨어진다는 사실을 나타낸다.

정형절인 that-절이 목적어의 문법 기능을 수행할 때는 모문 동사의 의미 정보 속에 정형절을 선택한다는 구조 정보가 들어 있다. 위 예문 (1)처럼 모문의 동사가 의사 전달 동사(communication/reporting verb)이거나, (2)처럼 정신 활동 동사(mental acts verb)이면 보문소 that을 임의적으로 삭제할 수 있다.[14], [15] 그러나 (3)이나 (4)처럼 that-절이 사실 동사(factive verb)의 목적어의 문법 기능을 수행할 때는 (4)의 문법성 판정에서 알 수 있듯이 일부의 모국어 화자는 that을 삭제할 수 없는 것으로 본다.[16] 한편, (5)처럼 일부의 모문 동사는 직접 목적어인 that-절 앞에 명사구나 'to + 명사구' 형태의 간접 목적어를 선택하기도 한다.

2. 가정 동사의 보충어로서 목적어의 문법 기능을 수행하는 that-절

(1) We *recommended that* she *accept* his offer.

(2) They *demanded that* the military government *free* all political prisoners.

(3) Regulations *require that* every student *attend* at least 90% of the lectures.

위 예문에서 알 수 있듯이 명령, 요구, 주장, 제안 등을 나타내는 미래 동사인 가정 동사(hypothetical verb)의 보충어로서 목적어의 문법 기능을 수행하는 that-절은 시제가 표시되지 않는 정형 동사(finite but tenseless verb)를 사용한다.[17]

3. 부정 부사 전이 동사의 보충어로서 목적어의 문법 기능을 수행하는 that-절

(1) I imagine that he *won't* want to come. ⇒
I *don't* imagine that he will want to come.

(2) Police say that it appears that there *won't* be signs of a break-in. ⇒
Police say that it *doesn't* appear that there will be signs of a break-in.

(3) For a while, I forgot that I *wasn't* wearing contact lenses. ⇏
For a while, I *didn't* forget that I was wearing contact lenses.

모문의 동사가 부정 부사 전이 동사(not-transportation verb), 또는 부정어 인상 동사(negative raising verb)일 때는 위 예문 (1)-(2)처럼 목적어의 문법 기능을 수행하는 that-절의 not을 모문의 not으로 이동할 수 있다.[18] 그러나 (3)처럼 사실 동사일 때 부정어 전이를 적용하면 문장의 의미가 달라진다.

---

14) 의사 전달 동사의 대표적인 예로 reply, mention, say, tell 등을 들 수 있다.
15) 정신 활동 동사의 대표적인 예로 believe, comprehend, feel, find, guess, know, see, think, understand 등을 들 수 있다.
16) 사실 동사의 대표적인 예로 bear in mind, comprehend, know, regret, understand 등을 들 수 있다.
17) 가정 동사의 대표적인 예로는 ask, command, demand, intend, insist, recommend, propose, require, stipulate, suppose, urge, wish 등을 들 수 있다.
18) 주요 부정 부사 전이 동사로는 anticipate, believe, expect, imagine, suppose, think와 같은 일부의 정신 활동 동사를 들 수 있고, 부정어 인상 동사로는 appear, chance, come, fail, happen, have got, look, prove, sound, seem, tend, turn out 등을 들 수 있다.

3.2.2 목적어로 사용되는 부정사 보충어절

복문에서 주절인 모문 동사가 서술 내용의 비정형절(non-finite clause)을 종속절인 내포문으로 선택하면, 부정사절이나 동명사절이 목적어의 문법 기능을 수행하는 목적어 보충어절(complement clause functioning object)이 된다. 특히, to-부정사절(to-infinitive clause)을 목적어인 보충어절로 선택하는 모문 동사가 주로 미래의 의미 내용을 함축하고 있다는 점에서 to-부정사절이 갖고 있는 미래성(futurity)이나 가능성(potentiality)이나 선호(preference)에 대한 의미와 일치된다.

1. persuade 유형의 동사가 선택하는 to-부정사절

(1) Jack *persuaded* the doctor *[that the doctor should examine Jill as soon as possible].* ⇒

Jack *persuaded* the doctor *[~~the doctor~~ to examine Jill as soon as possible].* ⇒

Jack *persuaded* the doctor *to examine Jill as soon as possible.* ⇒

The doctor *was persuaded* to examine Jill as soon as possible (by Jack).

(2) Joe has been trying to *convince* Jean *to come to the party with me.*

(3) Ignorance of thermodynamics *compelled* Susan *to enroll in a physics class.*

위 예문 (1)의 내부 구조 변화에서 알 수 있듯이 persuade 유형의 동사가 선택되면, 모문의 목적어와 내포문인 to-부정사절의 논리 주어가 동일하여 to-부정사절의 주어가 삭제된다. '주어+persuade+명사구 목적어+[~~논리 주어~~+to-부정사절]'의 연쇄체로 실현되는 이와 같은 유형의 모문 동사는 모문의 주어가 모문의 목적어로 하여금 to-부정사절에 표현된 동작이나 상황을 실천하도록 한다는 점에서 영향 동사(influence verb), 또는 조종 동사(manipulative verb)라고 한다.[19]

2. expect 유형의 동사가 선택하는 to-부정사절

(1) They *expect/want* [~~they~~ to finish the work soon]. ⇒

They *expect/want* [to finish the work soon].

(2) Joan expected/wanted *[Bill to write a letter to the president].* ⇒

Joan expected/wanted *a letter to be written to the president (by Bill).*

(3) a. Edward *expects* that Liz finishes her work soon.

b. *Edward *wants* that Liz finishes her work soon.

---

19) 목적어 통제 동사(object control verb)라고도 불리는 persuade 유형에 속하는 동사의 예로는 advise, authorize, beckon, challenge, choose, coax, command, compel, convince, constrain, defy, empower, entitle, entreat, lead, forbid, force, implore, induce, instruct, invite, notify, oblige, order, persuade, prepare, provoke, remind, sentence, stimulate, summon, teach, tell, thank, trust, urge, warn 등을 들 수 있다.

(4) a. *Bill was expected to write* a letter to the president (by Joan).

b. **Bill was wanted to write* a letter to the president (by Joan).

(5) a. Alfred *preferred (for)* you to leave early.

b. I will *arrange (for)* us to be away while they do the cleaning.

(6) Mark has *promised* (Joan) *[Mark to do all he can in order to help her].* ⇒

Mark has *promised* (Joan) to do all he can in order to help her.

위 예문(1)에서 알 수 있듯이 expect/want 유형의 동사가 선택되면, 모문의 주어와 내포문인 to-부정사절의 논리 주어가 동일하여 to-부정사절의 주어가 삭제된다. 그러나 (3a)의 expect가 that-절을 보충어로 선택하지만, (3b)의 want는 that-절을 보충어로 선택하지 못한다. 한편, (4a)에서는 Bill이 expect의 주어 자리로 이동할 수 있지만, (4b)에서는 Bill이 want로부터 대격을 받지만 want의 주어 자리로 이동하지 못하기 때문에 수동 변형이 적용되지 않는다.[20] 그러므로 (5)처럼 일부의 want 유형의 동사는 to-부정사절의 논리 주어에게 대격을 할당하기 위해서 for-삽입이 이루어진다.[21] 또한, (6)에서 알 수 있듯이 promise는 모문 동사가 명사구 목적어와 to-부정사절을 동시에 선택할 수 있다는 점에서 want와 다르다.[22] '주어+expect+[(논리 주어)+to-부정사절]'의 연쇄체로 실현되는 이와 같은 유형의 모문 동사는 모문의 주어가 to-부정사절에 표현된 동작이나 상황을 언명하거나 기대한다는 점에서 언명 동사(commitment verb), 또는 기대 동사(expectation verb)라고 한다.

3. believe 유형의 동사가 선택하는 to-부정사절

1 전형적인 believe 유형의 동사가 선택하는 to-부정사절

(1) They *believe* [(that) *Mrs. Cathy* is the oldest person in the country].⇒

They *believe [Mrs. Cathy* to be the oldest person in the country]. ⇒

They *believe Mrs. Cathy* [to be the oldest person in the country]. ⇒

Mrs. Cathy is believed to be the oldest person in the country (by them).

(2) Young boys and girls *think* [*there* is a dragon in the sky]. ⇒

Young boys and girls *think [there* to be a dragon in the sky]. ⇒

Young boys and girls *think there* [to be a dragon in the sky]. ⇒

There is thought to be a dragon in the sky (by young boys and girls).

---

20) want 유형에 속하는 동사로는 claim, can bear, can stand, desire, deserve, expect, hate, intend, like, loathe, mean, need, plan, prefer, profess, reckon, require, want, wish 등을 들 수 있다.

21) prefer 유형에 속하는 동사로는 ache, agree, apply, arrange, burn, burst, can afford, care, clamour, hope, like, love, long, opt, pine, plan, say, wait, yearn 등을 들 수 있다.

22) promise 유형에 속하는 동사로는 ask, bag, help, pay, petition, pledge, pray, request, train 등을 들 수 있다.

(3) Frederick always *imagines [Frederick* to be intelligent]. ⇒

Frederick always *imagines Frederick* [to be intelligent]. ⇒

Frederick always *imagines himself* to be intelligent. ⇒

Frederick is always *imagined* to be intelligent.

위 예문의 내부 구조에서 알 수 있듯이 believe 유형의 동사가 선택되면, 모문의 동사는 반드시 to-부정사(to-infinitive)의 논리 주어가 명시적으로 표현되는 to-부정사절과 결합해야 한다. 이 유형의 특징은 내포문에서 주격을 할당받지 못하는 to-부정사절의 주어가 모문의 타동사로부터 대격을 받기 위하여 모문의 목적어 자리로 이동하는 주어-목적어 인상(subject-to-object raising)이 이루어진다는 점이다.[23] '주어＋believe＋[논리 주어＋to-부정사절]'의 연쇄체로 실현되는 이와 같은 동사들의 내재 의미 속성은 세상이나 사물과 관련하여 내재적 인식 양상 서법성(internalized epistemic modality) 내용에 대한 서술을 나타낸다는 점에서 공통적이다.[24]

② believe 유형과 비슷한 기술 동사와 임명 동사

(1) a. We *consider him* (to be) *an expert* in these matters.

b. They *judged him* (to be) *playing his car stereo* too loudly.

(2) a. I would *describe Jane* as *an intelligent student*.

b. *The group* was characterized *as being well educated and liberal*.

(3) a. The president *appointed Alice Roger* secretary treasurer.

b. My brother *was baptized* Peter, of which given name is derived from the Greek 'etros' meaning 'stone.'

위 예문 (1)에서 알 수 있듯이 기술 동사(description verb), 또는 분류 동사(classification verb)가 명시적인

---

23) believe 유형의 동사가 to-부정사절을 목적어로 선택한다는 사실은 다음과 같이 명사구인 something 대치를 통하여 증명할 수 있다. 다음 예문 (i)에서 believe의 보충어인 this to be true는 something으로 바꾸어 쓸 수 있어서 something 대치가 이루어진다. 그러나 (ii)에서 force는 me to stay here any longer 전체를 받을 수 없고, to stay here any longer만을 받는다. 이러한 사실은 believe와는 달리 force가 하나의 보충어가 아니라 두 개의 보충어를 선택한다는 사실을 의미한다.

(i) Do you believe *this to be true?* ⇒

Do you believe *something(=this to be true)?*

(ii) a. You cannot force me *to stay here any longer.* ⇒

b. You cannot force me *something(=to stay here any longer).*

*You cannot force *something(≠me to stay here any longer).*

24) believe 유형에 속하는 동사로는 accept, affirm, allege, announce, argue, ascertain, assert, assume, attest, certify, claim, concede, conceive, conclude, conjecture, deem, consider, declare, deduce, desire, demonstrate, disclose, discover, establish, estimate, find, gather, grant, guarantee, guess, hold, imagine, judge, know, mean, note, perceive, resume, presuppose, proclaim, pronounce, prove, recognize, represent, reveal, show, state, stipulate, suppose, surmise, suspect, take, think, understand, verify 등을 들 수 있다. 특히, feel, hear, look at, behold, listen to, notice, observe, overhear, perceive, see, watch 등은 지각 동사로서 모문의 지각 동사와 비정형 내포문의 원형 부정사가 동시 동작이나 진행상을 표시한다는 점에서 특징적이다.

주어가 나타나는 '주어＋to be＋술어 형용사/술어 명사' 구조의 to-부정사절을 선택할 때는 to be를 삭제하기도 한다. (2)는 기술 동사가 선택하는 to-부정사절에서 생략된 to be 자리에 분류 의미의 as가 삽입된 구조이다. 또한, (3)처럼 임명 동사(naming verb)의 보충어로 to be가 삭제되면서 두 개의 명사구가 연속될 때, 뒤에 오는 명사구는 앞에 오는 명사구의 신분이나 직위를 나타낸다. 한편, (2b)와 (3b)에서 알 수 있듯이 to-부정사절의 논리 주어가 모문에서 수동 변형된다는 사실은 기술 동사와 임명 동사가 주어-목적어 인상을 허가하는 believe 유형의 동사라는 증거이다.25)

4. try 유형의 동사가 선택하는 to-부정사절

(1) The singer *tried* [~~the singer~~ to control his voice]. ⟹
The singer *tried* to control his voice.
(2) a. *Edward *tried* (for) Alfred to leave early.
b. *Edward *tried* that Alfred would leave early.
(3) How do you *manage* to stay so slim?
(4) The Johnsons *decided* to go to Prague for their holidays.

위 예문 (1)과 (2)의 문법성 판단에서 알 수 있듯이 try 유형의 동사가 선택되면, 모문의 주어와 to-부정사절의 주어가 반드시 동일하여 to-부정사절의 주어가 삭제되어야 한다. '주어＋try＋[to-부정사절]'의 연쇄체로 실현되는 이와 같은 유형의 모문 동사들의 내재 의미 속성은 사물의 지각 내용이나 인지 내용에 대한 평가나 판단과 관련된 서술을 나타낸다는 점에서 공통적이다.26)

5. make 유형의 동사가 선택하는 원형 부정사절

(1) She *had* me *do* all kinds of jobs for her.
(2) Don't *let* anyone *know* that it was me who told you.
(3) Our professor *made* every student *revise* the article he or she had submitted.
(4) Bill doesn't like Susan because she *has [him tell a lie about the matter]*. ⟹
Bill doesn't like Susan because she *has* a lie about the matter *told* by him.

위 예문에서 알 수 있듯이 모문의 동사로 have, let, make, (help), bid 등의 사역 동사(causative verb)가 선택

25) 기술 동사의 예로는 accept, characterize, classify, consider, describe, intend, judge, recognize, regard, treat, use 등을 들 수 있고, 임명 동사의 예로는 appoint, baptize, christen, crown, elect, name 등을 들 수 있다.
26) 주어 통제 동사(subject control verb)라고도 불리는 try 유형에 속하는 동사로는 affect, aspire, choose, condescend, consent, dare, decide, decline, design, demand, determine, disdain, endeavor, fail, forget, hasten, hate, hesitate, know, learn, live, look, manage, move, offer, presume, try, pretend, vow, proceed, refuse, regret, remember, resolve, seek, serve, stand, strain, strive, struggle, survive, swear, think, threaten, undertake 등을 들 수 있다.

되면, '주어+사역 동사+[논리 주어+원형 부정사절]'의 연쇄체로 실현된다. 이와 같은 유형의 문장 구조는 모문의 주어가 원형 부정사절(bare infinitive clause)의 주어로 하여금 원형 부정사절에 표현된 동작이나 상황을 실천하도록 영향을 준다는 점에서 persuade와 유사하다. 특히, (4)에서 이루어진 수동 변형을 보면 이와 같은 특성은 더 뚜렷해진다.[27)]

3.2.3 목적어로 사용되는 동명사 보충어절

복문에서 주절인 모문 동사가 서술 내용의 비정형절(non-finite clause)을 종속절인 내포문으로 선택하면, 동명사절이나 부정사절이 목적어의 문법 기능을 수행하는 목적어 보충어절(complement clause functioning object)이 된다. 특히, 동명사절(gerundive clause)을 목적어인 보충어절로 선택하는 모문 동사가 주로 과거의 동작이나 상황을 함축하고 있다는 점에서 동명사절의 수행성(performance)이나 진행성(progressiveness), 또는 동사의 동작이나 사건 자체에 대한 강조(emphasis) 의미와 일치된다.

1. 보충어절로 동명사절만을 선택하는 모문 동사와 동명사절의 구조 특성

① 동명사절은 자신의 논리 주어를 선택하거나 선택하지 않음

(1) a. The kids need to practice *catching fly balls.*

b. The movers still haven't finished *bringing in the boxes.*

(2) a. He dislikes *telling Mary what to do.*

b. We discussed *leaving all of our money to charity.*

(3) a. You don't mind *my*/me *calling you Tony*, do you?

b. We discussed *Bill's leaving all of his money to charity.*

(4) a. I hate people *(their) reading my private notes.*

b. I would recommend *(you/their/anyone) calling the restaurant the day before.*

(5) The drunken man didn't remember *policemen going round the streets* to arrest the drunks.

모문의 타동사가 동명사 보충어절을 선택할 때, 위 예문(1)처럼 모문의 주어와 동명사절의 주어가 동일한 문장 구조만을 선택하는 동사들이 있다.[28)] 그러나 동명사절의 논리 주어는 (2)처럼 모문의 주어와 동일할 수도 있고, (3)처럼 모문의 주어와는 다른 동명사절 자체의 주어일 수도 있고, (4)처럼 주어와 다른 일반 불특정 주어일 수도 있다.[29)] 한편, (5)처럼 동명사절이 모문 타동사의 목적어의 문법 기능을 수행

---

27) 사역 동사 make가 사용된 문장 "Bill made Susan revise the letter."가 "?Susan was made to revise the letter (by Bill)."로 변형될 때, make는 believe와 유사한 구조를 가지고 있는 것으로 볼 수도 있다.

28) 이 유형에 속하는 동사로는 avoid, catch, can't help, enjoy, finish, forget, try 등과 같은 주어 통제 동사(subject control verb)이다.

할 때, 모문의 동사는 주로 과거의 의미 내용을 함축하는 의미 특성을 갖는다.[30)]

[2] 동명사절의 논리 주어 형태는 속격이거나 대격임

(1) a. I consider *his selling/him selling* the house a big mistake.
b. We protested against *Jane's not receiving/Jane not receiving* the grant.

(2) a. *His having/Him having* criticized the book came as a surprise.
b. Perhaps *Jane's buying/Jane buying* a new computer at a good price pleased herself.

(3) a. Often she found *him weeping* alone. / *Often she found *his weeping* alone.
b. She caught *him breaking* into her car. / *She caught *his breaking* into her car.

동명사절의 논리 주어가 명시적으로 나타날 때, 그 형태는 위 예문 (1)-(2)처럼 속격(genitive Case)일 수도 있고, 대격(accusative Case)일 수도 있다. 한편, 모문 동사가 자신의 목적어를 선택하고, 이 목적어가 내포문의 주어와 동일하여 내포문의 주어가 삭제되면, 내포문의 논리 주어는 (3)처럼 대격으로 실현된다. 이때 내포문의 V+ing는 현재 분사로 분석할 수도 있다.[31)]

[3] 타동사와 더불어 전치사 부가 동사나 전치사 부가 구동사도 동명사 보충어절을 선택함

(1) a. After dinner, they *insisted on paying* their share of the check.
b. The entire staff was *counting on him not coming* out of hospital.

(2) a. He *got away with telling* a terrible lie about the matter.
b. We are sincerely *looking forward to seeing* you next month.

(3) a. He *accused them of stealing* the jewels.
b. Fred *thanked Wilson for telling* him about the deal.

위 예문 (3)과 같은 유형의 문장에서 모문 동사가 자신의 목적어와 더불어 일정 형태의 불변화사(particle)를 선택할 때, 모문 동사의 목적어는 동명사절의 논리 주어가 된다.

---

29) 특히, 위 예문 (4b)처럼 동명사절이 자신의 주어를 명시적으로 선택하지 않은 경우, 동명사절의 주어가 모문의 주어가 아닌 일반 불특정 주어로 해석되는 모문 동사로는 advise, advocate, encourage, recommend, suggest 등을 들 수 있다.
30) 동명사절을 목적어로 선택하는 동사로는 avoid, commence, consider, contemplate, can't help, delay, deny, defer, dislike, detest, dispute, endanger, enjoy, escape, evade, excuse, facilitate, favor, finish, forget, forgive, give up, imagine, include, involve, justify, keep, loathe, mind, miss, pardon, postpone, practice, put off, quit, repent, risk, resist, resent, resume, stop, suffer, tolerate, welcome, acknowledge, admit, advocate, anticipate, appreciate, doubt, fancy, foresee, mean, mention, propose, recall, recollect, report, suggest, understand 등을 들 수 있다.
31) 모문 동사가 자신의 목적어와 동일한 내포문의 주어를 선택하는 차단 동사나 상상 동사로는 behold, discover, catch, find, hear, keep, leave, come upon, conceive of, imagine, picture, recall, remember, see(=visualize) 등을 들 수 있다.

2. 동명사절과 to-부정사절을 다 같이 선택하는 모문 동사

[1] 보충어절로 동명사절을 선택하든 to-부정사절을 선택하든 의미 차이가 별로 없는 모문 동사

(1) My younger sister *hates being/hates to be* alone at night.

(2) The attorney *continued arguing/continued to argue* her client's case.

(3) As soon as an earthquake happened, she *began feeling/began to feel* a sense of panic.

위 예문처럼 동명사절이나 to-부정사절을 선택해도 의미 차이가 나지 않는 모문 동사들은 주로 감정을 표현하는 상태 동사(stative verb of emotion)나 동작을 시작하거나 진행하는 동사(beginning/progression verb of action)이다.[32)]

[2] 보충어절로 동명사절을 선택할 때와 to-부정사절을 선택할 때 의미 차이가 나는 모문 동사

(1) a. The secretary *remembered mailing* the letter in the afternoon.
    b. The secretary *remembered to mail* the letter in the afternoon.

(2) a. We *stopped eating* at that restaurant as the food didn't taste good.
    b. We *stopped (in order) to eat* at that restaurant as we were hungry then.

(3) a. I'll never *forget seeing* Oliver at the Old Vic Theater.
    b. Sam *forgot to lock* the door because it slipped his mind.

(4) a. She *tried slapping* his face.(=She did slap his face.)
    b. She *tried to slap* his face.(=Her attempt wasn't necessarily successful.)

위 예문에 사용된 모문 동사들처럼 동명사절과 to-부정사절을 다 선택하지만, 그 의미가 서로 다른 경우가 있다.[33)] 이때 동명사절은 과거 사건에 대한 회상이나 후회나 어떤 사실에 대한 인정이나 부정과 같이 시간 의미 해석이 과거나 현재와 연결된다. 그러나 to-부정사절은 미래 계획에 대한 희망이나 미래 사실에 대한 진술과 같이 시간 의미 해석이 미래와 연결된다. 이와 같은 차이는 동명사의 -ing가 현재 이전 동작의 계속을 나타내는 진행상의 의미를 내포하고 있고, to-부정사의 to가 현재 이후 상황을 나타내는 미래 의미를 내포하고 있다는 것을 말해준다.

---

32) 감정을 표현하는 대표적인 상태 동사로 bear, detest, dislike, hate, like, love, prefer, loathe, can't stand, stand 등을 들 수 있다. 이 유형의 동사가 to-부정사절을 선택하면 개별적이거나 일시적인 행위를 진술하고, 동명사절을 선택하면 일반적이거나 습관적인 행위를 진술한다. 동작을 시작하거나 진행하는 대표적인 동사로 begin, cease, continue, commence, decline, neglect, omit, plan, start 등을 들 수 있다. 이 유형의 동사는 to-부정사절을 선택하나 동명사절을 선택하나 의미 분화가 거의 일어나지 않는다.

33) to-부정사절을 선택하면 미래의 의미를 나타내고, 동명사절을 선택하면 과거의 의미를 나타내는 대표적인 동사로는 remember, forget, recall, regret, stop, try 등을 들 수 있다.

3. 동명사절과 원형 부정사절의 두 가지를 다 같이 선택하는 모문의 동사

[1] 모문 동사가 지각 동사이면 목적어인 보충어절로 원형 부정사절을 선택함

(1) Tom *watched* Mary *go*, and then went home.

(2) The detective *noticed* the couple *enter* the house.

(3) My brother and I *heard* the burglar *open* the front door.

(4) The custodian of the building *saw* a stranger *leave* a few minutes ago.

위 예문에서 알 수 있듯이 원형 부정사절이 보충어절로서 목적어의 문법 기능을 수행할 때는 지각 의미 내용을 함축하고 있는 모문의 지각 동사와 결합하고, 의무적으로 선택되는 원형 부정사절의 논리 주어는 모문 동사로부터 대격을 받는다.[34)]

[2] 모문의 지각 동사가 보충어절로 선택하는 동명사절과 원형 부정사절은 내부 의미 구조가 다름

(1) I *heard* someone *breaking*/*break* the front window.

(2) I *watched* a little boy *kicking*/*kick* the tires with a dissatisfied look.

(3) I *saw* the two man *leaning*/*lean* against the wall to take a picture.

(4) a. I *saw* him *drowning*, so I dived in and saved him.

b. I *saw* him *drown*, and I couldn't do anything to save him.

동명사 보충어절이 진행상(progressive aspect)의 의미가 들어 있는데 반하여, 원형 부정사 보충어절은 단순 현재 시점이나 과거 시점의 상황을 기술한다. 위 예문에서 동명사절은 진행 중인 동작, 반복되는 동작, 지속적인 상태 등을 표현한다. 그러나 원형 부정사절은 행위의 보고, 위치 서술, 단발 동작, 완결 동작 등을 표현한다.

---

34) 지각 동사의 목적어 역할을 하는 원형 부정사절은 다음 예문 (i)의 문법성 판정 결과로 알 수 있듯이 something 대치를 통하여 증명할 수 있다. 그러나 (ii)에서 알 수 있듯이 사역 동사(causative verb)의 보충어절 구조는 지각 동사의 보충어절 구조와 다르다.

(i) I saw *the dog cross the road safely*. ⇒

I saw *something*(=the dog cross the road safely).

(ii) I won't simply let *things* take their own course. ⇒

I won't simply let things *do something*(=take their own course). ⇏

*I won't simply let *something*(≠things take their own course).

3.2.4 목적어로 사용되는 wh-의문사 보충어절과 관계사 보충어절

주절인 모문 동사가 의문문 형식의 wh-의문사절(wh-interrogative clause)을 종속절인 내포문으로 선택하거나, 관계절 형식의 관계절(relative clause)을 종속절인 내포문으로 선택하기도 한다. 이와 같은 유형의 모문 타동사의 의미 특성은 wh-의문절과 일치되는 의문의 의미 자질(interrogative semantic feature)을 내포하고 있거나 wh-의문사절을 허가하는 의미 자질이 내재되어 있다는 점이다.[35)]

1. 보충어절로서 목적어의 문법 기능을 수행하는 wh-의문사절

(1) He asked me *what I needed.*

(2) The police never found out *who the murderer was.*

(3) They wanted to know *whether we would come or not.*

(4) My teacher explained *what we have to do on such an occasion.*

(5) I don't know *why he was there* and *what he was doing at that time.*

위 예문의 문장 구조에서 알 수 있듯이 내포문의 설명 의문문(wh-interrogative in embedded clause)에서는 wh-의문사절이 목적어 보충어절의 문법 기능을 수행할 때는 wh-의문사가 문두의 초점이 아니기 때문에 주어-조동사 도치(subject-auxiliary inversion: SAI)가 일어나지 않는다.

2. 보충어절로서 목적어의 문법 기능을 수행하는 관계절

(1) She gave me *what(=that which/the thing that) I needed.*

(2) You may take *whichever(=anything that) you really need.*

(3) The children are allowed to do *whatever(=anything that) they like to.*

(4) I shall give *whoever(=anyone who) finishes first* a proper reward for the achievement.

위 예문의 문장 구조에서 알 수 있듯이 내포문인 명사성 관계절이나 복합 관계절이 목적어 보충어절의 문법 기능을 수행할 때는 관계절의 선행사와 관계사가 융합된 형태의 문장 구조로 실현된다.

---

35) 타동사의 목적어로 사용되는 wh-의문사절이 비정형의 'wh-어+to-부정사절'일 때 발음되지 않는 to-부정사의 논리 주어는 다음 예문에서 알 수 있듯이 대부분 모문의 주어나 모문의 목적어와 일치된다.

(i) *I* don't know *what to do.* ⇒
I don't know *what I should do.*

(ii) I told *Jane what to do.* ⇒
I told *Jane* what *she should do.*

3.2.5 보어로 사용되는 보충어절

주절인 모문 동사의 보충어절이 종속절인 내포문에서 보어의 문법 기능을 수행하면 보어 보충어절(complement clause functioning complement)이 된다. 보어절은 형태에 따라 정형절인 that-절, 명사성 관계절, 복합 관계절, wh-의문사절, 비정형절인 to-부정사절, 동명사절, 원형 부정사절로 나누어진다. 보어절은 문장 유형에 따라 주어 보어절(subject complement clause)과 목적어 보어절(object complement clause)로 나눌 수도 있다.

1. 주어 보어절의 문법 기능을 수행하는 보충어절

(1) a. The best plan may be *that you study socio-linguistics.*

b. What is more important is *that you do it with your hands.*

(2) a. The really practical solution is *what(=that which) you suggested.*

b. His friend is *whatever(=anything that) goes upon four legs, or has wings.*

(3) a. The problem is *how we can deal with inflation.*

b. The question is *whether we shall stay or leave here.*

(4) a. My dearest wish is *to visit New York with my family.*

b. Ricardo's aim of studying English is *to become a diplomat in the future.*

(5) a. Peterson's hobby is *collecting old prints and porcelains.*

b. I believe that the greatest event in the history of genetic biology was *cloning of embryo in 2005.*

(6) a. What(=All that) he did was *answer your question.*

b. What(=All that) he does is *sit in front of the television all day long.*[36)]

위 예문의 의미 해석에서 알 수 있듯이 모문 동사의 보충어절이 수행하는 주어 보어절은 내포문인 보어절이 주어의 속성이나 성질이나 상태를 서술해 준다는 문법 기능 특성을 갖는다.

2. 목적어 보어절의 문법 기능을 수행하는 보충어절

(1) Jim's mother made him *what he is today.*

(2) You cannot call such a game *playing baseball.*

(3) We kept the bottle *locked up firmly*, so it isn't easy to open.

---

36) 특히, 예문 (6)과 관련된 원형 부정사절은 do-동사구를 가지고 있는 주어의 서술어로서 상위절의 주어 보어의 문법 기능을 수행할 때 사용된다.

위 예문의 의미 해석에서 알 수 있듯이 모문 동사의 보충어절이 수행하는 목적어 보어절은 내포문인 목적어절이 목적어의 속성이나 성질이나 상태를 서술해 준다는 문법 기능 특성을 갖는다.

3.2.6 부사어로 사용되는 보충어절

주절인 모문 동사의 보충어절이 종속절로서 내포문에서 필수 부사어로 사용되면 부사어 보충어절(adverbial clause functioning adverbial)의 문법 기능을 수행한다. 부사절은 주어 보충 부사절(subject complement adverbial clause)과 목적어 보충 부사절(object complement adverbial clause)로 나눌 수 있다.[37)]

1. 주어 보충 부사절의 문법 기능을 수행하는 보충어절

(1) Claudius lived *when Christianity was still a minority religion.*
(2) Wisdom is not *how much you know* but *how you use* what you know.
(3) Isabel stayed *where her mother lived for a year* to care for her mother.

위 예문에서 알 수 있듯이 모문 동사의 보충어절이 주어의 내용을 보충해 주는 필수 부사어로 사용되면, 이 부사절은 주어 보충 부사절의 문법 기능을 수행한다.

2. 목적어 보충 부사절의 문법 기능을 수행하는 보충어절

(1) The bear's sense of smell tells it *where prey is hiding.*
(2) Margaret's parents sometimes treat her *as if she were a small child.*
(3) Richard explained the situation to me *why he didn't believe my story.*

위 예문에서 알 수 있듯이 모문 동사의 보충어절이 목적어의 내용을 보충해 주는 필수 부사어로 사용되면, 이 부사절은 목적어 보충 부사절의 문법 기능을 수행한다.

---

37) 이와 같은 필수 부사어는 다음 예문처럼 전치사구와 같은 부사구 형태로 실현되는 경우가 많다.
(i) If you stand *on tiptoe*, you can reach the shelf.
(ii) Einstein lived *in the USA* after the Second World War.
(iii) Always keep your eyes *on the road* when you are driving.
(iv) Teacher said to us, "Take your hands *out of your pockets*."

제2부 활 용

문형별 의사 표현 연습

1. 의문문과 부정문

의문문(interrogative sentence)은 의견을 묻거나 정보를 요구하는 질문의 문장 형식이다. 의문문은 서술문으로부터 주어-조동사 도치인 동사 이동이나 의문사 이동이 이루어진 문장이다. 의문문은 판정 의문문, 설명 의문문, 부가 의문문, 선택 의문문, 반향 의문문, 수사 의문문 등으로 나누어진다.
부정문(negative sentence)은 진술한 내용이나 단언한 내용이 실현되지 않거나, 진리치를 부정하거나, 거부 의사를 표현하는 문장 형식이다. 부정문은 not이 사용되는 동사 부정과 not이 아닌 다른 부정 요소가 사용되는 비동사 부정으로 나누어진다. 부정문은 보통 any나 yet과 같은 부정 극성어와 함께 쓰인다.

☞ 긍정 판정 의문문과 부정 판정 의문문

(1) a. "*Would you* like to eat something?" "Yes, I would." / "No, I wouldn't."
b. "*Have your parents* ever been to the USA?"
"Yes, they have." / "No, they haven't."
(2) a. "*Aren't you* tired of living for yourself?" "Yes, I am." / "No, I'm not."
b. "*Couldn't you* give me more than one instance of a 16-bit multi-DS program?"
"Yes, I can." / "No, I can't."

긍정 판정 의문문(positive yes-no question)은 긍정 대답에 대한 기대나 부정 대답에 대한 기대를 미리 예측하거나 예상하지 않는 중립적인 의문문이다. 부정 판정 의문문(negative yes-no question)은 일반적으로 특정한 기대나 가정을 확인하거나 실망감이나 귀찮음을 표현한다. 위 예문 (2a)에는 "I thought that you were tired of living for yourself, but it appears that you aren't."의 확인 의미가 내포되어 있다. (2b)에는 "I really hoped you gave me more than one instance of a 16-bit multi-DS program, but you can't."의 실망 의미가 함축되어 있다.

☞ 설명 의문문과 내포문의 설명 의문문

(1) a. *How did* you open the entrance door?
b. *Why did* you leave alone in such cold weather?
(2) a. *Who broke* the plate in the kitchen?
b. *What brought* you here at this time of the day?
c. *Who* do you suppose *will replace* the actor on the show?

(3) a. Tom doesn't know *who* Mary likes.

b. Do you know *where* my glasses are?

비주어 요소에 대한 정보를 요구하는 설명 의문문(wh-interrogative sentence)에서는 위 예문 (1)처럼 주어-조동사 도치(subject-auxiliary inversion: SAI)인 동사 이동(verb movement)과 의문사 이동(wh-movement)이 적용된다. 그러나 주어 요소에 대한 정보를 요구하는 설명 의문문에서는 (2)처럼 의문사 이동만 적용된다. (3)과 같은 내포문의 설명 의문문(wh-interrogative in embedded clause)에서는 비주어 요소에 대한 정보를 요구하는 경우나 주어 요소에 대한 정보를 요구하는 경우나 똑같이 의문사 이동만 적용되고, 주어-시제 동사 어순이 그대로 유지된다.

☞ 반대 극성 부가 의문문과 동일 극성 부가 의문문

(1) a. Your children have arrived safely, *haven't they?*

b. It doesn't appear that we are going to lose the game, *does it?*

(2) a. Hurry up, *will you?* / Do it at once, *will you?*

b. Give me a glass of water, *would you?/(will you?)*

c. It's already twelve o'clock. Let's stop for lunch, *shall we?*

d. We were supposed to meet here, *remember?(=You remember that, don't you?)*

위 예문 (1)과 같은 반대 극성 부가 의문문(opposite polarity tag question)에서 부가절(tag clause)이 상승 음조 곡선(rising intonation)으로 끝나면, 서술 근절(declarative root clause)의 정보에 대한 판단을 묻는 중립적인 질문이 된다. 그러나 부가절이 인상 하강 음조 곡선(up-falling intonation)으로 끝나면, 서술 근절의 내용에 대한 동의를 요청하거나, 서술 근절 내용이 진실일 것을 기대한다. 한편, (2)와 같은 동일 극성 부가 의문문(same polarity tag question)은 서술 근절과 부가절이 다 같이 긍정 극성으로 나타나고, 전체 문장이 낮은 음조 곡선으로 발화되다가 부가절의 주어 부분만 상승 음조 곡선으로 끝난다. 동일 극성 부가 의문문의 의미 특성은 화자가 서술 근절에서 언급한 내용을 결론으로 추론하고 있다는 점이다. 동일 극성 부가 의문문은 부가절의 형식과 관련하여 (2a)처럼 긴급한 강조 명령(urgent emphatic imperative)의 의미를 표현하거나, (2b)처럼 공손한 요구(polite request)의 의미를 표현하거나, (2c)처럼 제안(suggestion)의 의미를 표현하거나, (2d)처럼 기억을 환기시키거나 확인하기도 한다.

☞ 선택 의문문, 반향 의문문, 수사 의문문

(1) a. Shall we *go out to the cinema or stay at home?*

b. Would you like to have *bread, pancakes, or waffles?*

(2) a. Would you ask Andrew *whether he will come or not?*

b. Which color do you like best? *Red, yellow, or blue?*

c. Which flavor would you like? *Chocolate, vanilla, or strawberry?*

(3) a. "What do you think of the picture?" "(Did you say) *what do I think of the picture?*"

b. "Have you ever been to Troy in Turkey?" "(Have I ever been) *where?*"

(4) a. Is that a reason for despair? (implies the meaning "Surely that is not a reason for despair.")

b. Isn't the answer obvious? (implies the meaning "Surely the answer is obvious.")

선택 의문문(alternative question)은 위 예문 (1)-(2)처럼 적어도 두 가지 가능한 대답 가운데서 하나를 선택하도록 요구하는 의문문이다. 선택 의문문의 억양 특성은 연속된 선택 요소들이 각각 인상 하강 음조 곡선으로 발음된다는 점이다. 반향 의문문(echo question)은 (3a)처럼 화자가 언급한 내용을 청자가 확인하거나, (3b)처럼 화자가 언급한 내용에서 청자가 설명해야 할 부분을 확인하기 위하여 이미 말한 내용의 전부나 일부를 반복하는 의문문이다. 수사 의문문(rhetorical question)은 의문 형식으로 표현되지만, 위 예문 (4)의 바꿔 쓰기에서 알 수 있듯이 청자의 대답을 기대하기보다는 화자의 의견을 표시하는 주장이나 단언의 발화 의미를 내포하고 있다. 일반적으로 긍정 수사 의문문은 강한 부정의 의미를 함축하고 있고, 부정 수사 의문문은 강한 긍정의 의미를 함축하고 있다.

☞ not이 시제 동사와 결합하는 부정문과 비시제 동사와 결합하는 부정문

(1) a. Verbal negation *is not/isn't* divided into two types only.

b. Sarah *does not/doesn't* play the piano, but she plays the violin.

(2) a. Jack promised Jill *not to come* again.

b. The policeman hates *not hearing* the truth.

c. The tickets *not purchased* in advance will become unavailable.

d. Mother recommended that we *not buy* this kind of medicine at the drug store.

부정문(negative sentence)에서 시제 동사 부정은 위 예문 (1)처럼 부정 부사(negative adverb) not이 시제 동사와 결합하는 부정문이다. 한편, 부정 부사 not이 비시제 동사와 결합하는 부정문에서는 비정형의 종속절인 내포문이 부정된다. 비정형 내포문의 부정에는 (2a)와 같은 to-부정사절, (2b)와 같은 동명사절, (2c)와 같은 과거 분사절, (2d)와 같은 원형 부정사절이 포함된다.

☞ not이 아닌 다른 부정어를 사용하는 부정문

(1) I have *never* seen a unicorn. ⇒
I *haven't ever* seen a unicorn.

(2) The young man *did nothing* to stop smoking. ⇒
The young man *didn't* do *anything* to stop smoking.

(3) I believed that the remark was *inappropriate*. ⇒
I believed that the remark was *not appropriate*.

(4) Why do you *dislike* her cousin who is very kind to us? ⇒
Why *don't* you *like* her cousin who is very kind to us?

위 예문에서 알 수 있듯이 부정 부사 not을 제외한 대표적인 부정어로는 no, nobody, nothing, none, no one, never와 같은 부정 부사와 nor나 neither와 같은 상관 접속사(correlative conjunction)를 들 수 있다.

☞ 동사 부정과 부정어 인상

(1) Mary expects that Lora *will not* have succeeded in the exam. ⇒
Mary *doesn't* expect that Lora will have succeeded in the exam.

(2) I suppose that he *cannot* be rewarded for the Oscar as the best actor. ⇒
I *don't* suppose that he can be rewarded the Oscar as the best actor.

(3) It appears that we *won't* win the game after all. ⇒
It *doesn't* appear that we will win the game after all.

동사 부정(verbal negation)에서 위 예문 (1)-(2)처럼 모문(matrix clause)의 동사가 의견 동사(opinion verb)나 필요 동사(wanting verb), (3)처럼 인상 서술어(raising predicate)일 때는 부정어 인상(negative raising), 또는 부정 부사 전이(not-transportation)를 통하여 내포문의 부정어를 모문으로 인상시키거나 전이시켜도 전체 문장의 의미가 달라지지 않는다.[1] 부정어 인상이 가능한 문장에서는 내포문보다는 모문에 부정어가 나타나는 문장 구조(sentence structure)가 선호되고, 내포문에서는 일반적으로 서법 조동사가 사용되는 경향성을 갖는다.

---

1) 그러나 다음 예문처럼 모문에 사실 동사(factive verb)가 사용되면 not의 위치에 따라 전체 문장의 의미가 달라지므로 부정어 인상이 적용될 수 없다.

(i) We *forgot* that Elena *doesn't* like Mike. ≠
We *didn't forget* that Elena likes Mike.

(ii) Jackson *regretted* that he *hadn't* come alone. ≠
Jackson *didn't* regret that he had come alone.

※ Practical Expression 1

What should I do (with~)? : (~를) 어떻게 하지?

(1) A: "*What should I do with* the disks after I finish?"
B: "Why don't you leave them with my secretary?"

(2) A: "*What should I do with* this text book?"
B: "James wants to borrow it. Give it to him for me, please."

(3) A: "*What should I do with* these DNA samples?"
B: "Please, send them to the laboratory on the second floor."

(4) A: "*What should I do with* the report? Should I put it in your mailbox?"
B: "Why don't you come to my office with your report?"

※ Practical Expression 2

How come＋subject＋V~? / Why＋V＋subject~? : 어찌하여/왜 주어가 V~하는 거야?

(1) A: "*How come David is* home? Isn't he feeling well?"
B: "I think his throat is swollen."

(2) A: "*How come you never keep* our promise?"
B: "I'm so sorry about that. Give me the last chance, would you?"

(3) A: "*Why was the flight* delayed?"
B: "There happened a serious mechanical problem."

(4) A: "*Why is she* going to quit her job in Seoul?"
B: "She decided to work in Busan from next month. I think it's good for her health."

※※ Practical Expression 3

What/Where/When/How + do you want me to + V~? : 무엇을/어디에서/언제/어떻게 V~해드릴까요?

(1) A: "*How do you want me to pay?*"

B: "Cash is always better."

(2) A: "*When do you want me to call* again?"

B: "How about after thirty minutes?"

(3) A: "*Where do you want me to park* my car?"

B: "Over there, next to the silver colored SUV Santa Fe."

(4) A: "*What do you want me to do* with those extra money?"

B: "I want you to buy a pair of shoes for me."

※※ Practical Expression 4

What makes you think (that)~? / Why do you think (that)~? : 무엇 때문에/왜~라고 생각해?

(1) A: "*What makes you think* that I'm *gonna/going to* stop smoking?"

B: "They say smoking causes various diseases including cancer."

(2) A: "*What makes you think* the police is going to listen to him?"

B: "The police said that he had a connection to a bribery case."

(3) A: "*Why do you think* that your songs are so popular?"

B: "Well, I think it is easy for young people to listen to and sing to the piano."

(4) A: "*Why do you think* people attend colleges?"

B: "Some go to higher education institutes for getting a better job. Others go there for just knowing more what they are interested in."

※※ Practical Expression 5

When do you expect+someone/something+to+V~? / When do you expect that~?: 언제 어떤 사람/사물이 V~할 것 같아? / 언제~할 것 같아?

(1) A: "*When do you expect* him to come back?"
  B: "I think he will be back around three o'clock."
(2) A: "*When do you expect* the report to be finished?"
  B: "We will finish it by tomorrow afternoon."
(3) A: "*When do you expect* that they'll have a bargain sale?"
  B: "The clerk told me to do soon."
(4) A: "*When do you expect* that consultation will be completed?"
  B: "It'll be completed by this Friday."

※※ Practical Expression 6

Why don't you+V~? : V~하는 게 어때? (제안/권유)

(1) A: "*Why don't you throw away* that old watch?"
  B: "No way. It was a gift from my father.
(2) A: "I just wanted to write you and tell you that I love you."
  B: "*Why didn't you tell* it then like it is now
(3) A: "*Why don't you confirm* the hotel reservation for tomorrow?"
  B: "Yes, I'll call them right away."
(4) A: "We are having a small dinner for some of our clients and friends after this. *Why don't you join* us?"
  B: "That's very kind of you. I'll just check with my associate whether she's made another promise for me.

※※ Practical Expression 7

Don't you think (that)~? : ~라고 생각하지 않니? (상대의 동의를 구함)

(1) A: "*Don't you think* we have to invite Catherine?"
B: "Yes, we'd better hurry to send her the invitation."

(2) A: "*Don't you think* the problem is a little bit difficult?"
B: "Yes, I think so. / No, I don't think so."

(3) A: "*Don't you think* that Chairperson's speech is too long?"
B: "Listen to that clapping. The audience likes him very much."

(4) A: "*Don't you think* it is needed to study somethings before we start this homework?"
B: "You're right. We should read a textbook first."

※※ Practical Expression 8

How can you think about/of＋V＋ing~? / I can't (even) understand that~ : 도대체 어떻게 V＋ing~/that~이라는 생각을 할 수 있는 거지? (수사 의문 내용)

(1) A: "*How can you think about buying* that stock when it has fallen so far in the last week?"
B: "Do you believe I make a big mistake if I buy that stock?"

(2) A: "Without drilling oil, how do you propose to drive your car, heat your house, or keep the economy running?"
B: "But, *how can you even think of* drilling oil at a time like this serious circumstances?"

(3) A: "*I can't understand* that the player has three red cards in half a season."
B: "You are telling me. I think so too."

(4) A: "Do you think North Korea and South Korea reunited? And why?"
B: "No, I don't think so. Furthermore, I object to socialism and *I can't understand* that North Korea gets ready for battle."

※※ Practical Expression 9

How much does it cost to + V~? / How long does it take to + V~? : V~하는데 얼마입니까? / V~하는데 얼마나 걸립니까?

(1) A: "*How much does it cost* to have these photos enlarged?"

B: "It costs about three dollars."

(2) A: "*How much does it cost* to send an 8-pound package by air mail?"

B: "It depends on its weight. I think it costs about twenty dollars."

(3) A: "*How long does it take* you to vacuum your house? And how often do you vacuum?"

B: "I vacuum every other day and it takes about 30-35 minutes."

(4) A: "*How long does it take* to obtain a foreign ID number here? Do I need to open an international account for a local corporation?"

B: "Yes. That's easy one since I am the one who handles that matter. It takes about 3 to 4 days if you apply for it on Tuesday."

※※ Practical Expression 10

I doubt if/I doubt whether~ / I doubt that~ : ~인지 (아닌지) 의심스러워.[2]

(1) A: "Is everyone here?"

B: "Teddy isn't here yet. *I doubt if/I doubt whether* he comes, as I saw him dead drunk last night."

(2) A: "I'm sure that customers will not be affected by the price increase."

B: "*I doubt if/I doubt whether* you know the exact market situation. Customers are very sensitive to the price change."

---

2) 다음 예문처럼 어떤 내용이 사실이라는 것이 의심스러우면 'doubt that~'을 사용하지만, 불확실한 내용을 표현하려면 'doubt whether~'를 사용한다. 한편, 'doubt if'가 'doubt whether'보다 일상적인 표현으로 인식된다.

(i) *I doubt that* Fred has really lost 25 pounds.

(ii) *I doubt if/whether* we'll see the comet if the clouds don't clear soon.

(3) A: "*I doubt that* the stock market will go up."

B: "The economy faltered last year but has now started to improve. So, it would be stable."

(4) A: "Kandy, I won the lottery!"

B: "No, you must be kidding. You have made such jokes several times before! *I doubt that* you're telling the truth."

※※ Practical Expression 11

subject + never/not + V~without/but--- : ---하면 반드시 V~한다.

(1) A: "Dear Little Angel! *I can never breathe without* your love. Love is everything to me."

B: "You can't say so. Love is an eternal subject only in the literary works."

(2) A: "What's the matter with you. You look rather pale."

B: "*It never rains without* pouring. I lost the my cell phone."

(3) A: "*We never meet without* parting."

B: "You know, there is a time for everything and a season for every activity under heaven; a time to be born and a time to die, a time to plant and a time to uproot, a time to love and a time to hate."

(4) A: "If my cousin had stayed one more day, I would have gone out of my mind. And furthermore, I've forgotten another tourist who is scheduled to arrive tomorrow!"

B: "*It never rains but* it pours! Why is it that troublesome situations never come up one at a time? They always seem to happen all at once."

※※Practical Expression 12

Don't bother to+V~/V+ing~ : 굳이 to+V~/V+ing~하지 않아도 돼. (제안이나 호의를 부드럽게 거절)

(1) A: "Is this present for your girlfriend? I think she'll like it."

B: "Yes, but *don't bother to wrap* it. / Yes, but *don't bother wrapping* it."

(2) A: "*Don't bother to ask* him about your raise because he is in bad mood."

B: "Of course. But I can't understand why he is so angry at me."

(3) A: "It looks like we ran out of papers. I'll go get them."

B: "*Don't bother (to go* get them). I've been to the supply room. There's nothing left."

(4) A: "Excuse me, I need to see Mr. Karen by all means. Or I'll just call him on the phone."

B: "I'm sorry. He is unavailable right now. *Don't bother to call* him. He is busy in writing his thesis and he doesn't want to be disturbed."

2. 시제와 상

시제(tense)는 동사어구(verbal phrase)에서 시간 관계를 표현하는 문법 범주로서 시제 일치가 이루어져야 한다. 동사의 굴절어미 변화(conjugation of inflectional ending)를 기준으로 삼아 시제를 구분하는 영문법에서는 현재 시제와 과거 시제의 두 가지를 설정하고, 미래 시간 표시는 미래 표시 조동사의 도움을 받아 표현한다.
상(aspect)에서 진행상(progressive aspect: ongoing action at the time of speaking)은 동사어구가 특정 시점에서 어떤 동작이나 상태가 완료되지 않거나 완성되지 않은 채로 계속 진행되는 지속 상황을 표시한다. 진행상은 현재 진행상, 과거 진행상, 미래 시간 표시 진행상, 완료 진행상으로 나누어진다. 완료상(perfective aspect: a completed action having relevance to present, past or future time)은 연속된 시간 선상에서 특정 시점으로부터 다른 특정 시점까지 동작이나 상태가 지속되는 상황을 표시한다. 완료상은 현재 완료상, 과거 완료상, 미래 시간 표시 완료상으로 나누어진다.

☞ 현재 시제

(1) Water *boils* at 100 degrees centigrade.
(2) It *rains* a lot in this part of the country.
(3) A finite sentence generally *consists* of an NP and a VP.
(4) Historians *describe;* Caesar *crosses* the Rubicon, and *enters* Italy.
(5) According to statistics released yesterday, women usually *live* longer than men.
(6) A desert area that has been without water for years will still bloom when rain *comes*.

현재 시제(present tense)에서 단순 현재 시제의 사용은 비제한적인 사실이나 내용을 나타내거나, 연속적인 상황을 나타내거나, 동일 시점의 사실이나 내용을 나타내거나, 과거의 역사적 사실이나 내용을 현재처럼 나타내거나, 반복적인 사실이나 내용을 나타내거나, 예정된 미래를 나타낸다.

☞ 과거 시제

(1) Some students in the class *went* on a picnic yesterday.
(2) When Andrew *was* in Korea, he *enjoyed* eating Bibimbab, boiled rice with assorted mixtures.

(3) The manager *said* that he would leave for London the next day.

(4) In 1272 Edward I *became* Emperor - the first Britain Emperor.

(5) *Did* you *ever read* novels written by Ernest Hemingway? ⇒
Have you *ever read* novels written by Ernest Hemingway?

과거 시제(past tense: preterite tense)에서 단순 과거 시제의 사용은 일정 시점의 과거 사실이나 내용을 표현하거나, 과거의 반복적인 행위나 습관을 나타내거나, 주절과 내포문의 시제를 일치시키거나, 과거의 역사적인 사실이나 내용을 표현하거나, 과거와 관계되는 심리적인 판단 내용을 표현한다.[1], [2]

☞ 미래 시간 표시

(1) a. The next test *will* probably *be* a little more difficult than this.
b. I *will tell* your mother if you don't stop teasing me.

(2) a. The chief accountant said, "All payment *shall be* made in cash."
b. "*Shall* my son *carry* these bags for you?"
"No, thank you." / "Yes, thank you very much."

(3) a. He *will join* the party, provided he pays for his own meals.
b. His sister *is going (to go)* abroad next semester to study English.
c. There *is to be* an announcement that the opposition party will win in the election.
d. *He is sure*/*He is certain* to attend the meeting held by the linguistics society. ⇒
It's sure/*It's certain* that he will attend the meeting held by the linguistics society.

영어의 미래 시간 표시(future time expression)는 미래 시간을 나타내는 서법 조동사인 will이나 shall의 도움을 받아 나타낸다. 그러므로 동사의 굴절어미 변화를 통하여 실현되는 현재 시제나 과거 시제와 달리 미래 시제(future tense)는 엄밀하게 정의하여 미래 시제라고 말하기는 어렵다. 그러나 개념이나 관념

---

1) 과거의 습관을 표현하는데 every, always, usually, often 등의 빈도 부가가 없을 때는 다음 예문처럼 would나 used to를 사용하기도 한다.
(i) He *would study* in the library on weekends.
(ii) My mother and sister *used to go* shopping on Saturdays.

2) 모문인 주절과 내포문인 종속절이 결합된 복문에서 시간의 전후 관계가 명백한 after, before, as soon as, when, till 등의 접속사가 올 때는 다음 예문 (i)처럼 과거 완료 대신에 과거를 쓸 수 있다. 그러나 no sooner~than, just/always~when, hardly~before 구문에서는 (ii)처럼 과거 완료를 사용해야 한다.
(i) a. The train *(had) left before* I got to the station.
b. *After* John *(had) finished* his homework, he *went* to the movies.
(ii) a. *Hardly had* Tom *seen* me before he *ran* away.
b. Mary *had just gone* to bed *when* she *got* home.

적인 시간 표시를 기준으로 하여 미래 시제 용법으로 구분하여 설명하기도 한다.[3),4)]

☞ 시제 일치

1) 시제 일치(tense agreement)에서 주절인 모문의 동사가 현재 시제, 또는 현재 완료 시상일 때는 종속절인 내포문의 동사는 모든 시제와 시상을 다 사용할 수 있다.[5)]

(1) John *believes* that Mary *is* innocent.

(2) John *believes* that Mary *was* innocent.

(3) John *believes* that Mary *has been* innocent in all her life.

(4) John *believes* Mary *had been* innocent before she was accused of bribery.

(5) Sandy *has said* (that) she *can't afford* the time nor the money.

(6) I *have tried* to phone Scarlet till now, but she *is* not answering.

(7) Bill and his wife *have lived* in San Francisco ever since they *got married.*

2) 시제 일치에서 주절인 모문의 동사가 과거 시제일 때는 종속절인 내포문의 동사는 과거 시제, 또는 과거 완료 시상을 사용한다.

(1) Tom firmly *believed* that Beth *loved* him.

(2) Milton *told* me (that) he *was* going to write a letter to Cathy.

(3) The tricky merchant *didn't* think (that) anyone *would* believe him.

(4) Liz *said* to me that she *had studied* French for three years before she abandoned it.

☞ 주절인 모문과 내포문인 종속절 사이의 시제 일치의 예외

1) 불변의 진리나 보편적인 사실을 표현하는 내용은 현재 시제를 사용한다.

---

3) 보통 제안의 "Shall I~?" 권유의 "Shall we~?" 의향의 "Will you~?"는 다음 예문처럼 문법화(grammaticalization) 되어 고정된 표현으로 사용된다(Carter & McCarthy 2006).

(i) *Shall I* carry these bags for you, sir?

(ii) *Shall we* assemble in the main hall at seven o'clock?

(iii) I'm very busy now. *Will you* give me a hand, please?

4) 주어의 의지, 고집, 주장, 거부, 거절 등을 표현할 때는 다음 예문처럼 인칭에 관계없이 will을 사용한다.

(i) If you *will* go to the party, go alone.

(ii) The graduate student who didn't prepare for presentation *won't* attend the seminar.

5) 시제와 상의 차이와 관련하여 "Tom is going out."과 "Tom went out."이 시제에 의해 구분되지만, "Tom left."의 동시성과 "Tom was leaving."의 계속성은 상에 의해 구분된다.

(1) The teacher *said* that the square of 10 *is* 100.

(2) Galileo Galilei *taught* us that the earth *moves* round the sun.

(3) Water *consists* of two atoms of hydrogen and one atom of oxygen.

2) 종속절의 동사가 습관이나 관례, 또는 현재까지도 사실인 내용을 나타낼 때는 현재 시제를 사용한다.

(1) Ford *told* me that his brother *has* the habit of overeating.

(2) We *learned* that love affair *is* an endless topic of literary works.

(3) Mary *asked* the conductor what time the express train bound for Seoul *starts*.

3) 비교를 표시하는 than/as 앞이나 뒤의 문장에서는 시제 일치를 적용하지 않는다.

(1) Dick *was* then gentler than he *is* now.

(2) Divorce *is* more common than it *was* a generation ago.

(3) We *want* peace now as much as we *did* when we *quarreled* with enemy.

4) 내포문인 종속절의 서법 조동사로 과거형이 없는 must/ought to/should/had better 등은 과거형에도 그대로 사용한다.

(1) I *thought* you *had better* let it be.

(2) Tom *said* (that) he *must* start at once.

(3) His doctor *advised* that he really *ought to* quit smoking.

5) 직접 화법 속의 가정구문의 시제는 간접 화법에서 그대로 사용한다.

(1) Johnson said, "I *could buy* it if I *had* much money." ⇒
Johnson said that he *could buy* it if he *had* much money.

(2) Mary said, "If I *had finished* the homework earlier, I *would have gone* to the movies." ⇒
Mary said that if she *had finished* the homework earlier, she *would have gone* to the movies.

직접 화법 속의 가정구문의 시제가 간접 화법에서 그대로 사용되는 것은 가정법 과거나 가정법 과거 완료의 정보를 원래대로 표시하기 위한 것이다.

☞ 현재 진행상

(1) They *are studying* for their mid-term examination right now.

(2) I *am getting up* early this week to prepare for my final examination.

(3) We *are* sincerely *hoping* you can explain this mess clearly and explicitly.

(4) Wilson *is* always *teasing* his sister, but I wish he wouldn't do that any more.

현재 말하는 시점을 기준으로 하여 동작이 진행될 때 현재 진행상(present progressive aspect)을 사용한다. 계획된 미래(planed future)의 일을 표현하거나, 상태 동사(stative verb)가 현재 진행상으로 사용되거나, 습관적인 동작이나 반복(habitual action or repetition)을 표현할 때도 현재 진행상을 사용한다.

☞ 과거 진행상

(1) The husband *was playing* the piano while his wife *was playing* the violin.

(2) Jane was sick with a fever, so she *was tossing* and *turning* in her sleep all night.

(3) The old carpenter *was making* a small boat out of wood when I visited him a month ago.

(4) The young man from Paris *was* always *telling* lies, so people came to distrust what he said.

다른 동작이 이미 발생한 내포문이나 시간 표시 부사구의 시점에 동작이 진행될 때 과거 진행상(past progressive aspect)을 사용한다. 즉, 다른 동작이 발생한 시점, 종점, 지속점에 동작이 진행되거나 반복될 때, 과거의 한 시점에서 사건이나 동작이 진행 중이거나 과거에 완료되지 않고 진행되는 동작을 표현하는 데 과거 진행상을 사용한다.

☞ 미래 시간 표시 진행상

(1) You *will be working* for the export industry at this time next month.

(2) The CEO *will be meeting* with his staff at seven o'clock tomorrow morning.

(3) When Sally arrives home, her family *will be preparing* for her birthday celebration.

(4) That was such an unexpected upset that scientists *will be discussing* it for some time.

가까운 미래 시점에서 동작이나 상태가 진행될 때는 미래 시간 표시 진행상(progressive aspect of future time expression) 표현인 미래 진행상(future progressive aspect)을 사용한다.

☞ 완료 진행상

(1) Rain or shine, the young man *has been expecting* letters from his mother.
(2) Tom *had been working* at the factory for twenty years before he was laid off.
(3) By next year, the professor *will have been teaching* English syntax for over thirty years.

완료 진행상(perfect progressive aspect)은 일정 기간 동안의 사건이나 상태의 계속이나 반복을 표현하는 데 사용된다.

☞ 현재 완료상

(1) I *have lived* here since I was born.
(2) My grandmother *has broken* her left leg.
(3) Liz as a student of English literature *has read* all of Shakespeare's plays.
(4) I *have* just *learned* how to repair the machine, but it isn't easy to repair it for myself.

현재 완료상(present perfect aspect)은 과거의 어느 시점에서 시작된 동작이나 상태가 연속된 시간 선상에서 현재 시점까지 지속되는 상황을 표시하는데, 주로 계속, 결과, 경험, 완료의 문법 기능을 나타낸다.

☞ 과거 완료상

(1) When we bought it, the house *had been* empty for three months or so.
(2) The goalkeeper *had injured* his leg, and he couldn't play any longer.
(3) I recognized him out of hand because I *had seen* him once before.
(4) When I arrived at the airport, the plane *had* already *left*.

과거 완료상(past perfect aspect)은 과거 시점 이전인 대과거(past perfect: pluperfect) 시간대에 일어난 사건이나 상황을 표현하는데, 주로 계속, 결과, 경험, 완료의 문법 기능을 나타낸다.

☞ 미래 시간 표시 완료상

(1) I *shall have finished* this work by the end of next week.
(2) He *will have lived* here for twenty years by the end of this year.
(3) The trace of tsunami *will have disappeared* before the end of autumn.

(4) If Baker teaches English this semester, he *will have taught* it ten times.

미래 시간 표시 완료상(perfect aspect of future time expression) 표현인 미래 완료상(future perfect aspect)은 과거나 현재, 또는 미래의 어떤 기준 시점에서 시작된 동작이나 상태가 미래의 특정 시점에서 완료되거나, 미래의 특정 시점까지 계속되거나, 미래의 특정 시점의 결과를 나타내거나, 미래의 특정 시점의 연관성이 경험으로 해석되는 내용을 표현한다.

☞ 시제와 관련된 원리적인 표현 방법

1) 과거의 사건이나 상황을 발생 시간 순서대로 서술할 때는 과거 완료 대신에 단순 과거를 선택하는 것이 좋다.

(1) Charles *left as soon as/after* he *had said* something to Edith. ⇒
As soon as/After he *said* something to Edith, Charles left.

(2) The road *was* muddy because it *had been raining* all night. ⇒
It *rained* all night *and* the road *was* muddy.

2) 두 사건 사이에 밀접한 시간 선상의 접속 관계를 가지고 있는 문장 구조는 관용적인 표현을 사용한다.

(1) *As soon as/The moment/The instant* the gangsters *saw* the policeman, they *ran* away. ⇒
On seeing the policeman, the gangsters *ran* away.

(2) We *had hardly arrived/had scarcely arrived* at the ski resort *when/before* it *began* to snow. ⇒
Hardly had we *arrived/Scarcely had* we *arrived* at the ski resort *when/before* it *began* to snow. ⇒
No sooner had we *arrived* at the ski resort *than* it *began* to snow.

※※ Practical Expression 1

I'm not gonna(=going to) let + someone + V~ / I'll never let + someone + V~ :
어떤 사람이 V~하도록 내버려 두지 않을 거야. (주어의 의지 표현)

(1) A: "I wanna/*want to* go home now."
B: "*I'm not gonna let you go* alone."

(2) A: "Let me know your present situation, and I wanna help you."
B: "Of course it bothers me, but *I'm not gonna let you know* it."

(3) A: "*I'll never let anybody ruin* this jigsaw puzzle."
B: "How are you going to prevent people from stepping on it?"

(4) A: "How are you going to prevent people from smoking?"
B: "*I'll never let anyone come* into the room if he or she smokes."

※※ Practical Expression 2

You don't want to + V~ / You should not + V~ / I don't want you + to + V~ :
네가 V~해서는 안 될 것 같은데. / 나는 네가 V~하기를 바라지 않아. (조언)

(1) A: "What do you think of my presentation?"
B: "*You don't want to hear* what I have to say about your presentation."

(2) A: "Don't you think you should start looking for a husband?"
B: "*I don't want you to put* your nose into my private life."

(3) A: "*You should not judge* people by the way they look."
B: "I totally agree with you. Appearance is not all."

(4) A: "*You shouldn't let* this substance come into contact with food."
B: "I will remember it well. You mean that it would deteriorate the flavor of the taste."

※※ Practical Expression 3

I've been working in/at+place/field~ : ~장소/분야에서 일하고 있어요.

(1) A: "How long have you been working there?"

B: "*I've been working at the company* nearly for ten years."

(2) A: "How long have you been working in this area?"

B: "*I have been working in* this business for quite some time."

(3) A: "Do you know John in this office?"

B: "Yes, I do. *I've been working in* this office for so long that I know everyone."

(4) A: "What is your occupation?"

B: "I am a computer programer by profession. *I've been working at* Microsoft for almost a decade."

※※Practical Expression 4

I'm planning to+V~ / I'm planning on+V+ing~ / I intend to V~ : V~/V+ing~할 예정/계획이야.

(1) A: "Where *are you planning to stay?*"

B: "I'm planning to stay at a hotel downtown."

(2) A: "*I'm planning on going* to the movies with my classmates."

B: "Really? That sounds fun! You don't like them, aren't you?"

(3) A: "When are you planning to leave for the island?"

B: "*I intend to leave* for the island on September 27th."

(4) A: "What are you planning to do during the coming winter vacation?"

B: "*I intend to study* English syntax and grammar."

※※ Practical Expression 5

Are you saying that~? : ~라는 말인가요? (정보에 대한 확인)

(1) A: "Jack drives a Ferrari 430."
B: "*Are you saying* that he bought a new car?"

(2) A: "The woman seems to be lost in love with watching TV."
B: "*Are you saying* that all she does is watching TV all day long?"

(3) A: "*Are you saying* that I have to attach this notice to the board?"
B: "Yes, that notice is for every employee here."

(4) A: "*Are you saying* I should leave this company and look for another job?"
B: "If you want work that fits you, do so!"

※※ Practical Expression 6

I'm calling to+V~ / I'm calling about~ : V~하기 위해/~에 대해서 전화 드립니다.

(1) A: "*I'm calling to let* you know that my arrival will be delayed for 2 days."
B: "OK, I'll change the date of your arrival."

(2) A: "*I am calling to see* if I can make an appointment for my regular physical check-up."
B: "I think this week is difficult unless there's a cancellation."

(3) A: "*I am calling about* part-time positions that were posted on your Web site."
B: "Do you have any related experience for this position?"

(4) A: "*I'm calling about* the advertisement that was run in Monday's morning paper."
B: "If you want to apply, you should come down to the store and fill out an application form."

⁂ Practical Expression 7

It has been+(time) adverbial+since~ : ~한지 얼마가/시간 표시 부사어가 되었어.

(1) A: "*It has been 10 years* since I moved into the USA."
B: "Then you can speak English fluently."

(2) A: "How long has it been since you graduated from high school?"
B: "*It's been 10 years*. In those days, I'd met a sort of my golden age."

(3) A: "Now I am in my late thirties."
B: "This means that *it has been nearly ten years* since you started your life in society."

(4) A: "How long has it been since your grandfather died?"
B: "*It has been three years* since my grandfather died." ⇒
Three years have passed since my grandfather died. ⇒
My grandfather has been dead for three years. ⇒
My grandfather died three years ago.

⁂ Practical Expression 8

Have you (ever)+past participle~? : 과거 분사~해봤어? (경험)

(1) A: "You are always looking hungry."
B: "*Have you ever tried* eating on $15 a week?"

(2) A: "*Have you ever been* hospitalized?"
B: "No, I haven't. / No, I've never been hospitalized."

(3) A: "*Have you ever watched* kids on a merry-go-round?"
B: "Yes. They always look extremely merry on a merry-go-round."

(4) A: "*Have you ever thought* that maybe Jinny is not interested in getting married?"
B: "I've never thought that. I believe she loves me."

※ Practical Expression 9

I haven't seen~(like that before) : 나는 전에 저런~를 본 적이 없어.

(1) A: "Hey, come and look at that. It looks like a UFO."
  B: "*I haven't seen* anything *like that before.*"
(2) A: "Have you ever seen the Millennium Plaza Building before?"
  B: "No, it's my first time. *I haven't seen* a building *like that before.*"
(3) A: "*I haven't seen* rain *like that* in many moons."
  B: "Very intense. Just as I parked my car at Matt's place, the rain seemed to let up. But the moment I stepped on out of my car, I was deluged with water."
(4) A: "I got it while I was in Korea."
  B: "*I haven't seen* a celadon porcelain *like that before.* This is unlike anything I've seen before. The color and the costumes are so elaborate that there is really nothing to compare it to what I've seen."

※ Practical Expression 10

Have you heard that~ / Have you heard about~ / Did you hear that~ / Did you hear about~ : ~에 대하여 들어봤어?

(1) A: "*Have you heard* that Jane walked down the aisle?"
  B: "Are you sure? That's a shocking news."
(2) A: "Everyone knows bees can fly."
  B: "But *have you heard* that a honeybee can not fly in physical way?"
(3) A: "*Did you hear about* Jane?"
  B: "What about her? Has her condition come to be critical?"
(4) A: "*Did you hear about* an accident in the school I used to work for?"
  B: "No. What accident? Were many students injured in the accident?"

✲✲ Practical Expression 11

I never expected that~ / I never dreamed that~ : ~는 전혀 뜻밖이네요.

(1) A: "Mike didn't show up at Jill's party last night because he had a bad headache."
B: "*I never expected* that he wouldn't come to the party."

(2) A: "You didn't attend the class yesterday. What happened to you?"
B: "A traffic accident occurred. *I never expected* that I would get into a car accident."

(3) A: "Jenny, what a surprise! What brings you here?"
B: "Hi, Anna. *I never dreamed* that I would see you here again."

(4) A: "*I never dreamed* that she would break up with you."
B: "That burns me. I can't understand why she changed her mind."

✲✲ Practical Expression 12

subject+have+object+V~/past participle~ : 주어가 목적어로 하여금 V~/과거 분사 하도록/되도록 하다.

(1) A: "Shall *I have him call* you back?"
B: "No, thanks. I'll call him again later."

(2) A: "What did your teacher make you do yesterday?"
B: "*He made me check* my test result I took a few days ago."

(3) A: "When will the report be ready?"
B: "*I'll have it done* by tomorrow afternoon."

(4) A: "What does 'Lisa and Eric had all their money stolen while they were on vacation.' mean, sir?"
B: "It means 'All their money was stolen from Lisa and Eric.' With this meaning, we use 'have something done' to say that something happens to somebody or their belongings."

3. 서법 조동사

화자나 필자가 구어나 문어를 사용할 때, 화자나 필자의 견해나 태도를 세심하게 표현하는 방법 가운데 한 가지가 서법 조동사(modal auxiliary verb)를 사용하는 것이다. 주요 순수 서법 조동사에는 can, could, may, might, shall, should, will, would, must 등이 포함된다.

☞ 서법 조동사의 의미 기능

1) 인식 완화 서법성(epistemic modality)은 개연성(probability), 가능성(possibility), 필요성(necessity)의 의미를 나타낸다.

(1) He *may* have left it downstairs: I'll just go and see.

(2) If you are not careful, you *could* get into even worse trouble.

(3) The boy's behavior is getting worse and worse - we *must* do something about it.

2) 의무 서법성(deontic modality)은 의무(obligation), 허가(permission), 금지(prohibition)의 의미를 나타낸다.

(1) You *must* attend the lecture on English grammar.

(2) The committee *shall* meet at least four times a year.

(3) You and your friends *may*/*may not*/*can*/*can't* attend such a meeting as this.

3) 역동 서법성(dynamic modality)은 능력(ability), 의지(volition), 의도(intention)의 의미를 나타낸다.

(1) The old man *can* run the marathon in under three hours.

(2) I have invited Sally to the party but I don't think that she *will* come.

(3) Edmund is a guy who *must* always be poking his nose into other people's business.

4) 서법 조동사 will과 shall이 단순히 미래 시간(future time)이나 예측(prediction)을 나타낸다.

(1) a. My father *will* retire in one or two years.

b. I think it *will* rain any minute. / I thought it *would* rain any minute.

(2) a. According to the most recent polls, I *shall* win in the general election in November. (British English)

b. According to the most recent polls, I *will* win in the general election in November. (American English)

☞ 서법 조동사 can과 could

1) 서법 조동사 can은 주로 능력(ability), 허가(permission), 가능성(possibility)의 의미를 내포하고 있다.

(1) *Can* you help me lift this box?

(2) *Can* you remember where they live?

(3) By the way, *can* we have made a mistake, I wonder?

(4) If it is raining tomorrow, the sports *can* take place indoors.

2) 서법 조동사 could는 주로 허가, 능력, 가능성의 의미를 내포하고 있다.

(1) She asked if she *could* get me another drink.

(2) Russell *could* speak three languages by the age of eleven.

(3) *Could* you tell me the exact time (when) the first class starts?

(4) You *could* have tried another approach(, but in fact you didn't try).

☞ 서법 조동사 may와 might

1) 서법 조동사 may는 주로 가능성이나 허가의 의미를 내포하고 있다.

(1) *May* all your wishes come true!

(2) You *may* borrow my bicycle if you wish.

(3) The hero sacrifices his life so that his friend *may* live.

(4) You *may* have left your glasses at your office. (It is probable that you have left your glasses at your office.)

2) 서법 조동사 might는 주로 가능성, 추측(speculation), 허가, 제안(suggestion)의 의미를 내포하고 있다.

(1) They died so that others *might* live.

(2) Susan *might* not want to come with them.

(3) My grandfather wished he *might* live to see it.

(4) Our teacher said that we *might* come and go as we pleased.

(5) You *might* have been more careful(, but unfortunately you weren't careful).

☞ 서법 조동사 must

서법 조동사 must는 주로 의무(obligation)나 금지(prohibition), 또는 추측의 의미를 내포하고 있다.

(1) My parents said that I *must* come back home early.

(2) For the engine to work, the green lever *must* be in the 'p' position.

(3) You *must* not have any further contact with any of your former associates.

(4) I believe Elizabeth *must* be tired after her long walk as she's very young.

(5) You *must* have finished this assignment by the end of the month. (I'm sure you must finish this assignment by the end of the month.)

☞ 서법 조동사 will(='ll)과 would(='d)

1) 미래 시간을 표시하는 서법 조동사 will(='ll)은 주로 예측(prediction), 공손한 요청(polite request), 의지(volition), 개연성(probability)의 의미를 내포하고 있다.

(1) My grandfather *will* be 90 next year.

(2) *Will*/*Would* you kindly give me a hand, please?

(3) I *will* leave tomorrow no matter what you want me to do.

(4) I *will* get the boy to listen to me, if that's the last thing to do.

(5) Next month my parents *will* have been married for thirty three years.

2) 미래 시간을 표시하는 서법 조동사 would(='d)는 주로 의지, 공손한 요청, 예측, 개연성의 의미를 내포하고 있다.

(1) Sarah said that she *would* tell her teacher.

(2) *Would* you help me to address these letters?

(3) The woman told me that her husband *would* be 60 next month.

(4) He *would* pay anything to acquire a reputation for high standards.

(5) Sophia was so absent-minded that she *would* go for days without sleeping.

(6) It seems that he is in bad health. I wish he *would* not drink so much.

(7) I *would* not have done it if it had not been for your precise explanation.

☞ 서법 조동사 shall과 should

1) 서법 조동사 shall은 주로 미래 시간(future time), 의지, 제안의 의미를 내포하고 있다.

(1) I *shall* never be able to get there in time.

(2) No one *shall* stop me from doing what I please.

(3) We *shall* overcome these difficulties and go on to win.

(4) *Shall* we begin the lesson 10, "The Fairy and the Woodcutter" now?

(5) I *shall* have learned how to cope with the situation this time tomorrow.

2) 서법 조동사 should는 주로 개연성, 충고(advice), 비난(reproach)의 의미를 내포하고 있다.

(1) I am surprised that he *should* object so strongly.

(2) Children *shouldn't* be allowed to play in the street.

(3) I was told that they *should* let us know it as soon as possible.

(4) I *should* be grateful if you could provide me with some information.

(5) If you *should* see him, tell him that I will get in touch with him soon.

(6) The hijackers wore masks *so that*/*in order that* no one *should* recognize them.

(7) The police *should* not have let these hooligans go free. (As it was, they did.)

☞ 주요 주변 서법 조동사(marginal modal auxiliary)인 dare, need, ought to, used to 등

1) dare는 부정문이나 의문문에서 용기, 경고, 모험과 같은 의미를 나타낸다.[1)]

(1) I *dare* not go in and ask him again.

(2) How *dare* you speak to me like that?

(3) *Dare*/*Should* I tell her? / Would it be OK to tell her?

---

1) dare는 보통 주변 서법 조동사로 사용되지만, 다음 예문처럼 일반 동사로서 to-부정사를 보충어로 선택하기도 한다.

(i) I *do not dare to ask* him again.

(ii) He *does not dare to object* to the proposal.

2) need는 부정문이나 의문문에서 의무, 필요성, 논리적 추론과 같은 의미를 나타낸다.2)

(1) You *need* not come to work tomorrow.

(2) There really *need* be no hurry, need there?

(3) "Need I copy all this?" "No, you needn't." / "Yes, you must."

3) ought to는 현재 시제에서 필요성, 의무, 추론적 개연성과 같은 의미를 나타낸다.3)

(1) There *ought to* be more buses during the rush hour.

(2) The company *ought to* be making changes in its marketing strategy.

(3) "*Ought* I *to* go?" "Yes, you ought to (go)." / "No, you ought not to (go)."

(4) I thought they *ought to* have been home by now. It's already eleven o'clock.

4) used to는 과거 시제 문맥에서 과거의 상태, 과거의 비연속적인 습관, 반복적 의미를 나타낸다.

(1) I *used to* be quite good at this game.

(2) I *used to* drive to work, but nowadays I take my bike.

(3) In the morning, Mrs. Flora *used to* do the housework and in the afternoon, she *used to* work in the garden.

☞ 조동사 숙어(modal idiom)인 had better, would rather, be to, have got to 등

1) had better + V~(=had rather V~; prefer to + V~; be better to + V~): V~하는 것이 좋을 거야.

(1) You *had better not wait* for him any longer.

(2) I *had better begin* by saying that I haven't prepared a formal lecture.

2) would rather + V~(=choose to + V~; prefer to + V~): V~하는 것이 더 좋을 거야.

(1) I *would rather have* a quiet night in front of the TV.

(2) We could have dinner later if you *would rather do* that.

---

2) need는 보통 주변 서법 조동사로 사용되지만, 다음 예문처럼 일반 동사로서 to-부정사를 보충어로 선택하기도 한다.
(i) She said she *needed to go* out for a walk.
(ii) You *do not need to bring* your books tomorrow.

3) must나 have to가 강제의 뜻을 포함하는 의무인데 반하여, 다음 예문에서 알 수 있듯이 ought to는 객관적인 의무의 뜻을 내포하고, should는 주관적인 의무의 뜻을 내포한다.
(i) You *ought to show* more respect for your elders.
(ii) You *should not drive* so recklessly.

3) be to + V~(=have arrangements to + V~; must + V~): V~할 예정이야. / V~해야 해.

(1) The meeting *is to take place* in the ballroom.

(2) Tell Susan that she *is to finish* her homework before she goes out.

4) may well + V~(=it is reasonable to V~): V~하는 것도 당연한 거야.

(1) You *may well disagree*, but I think this time I agree with Bruce. ⟹
It is reasonable (for you) to disagree, but I think this time I agree with Bruce.

(2) They said that we *might well have to* stay at the first class hotel. ⟹
They said that it is reasonable (for us) to stay at the first class hotel.

5) may as well + V~(=had better V~): 주어가 V~하는 게 더 나아.

(1) It's too late to go to the movies, so we *may as well watch* TV. ⟹
It's too late to go to the movies, so we had better watch TV.

(2) If there is nothing more to do, you *might as well go* to bed. ⟹
If there is nothing more to do, you had better go to bed.

☞ 주요 준조동사(semi-auxiliary)인 have to, be about to, be able to, be bound to, be going to, be obliged to, be supposed to, be willing to 등

1) have to + V~/have got to + V~(=must + V~): V~해야만 해. / V~함에 틀림없어.[4)]

(1) a. You will *have to* offer your apologies.
b. John *has to* be ill because he is not at the office.

(2) a. These shoes *have got to* be mended.
b. He *has got to* work much more accurately than this.

2) be about to + V~(=be just going to + V~; be on the point of + V + ing; be on the verge of + V + ing): 막 V~하려는 참이야.

---

4) must와 have to가 강제의 뜻을 내포한다는 점에서는 동일하지만, 다음 예문에서 알 수 있듯이 must가 강제 당하는 주어를 명시적으로 표시하는데 반하여 have to는 의무, 충고, 권고, 확신을 나타내기도 한다. 또한, have to는 의문문이나 과거형에서 must를 대신한다.

(i) *You must* do it by tomorrow.

(ii) a. *I have (got) to* be home before eight.
b. Do *I have to* copy all these letters, sir?
c. *He had to/was obliged to* copy all these letters.

(1) We *were just about to* leave when Jerry arrived.

(2) Work *was about to start* on a new factory building.

3) be able to + V~(=be capable of + V + ing; be competent for + V + ing; be equal to + V~): V~할 수 있어.

(1) I've always wanted to *be able to* speak English fluently.

(2) Will/Would you *be able to* come to the party tomorrow night?

4) be bound to + V~(=be compelled to + V~): 꼭 V~하지. / V~해야 하는 거야.

(1) Don't lie to your mother. She *is bound to* find out about it.

(2) In a group as big as this, you *are bound to* get occasional disagreements.

5) be going to + V~(=have a mind to + V~): V~하려고 해. / V~할 예정이야.

(1) I *am going to* tell my teacher what you said.

(2) The little girl looked as if she *was going to* cry right away.

6) be obliged to + V~(=be forced to + V~; be compelled to + V~): V~해야만 해. / V~해야만 하는 거야.

(1) We *were obliged to* do the work as we were told.

(2) The minister *was obliged to* report at least once every two months.

7) be supposed to + V~(=be expected to + V~; be intended to + V~): V~하기로 (예정)되어 있어.

(1) What time *are* you *supposed to* be there?

(2) We *are supposed to* check out of the hotel by 11 o'clock.

8) be willing to + V~(=be ready to + V~): 기꺼이 V~할거야.

(1) I told Mary I *was* perfectly *willing to* help her.

(2) He *is willing to* tell the police everything he knows.

※※ Practical Expression 1

Would/What would you like to＋V~ : (무엇을) V~하시겠습니까? (의향/제안)

(1) A: "*Would you like to go* out to dinner with me tomorrow?"
B: "Oh, that's very kind of you."

(2) A: "*Would you like to join* the in-line skating club?"
B: "No, thanks. I'd like to join the golf or tennis club."

(3) A: "*What would you like to give* the poor for Christmas?"
B: "I really think that it is best to share food and clothes with them."

(4) A: "*What would you like to achieve* in the next 12 months and in the next 5 years?"
B: "I wanna go to a place or get a job that I can really make a difference in my life."

※※ Practical Expression 2

I/You have to admit that~ : 나는/너는~한 것을 인정해야만 해. / 나는/너는~한 것을 인정하지 않을 수 없어.

(1) A: "*You have to admit* that you talked to Betty."
B: "Well, I felt that I needed to break the ice. But, as a matter of fact, I haven't met her before."

(2) A: "*I have to admit* that his sister is very beautiful, but her behavior is disgraceful."
B: "What you say is that such is her behavior that nobody likes her."

(3) A: "Your father said that you were an exemplary student."
B: "But *I have to admit* that I wasn't one of the best students when I was in school."

(4) A: "I'm grateful that a forum for such open discussion exists. I find many aspects of this discussion immensely helpful."
B: "Still, *I have to admit* that I am not fully satisfied in a certain point of view."

※※ Practical Expression 3

be going to(=gonna)+V~ : V~할 예정/작정이야.

(1) A: "What *are you going to do* tomorrow afternoon?"
B: "I am going to play tennis with my club mates."

(2) A: "*Are* you *going to attend* the conference this afternoon?"
B: "No, I have a lot work to do."

(3) A: "*Are* you *going to get* your hair cut?"
B: "Yes, I am planning to. I'd like to have my hair cut really short."

(4) A: "How long *are* you *gonna be* out of town for your travel?"
B: "It will be for two weeks. I'm gonna take a trip to a lonesome town."

※※ Practical Expression 4

You should speak to+someone~ : (어떤) 사람에게~말씀 하세요.

(1) A: "No matter how rude they may be, *you should speak to your customers* politely at all times."
B: "That's right. I absolutely agree with you."

(2) A: "Don't worry. If the classes you want are full, I was told that *you should speak to the professor* directly."
B: "Are you sure that works?"

(3) A: "The problem is that the people next door are so loud."
B: "That's terrible. *You should speak to the landlord* about that. Did you ask them to keep the noise down?"

(4) A: "*You should speak to your accountant* and seek professional advice."
B: "I know well, but around 5,000 companies possibly affected, so it's nearly impossible that all could be investigated. Therefore, the real chances of an investigation are very low."

※※ Practical Expression 5

I would/I'd like to + V~ : V~하고 싶어. / I'd like to let you know~ : ~를 알려 드릴려구요.

(1) A: "Lisa, what's up? A pink flush spread over your cheeks."
B: "Tom, *I'd like to let* you know that I love you."

(2) A: "Do you have something to say, Ben?"
B: "Yes, I'*d like to let* you know in advance that I'll need some time off soon."

(3) A: "Where are you going to visit during this winter vacation?"
B: "*I'd like to go* to Machu Picchu, a last place of Mayan civilization."

(4) A: "I feel so frustrated these days. It seems like that we don't see eye to eye on many things. I guess I shouldn't marry."
B: "Well, I think you got a point, but *I'd like to give* you my opinion on that matter."

※※ Practical Expression 6

be due to + V~ : V~할 예정이야.5)

(1) A: "When is the seminar going to take place?"
B: "It *is due to take place* on the 12th (of) October."

(2) A: "You'*re due to complete* the market survey by this Friday, aren't you?"
B: "No, it has to be done by tomorrow."

(3) A: "When *are* you *due to give* birth? Is it a boy or a girl?"
B: "Next month, but I don't know yet. I just hope that the baby will be healthy."

(4) A: "When *is* your father's plane *due to arrive* at the K International Airport?"
B: "It's supposed to land at 3:30 p.m. sharp tomorrow, weather permitting."

---

5) 다음 예문의 의미에서 알 수 있듯이 'be supposed to'는 의무뿐만 아니라 도덕, 법률, 관습에 따라 기대되거나 요구되는 내용을 표현하는데 사용하고, 'be due to'는 특정한 시간에 어떤 일이 발생하거나 사람이나 사물이 도착할 것을 예상하는 표현에 사용한다.
(i) She *was supposed to* behave properly.
(ii) The team *are due to* fly to Korea next month.

※※ Practical Expression 7

I've got to+V~ / I have to+V~ : 난 V~해야만 해. (의무)

(1) A: "Though I may be sad, *I've got to live*. Why do I have to live myself?"
B: "Such is life. As you know, life is but a day's empty dream."

(2) A: "*I've got to work* harder than ever because I became independent from my parents."
B: "Be strong. And I'll happily help you, if I can."

(3) A: "Why did you work so late last night?"
B: "*I had to write* a proposal for a new contract."

(4) A: "Do you *have to go* to school tomorrow, Beth?"
B: "No, thank goodness. We've got a day off tomorrow, but I have to do lots of homework."

※※ Practical Expression 8

I'll have to call+someone+and tell him/her to+V~ : (누구)에게 전화해서 V~한다고 해야겠어.

(1) A: "*I'll have to call Jenny* and *tell her to help* me."
B: "But I think you had better do your homework for yourself."

(2) A: "*I'll have to call my younger brother* and *tell him to clean up* the house before I get home."
B: "I think you had better go home early and clean up the house by yourself."

(3) A: "*I'll have to call my secretary* and *tell her to let* the staff know that I'll be coming in late tomorrow."
B: "It's nice of you to give her a notice beforehand."

(4) A: "Your schedule on Friday is rather pretty tight. The last appointment is at 5:00 p.m."
B: "That's right. *I will have to call Smith* and *tell him to attend* the meeting for me."

※※ Practical Expression 9

would rather/had better/had rather+V~ : V~하는 것이 더 나아/더 좋아.

(1) A: "I *would rather be* poor than get money by dishonest means."
B: "Yes, I think so. But don't forget that making money isn't always easy."

(2) A: "Do you mind if I smoke here?"
B: "Well, You *had better not smoke* here. As you know, this is non-smoking area."

(3) A: "I haven't slept well recently."
B: "I think you are too busy and tired. You'*d rather* take a break. I think it is one of the best treatments."

(4) A: "It's going to rain, so I think that you *would rather stay/had better stay/had rather stay* at the office."
B: "Don't worry, I am going to take my umbrella with me."

※※ Practical Expression 10

You're welcome to+V~ : V~(하고 싶으면) 해도 좋아.

(1) A: "May I taste this? It smells funny."
B: "Of course. *You're welcome to taste* it."

(2) A: "I have some tickets left, so *you're welcome to have* them if you want to."
B: "It's very kind of you. I really appreciate it."

(3) A: "I think it's going to be hard to finish the report by Friday. I don't know what to do."
B: "Well, *you're welcome to ask* for some help from me."

(4) A: "I am just in the middle of so much things to do for my mid-term test. Where are you going by the way?"
B: "I'm going to my friend's birthday party. And *you're welcome to join* us, if possible."

※※ Practical Expression 11

be scheduled to＋V~ : V~할 예정이야.

(1) A: "When will the new library be completed?"
B: "It *is scheduled to be* completed in December."

(2) A: "When *is* your sister *scheduled to arrive* at the K International Airport?"
B: "She's supposed to arrive tomorrow after lunch."

(3) A: "They are not certain when the opening ceremony *is scheduled to begin*."
B: "I think it is due to begin at 7:00 p.m. with an American pop singer."

(4) A: "I'm waiting for him two days. When *is* he *scheduled to meet* us?"
B: "He is scheduled to meet with us in the lobby of the hotel tomorrow morning at 8 o'clock sharp."

※※ Practical Expression 12

be supposed to＋V~ : V~하기로 되어 있어.

(1) A: "Do you remember that we *are supposed to be* in camp tonight, don't you?"
B: "Yes. But the weather forecaster says we will have some rain tonight."

(2) A: "Lucy *was supposed to come* to lunch. What's happened?"
B: "She promised to come at 12 o'clock, but she called that she was going to be somewhat late."

(3) A: "What are the children doing at the classroom now? *Are* they *supposed to be* at school now?"
B: "They are supposed to start the first class at 8:30, but they rarely do anything before that time."

(4) A: "Would you care for some icecream? Here are a variety of flavors for you to choose. I've got strawberry, peach, chocolate, and chocolate chip."
B: "Wow! What great choices you have. I wish I could, but I just can't. I'm on a diet to lose weight. I'*m supposed to do* something to lose weight."

4. 부정사와 부정사절

부정사(infinitive)는 동사의 통사-의미 특성을 가지고 있으므로 동사의 엄밀 하위 범주화 자질(strict subcategorizational feature)에 따라 보충어를 선택할 수 있고, 명시적으로 또는 비명시적으로 자신의 주어를 선택할 수 있으므로 부정사절(infinitival clause)로 실현된다. 또한, to-부정사(to-infinitive)는 명사의 문법 특성을 가지고 있으므로 주어나 목적어나 보어로 사용될 뿐만 아니라, 형용사나 부사와 같은 수식어로도 사용된다. to-부정사는 개별적이며 가상적인 미래 의미를 나타내거나 미래 지향의 가능성을 나타낸다. 이와 같은 의미 속성은 부정사 표지어인 to가 실현되지 않은 미래 시제 표지(future tense marker) 문법 기능어이기 때문이다.

☞ to-부정사절의 명사 문법 기능

(1) a. *To make* a pleasant conversation with Susan is difficult. ⇒
It is difficult to make a pleasant conversation with Susan.
b. I'm majoring in English, so I want *to teach* English in the future.
c. Emma's only fault is *to talk* too much.

(2) a. I don't know *what to do* for you. ⇒
I don't know what I should do for you.
b. They've enough funds *with which to conduct* a scientific survey. ⇒
They've enough funds with which they can conduct a scientific survey.

(3) a. He has no alternative but *to walk* all day long.
b. When I arrived there, Tom was about *to leave* Seoul.
c. She had nothing to do except *to study* English everyday.[1]
d. There is nothing the student wants save *to pursue* his studies in peace.

to-부정사절(to-infinitive clause)은 위 예문 (1)과 같이 주어나 목적어나 보어의 문법 기능을 수행하는 명사 문법 기능(nominal grammatical function), 또는 명사 용법이 대표적이다. (2)와 같은 '(전치사+)의문사+to-부정사절'의 통사 구조(syntactic structure) 특성은 to-부정사의 논리 주어가 언제나 주절의 주어

1) 물론 except는 'except+목적어', 'except for+목적어', 'except that-절'의 형태로 사용되기도 한다.
(i) The office is open everyday *except Sundays.*
(ii) Adelia's composition is excellent *except for a few grammatical faults.*
(iii) The performance was quite satisfactory *except that an actor forgot the dialogue one time.*

와 동일하다는 점이다. 한편, (3)처럼 to-부정사절이 전치사의 목적어로 '전치사+to-부정사절'의 구조로 사용되는 경우도 있는데, 'except/save/but/including/about+to-부정사절'이 이러한 형태에 속한다.

☞ to-부정사절의 한정 문법 기능과 서술 문법 기능

(1) It is a pity that you have no friend *to help* you. ⇒
It is a pity that you have no friend who will help you.

(2) a. The rumour proved *to be* false.
b. Teacher told his students *to do* their best in the exam.

(3) a. Not a star *was to*(=can) *be seen.*
b. They *were never to*(=were destined never to/were destined not to) *see* each other again.

한정 문법 기능(attributive grammatical function), 또는 한정 용법은 위 예문 (1)처럼 to-부정사절이 명사구나 대명사를 수식하는 부가적 문법 기능을 수행하는 것을 말한다.[2)] 서술 문법 기능(predicative grammatical function), 또는 서술 용법은 (2)처럼 to-부정사절이 주어 보충어나 목적어 보충어의 문법 기능을 수행하는 것을 말한다. 서술 문법 기능에서 (3)처럼 to-부정사(to-infinitive)가 자동사의 보어로 사용될 때는 '주어+be+to-부정사절'의 형식을 선택하여 예정, 의무, 가능, 운명, 의도 등의 의미를 표시한다.[3)]

☞ to-부정사절의 부사 문법 기능

(1) My grandfather is *too old to do* the work. ⇒
My grandfather is *so old that* he *cannot* do the work.

---

2) 관계 대명사절이 to-부정사절을 포함하고 있을 때, 그 문법성 판정은 다음과 같다.
(i) a. The homeless person has no house *in which he can live.*
b. The homeless person has no house *which he can live in.*
(ii) a. The homeless person has no house *in which to live.*
b. *The homeless person has no house *which to live in.*
(iii) a. The homeless person has no house *to live in.*
b. *The homeless person has no house *in to live.*
위 예문에서 (iib)의 비문법성은 비정형절에서 전치사 잔류(preposition stranding)가 불가능하다는 문법 규칙을 지키지 못했기 때문이고, (iiib)의 비문법성은 전치사로부터 격을 할당받아야할 관계사가 삭제되고 없기 때문이다.

3) 다음 예문처럼 수동 부정사절(passive infinitival clause)을 목적어로 선택하는 동사로는 deserve, need, want 등이 대표적인데, 수동 부정사절은 영국 영어에서 주로 사용한다.
(i) Your shoes need *to be cleaned.* ⇒
Your shoes need *cleaning.*
(ii) The carpet really wants *to be cleaned.* ⇒
The carpet really wants *cleaning.*

(2) My grandfather is *not too old to do* the work. ⇒

My grandfather is *not so old that* he *cannot do* the work.

(3) The little boy is *too wise not to know* how to do the work. ⇒

The little boy is *so wise that* he *can know* how to do the work. ⇒

The little boy is *so wise that* he *cannot but know* how to do the work.

(4) The little girl is *too ready/apt/liable/likely/prone to talk.* ⇒

The little girl is *talkative.*

(5) My cousin is *old enough to vote* in the coming general election. ⇒

My cousin is *so old that* he *can vote* in the coming general election.

형용사, 동사, 다른 부사를 수식하거나, 목적, 원인, 이유, 조건, 결과, 정도 등을 나타내는 문법 기능을 수행하는 부사 문법 기능(adverbial grammatical function), 또는 부사 용법의 to-부정사절은 필수 부사어, 또는 선택 부사어로 분류되는 부가어이다.

☞ to-부정사절의 논리 주어 선택과 형태

(1) a. *The singer* tried *to control* her voice.

b. Johnson expects *Joan to meet* his friends after school.

(2) a. The best plan would be for *them to go* together.

b. It is useless *for us to try* to persuade the doctor to examine the patient.

(3) a. It is very *kind of you to help* the poor.

b. It is *foolish of you to do* such a behavior in front of him.

(4) a. Johnson believes *his sister to succeed* in losing weight.

b. The employer thinks *his clerk to be* honest and diligent.

위 예문 (1)에서 알 수 있듯이 to-부정사절의 주어는 비명시적으로 표시하지 않을 수도 있고, 명시적으로 표시할 수도 있다. (2)-(3)에서 알 수 있듯이 to-부정사가 논리 주어(logical subject)를 명시적으로 선택할 때는 대격(accusative Case)이나 'for+대격(=목적격) 명사구'나 'of+대격(=목적격) 명사구' 형태의 주어를 갖게 된다. (4)에서 알 수 있듯이 to-부정사절의 주어가 모문의 어휘 동사로부터 대격을 받는 경우에 표면의 통사 구조에서는 모문 동사의 목적어의 문법 기능을 수행하지만, 기저의 의미 구조에서는 to-부정사절의 논리 주어의 문법 기능을 수행한다.[4)]

4) to-부정사(to-infinitive)가 논리 주어를 선택할 때 보통 'for+대격(=목적격) 명사구'의 형태가 일반적이지만, 다음 예문 (i)처럼 for를 의무적으로 사용해야 하는 경우도 있고, (ii)처럼 의무적으로 사용하지 않아야 하는 경우도 있고, (iii)처럼 선택적으로 사용해야 하는 경우도 있다. 이와 같은 선택의 차이는 모문 동사가 내포문 안에 있는 to-부정사의 논리 주어를 목적어 자리로 이동시키느냐

☞ 지각 동사나 사역 동사가 선택하는 원형 부정사절과 수동태

(1) a. I *saw him put* his money into the right pocket of his trousers.
   b. My elder brother bought a bicycle yesterday, so he'll *let me ride* it.
   c. If you want to inspect something about Jenny, I'll *have her show* you her room.

(2) a. My brother *was seen to enter* the room (by me).
   b. Jenny didn't want to *be heard to criticize* a friend of hers.
   c. They *were made to work* very hard and finally passed the test.

원형 동사(root verb)를 선도하는 문법 기능어인 to가 없는 원형 부정사절(bare infinitive clause)은 위 예문 (1)처럼 지각 동사(perception verb)와 사역 동사(causative verb)의 보충어로 사용된다. 모문의 동사와 내포문의 동사는 통사-의미 관계가 직접적이고, 동시적이고, 심리적으로 가까울수록 그만큼 어순 배열에서 서로 인접하게 된다. 모문의 동사가 지각 동사나 사역 동사일 때 내포문의 동사와 가장 직접적이고, 동시적이고, 심리적으로 근접해 있기 때문에 내포문의 동사는 원형으로 실현된다. 이때 원형 동사 앞에 오는 명사구는 원형 동사의 동작 주체로서 원형 동사의 논리 주어가 된다. (2)처럼 지각 동사나 사역 동사가 수동문에 사용되면, 이 지각 동사나 사역 동사가 수동 동사로 변형된다. 수동 동사로 변형된 지각 동사나 사역 동사의 보충어인 부정사절에는 to-부정사가 사용된다.

☞ 부정사로 연결되는 연쇄 동사(catenative verb)의 보충어 구조

1) 주어 통제 동사(subject control verb)는 모문의 주어만을 명시적으로 선택하고, 모문의 주어가 내포문의 비명시 주어의 선행사가 되도록 통제하는 동사이다.[5)]

(1) [*The singer tried* [*PRO* to control his voice]]. ⇒
   The singer tried to control his voice.

(2) [*Johnson decided* [*PRO* to go to Prague for his holidays]]. ⇒
   Johnson decided to go to Prague for his holidays.

이동시키지 않느냐의 차이에 따라 결정된다.
(i) They arranged *for the performance* to begin at six.
(ii) They expected *(*for) the performance* to begin at six.
(iii) They intended *(for) the performance* to begin at six.

5) 주어 통제 동사로는 (a) affect, aspire, choose, condescend, consent, dare, decide, decline, design, demand, disdain, determine, endeavor, fail, forget, hasten, hate, hesitate, know, learn, live, look, manage, move, offer, presume, try, pretend, vow, proceed, refuse, regret, remember, resolve, seek, serve, stand, strain, strive, struggle, survive, swear, think, threaten, undertake, (b) attempt, bother, neglect, propose, scorn, (c) begin, start, cease, commence, continue 등을 들 수 있다. 이 유형에 속하는 동사는 try 유형의 동사들로서 'try+to-부정사'의 동사 연쇄체로 실현된다. (a)는 전형적인 주어 통제 동사들이다. (b)는 to-부정사절뿐만 아니라 동명사절을 선택할 수 있다는 점에서 (a)와 다르다. (c)는 to-부정사절과 동명사절을 다 같이 선택할 수 있을 뿐만 아니라, to-부정사절이나 동명사절의 주어를 인상시킬 수 있다는 점에서 (a)와 구별된다. 이 유형에 속하는 동사들의 내재 의미 속성은 사물의 지각 내용이나 인지 내용에 대한 평가나 판단과 관련된 서술을 나타낸다는 점에서 공통적이다.

(3) *Edward *tried* (for) Alfred to leave early.

(4) *Edward *tried* that Alfred would leave early.

2) 주어-주어 인상 서술어(subject-to-subject raising predicate)는 모문에서 자신의 주어를 선택하지 못하고, 내포문의 명시 주어를 자신의 주어로 인상하는 동사이다.[6)]

(1) [___ seems [*Edison* to be angry]]. ⇒

Edison seems to be angry.

(2) [___ appears [*there* to be few students in the classroom]]. ⇒

There appears to be few students in the classroom.

(3) [___ is certain [*my brother* to pass the entrance exam this time]]. ⇒

My brother is certain to pass the entrance exam this time.

(4) [___ is likely [*Tom's younger sister* to be diligent as well as kind]]. ⇒

Tom's younger sister is likely to be intelligent as well as kind.

3) 주어 통제 동사인 동시에 주어-목적어 인상 동사(subject-to-object raising verb)로 사용되는 동사는 모문의 주어가 내포문의 비명시 주어를 통제하거나 모문과 내포문의 주어를 각각 명시적으로 선택하고, 내포문의 주어를 모문의 목적어로 인상할 수 있는 동사이다.[7)]

(1) [*I expect* [*PRO/you* to finish the work soon]]. ⇒

[*I expect PRO/you* [to finish the work soon]]. ⇒

I expect (*Ø/you*) to finish the work soon.

(2) [*Karen asked* [*PRO/me* to see the doctor by tomorrow]]. ⇒

[*Karen asked PRO/me* [to see the doctor by tomorrow]]. ⇒

Karen asked (*Ø/me*) to see the doctor by tomorrow.

---

6) 주어-주어 인상 서술어와 주어-주어 인상 동사로는 appear, be likely, be certain, chance, come, fail, happen, have got, look, ought, promise, prove, seem, tend, turn out, use 등을 들 수 있다. 이 유형에 속하는 동사는 seem 유형의 동사들로서 'seem+to-부정사'의 동사 연쇄체로 실현된다. 주어-주어 인상을 허가하는 동사나 술어들의 의미 특성은 비사실 술어(non-factive predicator)라는 점이다.

7) 주어 통제 동사인 동시에 주어-목적어 인상 동사로 사용되는 동사로는 (a) claim, desire, expect, mean, profess, reckon, wish, (b) can bear, can stand, deserve, hate, intend, like, loathe, love, need, plan, prefer, require, want, (c) ask, bag, help, pay, petition, pledge, pray, request, train, (d) ache, agree, apply, arrange, burn, burst, can afford, care, clamour, say, hope, itch, long, opt, pine, wait, yearn 등을 들 수 있다. 이 유형에 속하는 동사는 expect 유형의 동사들로서 'expect+(논리 주어)+to-부정사'의 동사 연쇄체로 실현된다. (a)는 모문의 주어와 비정형 내포문의 주어가 동일하거나, 모문의 주어와 내포문의 주어가 다른 경우에 주어-목적어 인상을 허가하는 전형적인 동사들이다. (b)는 to-부정사의 목적어나 동명사의 목적어를 다 같이 선택할 수 있다는 특성을 갖는다. (c)는 모문의 주어와 비정형 내포문의 주어가 동일하거나, 두 개의 보충어로 명사구 목적어와 to-부정사절을 선택하는 동사 유형에 속한다. (d)는 모문의 주어와 내포문의 주어가 동일하거나, to-부정사의 논리 주어를 선택할 때 'for+목적어 구조'를 선택한다는 점에서 특징적이다.

(3) *Alfred preferred* (*Ø*/*Eleanor*) to leave early in the morning.

(4) Mark was coming to *help Ann to carry* her cases up the stairs.

4) 주어-목적어 인상 동사는 모문과 내포문의 주어를 각각 명시적으로 선택하고, 내포문의 주어를 모문의 목적어로 인상할 수 있는 동사이다.[8)]

(1) [*Alfred believes* [*there* to be a dragon in the sky]]. ⇒

[*Alfred believes there* [to be a dragon in the sky]]. ⇒

Alfred believes there to be a dragon in the sky. ⇒

There is believed to be a dragon in the sky (by Alfred).

(2) [*William claims* [*his sister* not to be a feminist]]. ⇒

[*William claims his sister* [not to be a feminist]]. ⇒

William claims his sister not to be a feminist.

(4) *Richard thinks Jenny* to be the cleverest girl in the class. ⇒

Jenny is thought to be the cleverest girl in the class (by Richard).

5) 목적어 통제 동사(object control verb)는 모문의 주어와 목적어 및 내포문의 주어를 명시적으로 선택하고, 모문의 목적어가 내포문의 주어를 통제하는 동사이다.[9)]

(1) [*Jack persuaded the doctor* [~~*the doctor*~~ to examine Jill]]. ⇒

[*Jack persuaded the doctor* [*PRO* to examine Jill]]. ⇒

Jack persuaded the doctor to examine Jill.

---

8) 주어-목적어 인상 동사로는 (a) accept, affirm, allege, announce, argue, ascertain, assert, assume, attest, believe, certify, claim, concede, conceive, conclude, conjecture, deem, consider, declare, deduce, desire, demonstrate, discern, disclose, discover, establish, estimate, find, gather, grant, guarantee, guess, hold, imagine, judge, know, mean, note, perceive, resume, presuppose, proclaim, pronounce, prove, recognize, represent, reveal, show, state, stipulate, suppose, surmise, suspect, take, think, understand, verify, (b) allow, cause, enable, order, permit, (c) have, let, make, (d) feel, hear, look at, behold, listen to, notice, observe, overhear, perceive, see, watch 등을 들 수 있다. 이 유형에 속하는 동사는 believe 유형의 동사들로서 'believe+논리 주어+to-부정사'의 동사 연쇄체로 실현된다. (a)는 인식이나 언설의 의미 특성을 지니고 있는 동사들로 서법 조동사가 없는 정형의 내포문으로 실현된다. (b)와 (c)는 허가, 명령, 사역의 의미를 가지고 있다는 점에서 공통적이다. (d)는 지각 동사로서 모문의 지각 동사와 비정형 내포문의 원형 동사가 동시 동작이나 진행상을 표시한다는 점에서 특징적이다.

9) 목적어 통제 동사로는 accustom, aid, appoint, assist, authorize, beckon, beseech, bribe, bring, caution, challenge, choose, coax, command, compel, condemn, constrain, dare, defy, direct, derive, elect, entitle, empower, entreat, equip, fit, lead, forbid, force, implore, incite, induce, inspire, instruct, invite, leave, move, nominate, oblige, stir, persuade, prepare, provoke, push, remind, select, second, sentence, stimulate, summon, teach, tell, thank, trust, urge, warn 등을 들 수 있다. 이 유형에 속하는 동사는 persuade 유형의 동사들로서 'persuade+명사구 목적어+to-부정사'의 동사 연쇄체로 실현된다. 여기에 속하는 동사들의 공통적인 특성은 사역화의 내재 의미를 가지고 있다는 점이다.

(2) *Jack persuaded the doctor* to examine Jill. ≠

Jack persuaded *Jill to be examined* by the doctor.

(3) *Jack *persuaded that* the doctor should examine Jill.

(4) Jack *persuaded (*for)* the doctor to examine Jill.

6) 목적어-주어 인상 서술어(object-to-subject raising predicate)는 모문의 동사가 자신의 주어를 명시적으로 선택하지 못하고, 내포문의 목적어를 모문의 주어로 인상할 수 있는 동사이다.[10)]

(1) [___ is easy [to please *Johnson*]]. ⇒

Johnson is easy to please.

(2) [___ is impossible [to justify *his behavior* without doubt]]. ⇒

His behavior is impossible to justify without doubt.

(3) [___ was difficult [(for John) to criticize *Peter* in public]]. ⇒

Peter was difficult (for John) to criticize in public.

---

10) 목적어-주어 인상 서술어로는 (a) amusing, awkward, bad, boring, convenient, cumbersome, dangerous, depressing, desirable, difficult, dreadful, easy, embarrassing, essential, exciting, expensive, fashionable, fine, good, hard, ideal, impossible, instructive, interesting, nice, odd, painful, pleasant, safe simple, tedious, ticklish, tough, tricky, useful, wonderful, (b) bastard, bitch, breeze, cinch, delight, devil, doddle, dream, joy, pig, embarrassment, nightmare, pain, pleasure, snap, (c) available, beautiful, fit, free, frosty, homely, pretty, ready, soft, suitable 등을 들 수 있다. 이 유형에 속하는 동사는 be easy 유형의 술어들로서 'be easy+to-부정사'의 동사 연쇄체로 실현된다. (a)와 (b)의 형용사와 명사들은 주로 to-부정사절이 서술하는 내용의 쉽고 어려움을 나타내거나, to-부정사절에 대한 개인의 감정적 태도를 표시한다. (c)는 목적어-주어 인상이 의무적으로 적용되어 문법화된 구조를 가지고 있다는 점에서 목적어-주어 인상이 수의적으로 적용되는 (a)와 구별된다. 목적어-주어 인상이 이루어지는 문장에서 비정형 내포문에 사용되는 동사들의 내재 의미 속성은 심리 동사에 속한다는 점에서 공통적이다.

※※ Practical Expression 1

Please don't forget to＋V~ / Make sure to＋V~ : (잊어버리지 말고) 꼭 V~하세요!

(1) A: "*Please don't forget to return* the book tomorrow."
B: "Thanks for reminding me, Jenny."

(2) A: "Dear son, *please don't forget to lock* the doors when you go out."
B: "Don't worry Mom, I won't forget it."

(3) A: "*Make sure to have* your batteries and flashlights handy!"
B: "Right, just in case there's a power outage."

(4) A: "*Make sure to call* her when you arrive at the airport."
B: "Don't worry. I will. She'll be waiting for my call all day long."

※※ Practical Expression 2

subject＋(don't) deserve to＋V~ : (사람) 주어가 V~할 만하다/V~할 만하지 않다.

(1) A: "Do you think that *teachers deserve to be* paid more money?"
B: "Yeah, I think they deserve to be paid much more than now."

(2) A: "I can't understand why I'm not awarded a prize."
B: "I believe *you don't deserve to get* a prize because you cut school so many times."

(3) A: "It was only with great effort that I could do the job successfully."
B: "I know how hard you tried. I believe that *you deserve to be* praised and respected."

(4) A: "The first two years of our production were marked by losses due to poor ticket sales."
B: "It is a pity if that's true. Then, do you think *the director deserves to be* blamed of the result?"

※※ Practical Expression 3

I didn't mean to+V~ : V~하려던 게 아니었는데.

(1) A: "Can you stop humming?"

B: "I'm sorry. *I didn't mean to bother* you."

(2) A: "Don't you think you are being rude?"

B: "I'm so sorry. *I didn't mean to hurt* your feelings."

(3) A: "*I didn't mean to say* it like that. What I said was only a joke."

B: "Oh. I couldn't understand. What did you mean?"

(4) A: "I believe that the way you speak to me seems very harsh."

B: "I'm really sorry. *I didn't mean to upset* you. I'll be more careful from now on."

※※ Practical Expression 4

I can't wait to+V~ / I'm anxious to+V~ : 몹시 V~하고 싶어.

(1) A: "What's the matter with you? You look so worn out."

B: "Indeed I am very tired. I've just returned from a camp. *I can't wait to hit* the sack."

(2) A: "Just look at all that snow. I bet the ski resorts are packed. I *can't wait to go* skiing!"

B: "But you don't know the first thing about skiing."

(3) A: "Both teams are tied now. *I'm anxious to know* which team will win."

B: "I hope the team with the cutest players wins!"

(4) A: "*I'm anxious to meet* Jack from England. He is a man of many talents."

B: "I can hardly wait to see him, either."

✱✱ Practical Expression 5

I have+time/something+to+V~ : V~할 시간/일이 있거든.

(1) A: "Erick, you forgot me! You haven't contacted me for some time."
B: "Oh, July, I'm so sorry. But *I don't have time to breathe* these days."

(2) A: "Good morning, sir. Would you like breakfast?"
B: "Yes, thank you, but I'm in a hurry. Do you have any quick breakfast? In fact, *I don't have much time to wait*."

(3) A: "*I have something to get off* my chest in relation to her late father."
B: "Really? I wonder what it is. You worked as secretary in his company."

(4) A: "I'm so excited about going to see 'Mission Impossible 4.' And thank you for booking the tickets in advance."
B: "Well, Jane, *I have something to tell* you. The thing is, I actually didn't book the tickets."

✱✱ Practical Expression 6

do nothing but+V~ : V~하기만 한다.

(1) A: "What did you do last weekend?"
B: "I *did nothing but read* a novel during the whole day."

(2) A: "What did your sister do after she heard the sad news?"
B: "She *did nothing but cry* all day long in her room."

(3) A: "Andy's husband suddenly died of cancer last week."
B: "She was so overcome with grief that she could *do nothing but weep*."

(4) A: "On weekends my brother *does nothing but watch* TV." ⇒
On weekends my brother does nothing except watching TV. ⇒
On weekends my brother only watches TV.
B: "That's terrible. He should take care of his health."

※※ Practical Expression 7

subject + have nothing/something/much/a lot to do with~ / subject + have no/some connection with~ : 주어는~와 아무런 관련이 없어. / 주어는~와 어느 정도/많이 관련이 있어.

(1) A: "What happened to my dress? It's ripped!"

B: "Don't ask me, *I have noting to do with* that."

(2) A: "Daddy, my teacher said smoking is bad. Why?"

B: "Because *smoking has much to do with lung cancer*."

(3) A: "I heard Jack got a job yesterday. Did you hear about it?"

B: "Yes, I did. *His job has something to do with marketing*."

(4) A: "I saw you with a girl in the theater yesterday. Is she your girlfriend?"

B: "No, *I have nothing to do with her*. I don't know her at all except that she sat beside me."

※※ Practical Expression 8

It is + adjective + for + someone to + V~ : 어떤 사람이 V~하는 것은 형용사하다.

(1) A: "Why do you think most women like shopping?"

B: "Because *it's interesting for them to buy* clothes, shoes, cosmetics and jewelries."

(2) A: "*It was hard for me to do* the job. So I couldn't do it well."

B: "*It's difficult for me to understand* why you always have to give an excuse for your mistakes."

(3) A: "In this sort of unsettling atmosphere, *it is almost impossible for us to feel* comfortable and optimistic about the future."

B: "But, we have to try to feel happy despite difficult circumstances."

(4) A: "The reason of not eating meat is to cultivate our compassionate mind for all sentient beings."

B: "Yeah, I know well. If you eat cooked garlic, you are easy to get angry, and if you eat uncooked garlic, it is not easy for you to control your sexual desire."

※※ Practical Expression 9

Let me tell you + (something) + about~ : ~에 관해서 말씀 드리겠습니다. Don't let + something/someone + V~ : 어떤 사물/사람이 V~하지 못하게 해야 돼.

(1) A: "I didn't know what the group projects were."
B: "*Let me tell you something about* them precisely."

(2) A: "*Let me tell you something about* your being late. If you ever come to work late again, that will be your last day here."
B: "Yes, I understand what you are saying. But I'm not in good condition today. Then what shall I do?"

(3) A: "A couple of friends made fun of me at school today."
B: "*Don't let them bully* you any more. Fight back!"

(4) A: "I had a massive argument with Lisa last night. It was awful."
B: "*Don't let it get* you down. Give her a call and talk about it again."

※※ Practical Expression 10

Let's say (that)~ : ~이라고 가정해봐. / Let me + V~ / I will + V~ : (내가) V~할게.

(1) A: "*Let's say* she didn't disobey the warning."
B: "She really did. She always disdains everybody."

(2) A: "*Let's say* that we get there and the boat is gone."
B: "Let's not. It'll be there to do something important."

(3) A: "Why don't you give me a call? I want to talk with you about some important matter."
B: "Okay, *let me know* your phone number."

(4) A: "How can I get to your brother's house?"
B: "*Let me introduce* a short way to go to my brother's house. He lives at Namcheon-dong. First, you go to bus stop and take the bus number 1004 and get off the bus in front of the KBS Studio."

✻✻ Practical Expression 11

Please allow me to + V~ : V~하게 해주세요. (허락을 요청함)

(1) A: "Happy birthday, dear boy! I bought a cake for you."
B: "Thank you so much, Mom. *Please allow me to cut* it so that we can start eating."

(2) A: "Mom, *please allow me to use* a computer for 30 minutes."
B: "OK. But the first thing for you to do is to finish your homework."

(3) A: "What's wrong with you? Why did you do such a terrible thing?"
B: "I am so sorry. I've made a big mistake. *Please allow me to present* my apologies."

(4) A: "*Please allow me to treat* you to a nice dinner. I believe you deserve a nice relaxing night out after all of your hard working."
B: "That sounds wonderful. I really appreciate your warm nature."

✻✻ Practical Expression 12

I cannot but + V~ : V~하지 않을 수 없어.

(1) A: "Why did you get so angry at him?"
B: "*I cannot but protest* against his injustice."

(2) A: "As you know, professor Peter is very warmhearted."
B: "Yes, so *I cannot but respect* him from the bottom of my heart."

(3) A: "Jenny had always been honest with me. So, *I cannot but believe* her."
B: "Don't count on it. Even God sometimes tells lies."

(4) A: "What do you think about the new legislation on abortion."
B: "I cannot but protest against it."⇒
I cannot *help/choose* but protest against it. ⇒
I cannot do anything but protest against it. ⇒
I cannot *help/avoid/resist* protesting against it. ⇒
I am *compelled/forced/obliged* to protest against it. ⇒
I cannot *keep/abstain/refrain* from protesting against it. ⇒
I cannot prevent law makers from protesting against it. ⇒
I have *no choice/no alternative/no other way* but to protest against it.

5. 동명사와 동명사절

동명사(gerund)는 동사의 문법 기능과 명사의 문법 기능을 동시에 수행한다. 예를 들면, I enjoy [reading a new novel]이라는 문장에서 동명사인 reading은 명사어로서 모문의 어휘 동사인 enjoy의 목적어인 동시에 내포문의 보충어인 a new novel을 자신의 목적어로 선택하고 있다. 또한, 주어 I는 전체 문장의 주어인 동시에 동명사의 논리 주어이므로, 'reading a new novel'은 단순한 동명사라기보다는 '비명시 주어+동명사+(보충어)' 형태의 동명사절(gerundive clause)이다.

☞ 주어, 목적어, 보어의 문법 기능을 수행하는 동명사절

(1) a. *Drinking* too much coffee is bad for your health.
  b. *Jane's keeping* accurate records has never been questioned by anyone.
(2) a. He usually *enjoys playing* basketball.
  b. This book is *worth reading* carefully.
  c. The young man pleaded not guilty to the charge *of driving* while intoxicated.
(3) a. My bad habit is *biting* nails.
  b. We call such an act *cheating.*

위 예문 (1)처럼 동명사절이 주어의 문법 기능을 수행하거나, (2)처럼 타동사나 전치사나 일부 형용사의 목적어의 문법 기능을 수행하거나,[1], [2] (3)처럼 보어의 문법 기능을 수행한다는 사실은 동명사가 명사 문법 기능(nominal grammatical function), 또는 명사 용법으로 사용된다는 뜻이다. 특히, 동명사절이 목적어의 문법 기능을 수행할 때는 동명사가 주로 과거 경험의 의미 내용을 나타내는 모문 동사와 결합해야 한다는 통사 제약을 받는다. 한편, 동명사절이 주어 보어나 목적어 보어의 문법 기능을 수행할 때는 동명사가 주로 주어나 목적어의 속성이나 성질을 기술하거나 설명해 준다는 의미 특성을 갖는다.

---

1) 원인, 이유, 목적, 의도 등의 뜻을 나타내는 '전치사+동명사'가 부사적 한정어로 사용되면 전치사가 흔히 생략된다. 다음 예문에서 알 수 있듯이 '동사+목적어+전치사+동명사'의 문장 구조에서 동사가 have, spend, employ, lose, take, waste 등이거나, 'be+(과거 분사) 형용사+목적어+전치사+동명사'의 문장 구조에서 (과거 분사) 형용사가 busy, happy, late, nice, long, weary, better off, ill at ease, employed, engaged, occupied 등일 때 전치사가 삭제된다.

(i) Mary *is* very *busy (in) ironing* her suit.
(ii) Tom *had difficulty (in) translating* English into Korean.
(iii) Despite her illness, Jenny *remains* actively *engaged (in) shaping* policy.
(iv) Why don't you *take your time (in) seeing* the city. There are many places worth visiting.

2) worth(while), like, near, opposite, past, busy, late, long, fortunate, useless, pointless 등의 형용사는 명사구나 동명사절을 목적어로 선택한다. 이들 중에서 일부의 단어는 전치사로 품사 전성된 것으로 보기도 한다.

☞ 시상 표시, 태표시, 자신의 보충어를 선택하는 동사의 문법 기능을 수행하는 동명사절

(1) I am ashamed of *having been* idle in my youth. ⇒
I am ashamed that I *was/have been* idle in my youth.

(2) a. Tom objected to *giving* him preferential treatment. ⇒
Tom objected to *his being given* preferential treatment.

b. With daily watering, the seeds should sprout within one week of *being planted.*

(3) a. *Drinking too much coffee* isn't good for my health, so I have stopped drinking it.

b. I dislike *remaining unconscious* of having made a serious mistake in my duty.

위 예문 (1)처럼 동명사절의 시제 표시나 시상 표시는 모문의 술어 동사와 동일한 시제, 또는 시간상으로 연속되는 시점을 나타내는 단순형과 모문의 술어 동사보다 앞선 시제인 완료상을 다 사용할 수 있다. (2)처럼 동명사절에서 동명사의 목적어가 강조되거나 화제화 되어 문장의 주어로 바뀌면, 능동형의 동명사는 수동형의 동명사로 변형된다. 또한, 동명사가 (3a)처럼 타동사의 통사-의미 구조를 가지고 있으면 목적어를 선택해야 하고, (3b)처럼 불완전 자동사의 통사-의미 구조를 가지고 있으면 보어를 선택해야 한다.

☞ 동명사의 명사화와 수동화

(1) a. *Painting a child* is difficult.

b. I like *Brown's painting his child* very much.

c. *The old Brown's painting of his child* is loved by his wife.

(2) a. My hair *needs cutting*(=needs to be cut).

b. The clothes really *want cleaning*(=want to be cleaned).

c. Most plants *require* regular *watering*(=to be regularly watered).

동명사의 명사화 정도는 위 예문 (1a)와 같은 동사성 동명사(verbal gerund), (1b)와 같은 명사성 동명사(nominal gerund), (1c)와 같은 파생 명사(derived noun)의 순으로 명사의 성격이 더 강해진다. (2)에서 알 수 있듯이 타동사인 bear, deserve, need, require, stand, want나 형용사인 past, worth, worthy 등과 같은 유형의 단어들이 동명사 목적어를 선택하는 경우가 있다. 이러한 동명사는 형태-통사적으로는 능동의 동명사절이 되지만, 논리-의미적으로는 수동의 동명사절이 되는데, 이러한 문법 기능의 변화를 동명사의 수동화(passivization)라고 한다. 이 유형의 동사들이 동작 주체가 되지 못하는 무생물을 주어로 선택하면 동명사형 보충어와 결합하지만, 동작 주체가 되는 사람을 주어로 선택하면 to-부정사형 보충어와 결합하는 경향성을 나타낸다.

☞ 동명사절의 논리 주어 선택과 논리 주어의 격선택 기준

(1) a. The police arrested him for *stealing* the money.

b. Michael likes *running* the marathon on the paved road.

c. The critical injury in his right hand made *writing* impossible.

(2) a. I enjoyed *his reading/*him reading* of the poem.

b. I caught *him reading/*his reading* my mail early in the morning.

(3) *My playing* cricket regularly helps me promote my health.

(4) a. I don't like *his smoking/him smoking* cigarettes in the office.

b. There is little chance of *John's returning/John returning* home soon.

(5) a. I didn't know about *the weather being* so awful in this area.

b. We heard *the refrigerator falling/*the refrigerator's falling* down the stairs.

동명사절에서 위 예문 (1)처럼 주어가 모문 주어와 동일하거나 문장 속에 암시되어 있을 때는 동명사의 주어를 표시하지 않아도 된다. (2)처럼 명시 주어(explicit subject)가 동명사 자신의 논리 주어(logical subject)로서 대명사일 때는 보통 속격(genitive Case)을 사용하지만, 모문의 목적어 대명사와 동일할 때는 대격(accusative Case)의 목적어를 동명사의 주어로 선택한다. 한편, 동명사절의 논리 주어는 (3)처럼 주로 속격을 사용한다. 그러나 (4)처럼 동명사절이 타동사나 전치사의 목적어로 사용될 때, 사람이나 사람을 나타내는 인칭 대명사가 그 동명사절의 논리 주어이면 속격이나 통격(common Case/plain Case)을 쓸 수 있다. 그러나 (5)처럼 동작 주체가 아닌 무생물이나 비인칭 명사구일 경우, 주어가 길거나 복합 명사구일 경우, 또는 부정대명사(indefinite pronoun)일 경우에는 주로 통격을 사용한다.

☞ V+(object)+to+V+ing~로 실현되는 동명사절의 관용 표현(idiomatic expression)

(1) I am *looking forward to seeing* you again. ⇒

I sincerely expect to see you again.

(2) You will soon *be accustomed to working* with him. ⇒

You will *be used to/get used to* working with him.

(3) My mother *objected to*/was opposed to *my brother's marrying* Liz. ⇒

My mother had an objection to my brother's marrying Liz.

(4) You should *attend to taking/heed to taking* care of your baby. ⇒

You should *pay attention/be attentive* to taking care of your baby.

(5) He *bought the house with a view to retiring* there after a few years. ⇒

He bought the house for the purpose of retiring there after a few years.

(6) The meeting will *be devoted to promoting* our health and safety issues. ⇒

We devote ourselves to promoting our health and safety issues at the meeting.

위 예문에서 알 수 있듯이 'V+(object)+to+V+ing~'의 통사 구조에서 to는 미래 시제 표지 to라기보다는 전치사 to의 문법 기능을 수행한다.[1)]

☞ 전치사의 목적어로 동명사절을 선택하는 관용 표현(idiomatic expression)

(1) He was *on the point of/on the edge of/on the brink of* leaving the room. ⇒

He was about to leave the room.

(2) It *goes without saying* that she will help me with the work. ⇒

It is needless to say that she will help me with the work.

(3) I *never* see you *without thinking of* your father. ⇒

I never see you but I think of your father. ⇒

When/Whenever I see you, I always think of your father.

(4) The boy *came near being/went near being* drowned in the pond. ⇒

The boy *narrowly/barely* escaped being drowned in the pond.

(5) How *about going out for* a meal in the evening? ⇒

What do you think about going out for a meal in the evening? ⇒

What do you say to going out for a meal in the evening?

(6) My father *makes a point of getting up* at six in the morning. ⇒

My father is in the habit of getting up at six in the morning. ⇒

My father makes it a rule to get up at six in the morning.

(7) This picture is *of my own painting*. ⇒

This is a picture which I painted myself. ⇒

---

1) 이 밖에도 'V+(object)+to+V+ ing~'로 실현되는 동명사절의 관용적인 표현으로 'contribute to+V+ing', 'be equal to+V+ing', 'take to+V+ing(=be addicted to+V+ing)', 'fall to+V+ing(=start doing something)', 'confess to+V+ing' 등을 들 수 있다.'

(i) I *am not equal to doing* the task that requires skill.

(ii) He *contributed to achieving* our aim in studying English.

(iii) Jack *fell to thinking about* how nice a warm bath would be.

(iv) The manager *confessed to having* told a lie about the report.

(v) The man *took to gambling/was addicted to gambling* since last year.

This is a picture (which was) painted by myself.

(8) *Instead of waiting for* him, I got on the bus lest I should be late. ⇒

I did not wait for him, but I got on the bus lest I should be late.

(9) *In spite of being* divorced, the woman still loves her husband. ⇒

Despite being divorced, the woman still loves her husband.

(10) I believe that Tom is *above telling* a lie. ⇒

I believe that Tom is the last man to tell a lie.

(11) I am *far from being* satisfied with the result. ⇒

I am *not/never* satisfied with the result.

(12) *Besides being* a famous statesman, he was a painter. ⇒

He was not only a famous statesman but also a painter.

(13) *On seeing* the police officers, the sneak thief ran away. ⇒

As soon as the sneak thief saw the police officers, he ran away.

(14) Edward *took the liberty of reading* my files while I was away. ⇒

Edward read my files without asking my permission while I was away.

☞ 동명사로 연결되는 연쇄 동사(catenative verb)의 보충어 구조

1) 주어 통제 동사(subject control verb)는 모문의 주어만을 명시적으로 선택하고, 모문의 주어가 내포문의 비명시 주어의 선행사가 되도록 통제하는 동사이다.2)

(1) [*I* proposed [*PRO telling* her about the drug's side effect]]. ⇒

I proposed telling her about the drug's side effect.

(2) [*We* unconsciously avoided [*PRO being* seen by the policeman]]. ⇒

We unconsciously avoided being seen by the policeman.

(3) [*My uncle* seriously considers [*PRO resigning* himself from the official position]]. ⇒

My uncle seriously considers resigning himself from the official position.

---

2) 주어 통제 동사로는 (a) attempt, admit, acknowledge, bother, fear, confess, deny, neglect, propose, (b) begin, cease, commence, continue, start, (c) avoid, come, complete, consider, discontinue, escape, evade, finish, get, quit, postpone, practise, repent, resist, resume, try 등을 들 수 있다. 이 유형에 속하는 동사는 avoid 유형의 동사들로서 'avoid+V+ing'의 동사 연쇄체로 실현된다. (a)는 동명사절 뿐만 아니라, to-부정사절을 보충어로 선택할 수 있다는 점에서 동명사절 보충어만을 선택하는 (c)와 다르다. (b)는 의미론적으로 동명사의 주어를 인상시킨다는 점에서 (c)와 구별된다. 이 유형에 속하는 동사들은 사물의 지각 내용이나 인지 내용에 대한 평가나 판단과 관련된 서술을 나타낸다는 점에서 공통적이다.

2) 단순 연쇄 동사인 동시에 복합 연쇄 동사로 사용되는 동사는 모문의 주어만을 명시적으로 선택하여 모문의 주어가 내포문의 비명시 주어를 통제하거나, 모문과 내포문의 주어를 각각 명시적으로 선택하여 내포문의 주어를 모문의 목적어로 인상할 수 있는 동사이다.[3)]

(1) [*Mary* hates [*PRO*/his/him *wasting* time in playing golf]]. ⇒
Mary hates (Ø/his/him) wasting time in playing golf.

(2) [*I* remember [*PRO*/his/him *telling* you about the time schedule]]. ⇒
I remember (Ø/his/him) telling you about the time schedule.

(3) [It will mean [*PRO*/*you*/*your getting up* earlier in the morning]]. ⇒
It will mean (Ø/you/your) getting up earlier in the morning.

(4) [*Jennifer* imagined [*PRO walking* into the office and handing in her resignation. ⇒
Jennifer imagined walking into the office and handing in her resignation.

3) 목적어 통제 동사(object control verb)는 모문의 주어와 목적어 및 내포문의 주어를 명시적으로 선택하고, 모문의 목적어가 내포문의 주어를 통제하는 동사이다.[4)]

(1) [They prevented *us* [~~*we*~~ *speak* to the president of the committee]]. ⇒
[They prevented *us* [*PRO speaking* to the president of the committee]]. ⇒
They prevented *us speaking*/*our speaking* to the president of the committee.

(2) They prevented us from speaking to the president of the committee.

(3) [I caught *him* [~~*he*~~ *read* my private letters secretly in the lobby]]. ⇒
[I caught *him* [*PRO reading* my private letters secretly in the lobby]]. ⇒
I caught *him reading*/**his reading* my private letters secretly in the lobby.

---

3) 주어 통제 동사인 동시에 주어-목적어 인상 동사로 사용되는 동사로는 (a) can bear, can stand, begrudge, deserve, dread, endure, hate, intend, like, loathe, love, need, plan, prefer, require, want, advise, forget, encourage, recollect, recommend, remember, report, (b) abhor, anticipate, appreciate, can help, celebrate, chance, contemplate, defer, countenance, delay, describe, detest, discuss, dislike, enjoy, envisage, fancy, foresee, imagine, mention, mind, miss, put off, recall, regret, relish, resent, risk, tolerate, welcome, (c) advocate, deplore, deprecate, discourage, facilitate, fancy, include, involve, justify, mean, necessitate, oppose, save, suggest, support, understand 등을 들 수 있다. 이 유형에 속하는 동사는 imagine 유형의 동사로서 'imagine+(논리 주어)+V+ing'의 동사 연쇄체로 실현된다. (a)에서는 동명사절 목적어나 to-부정사절 목적어를 다 선택할 수 있는데 반하여, (b)는 동명사절만을 목적어로 선택한다는 점에서 다르다. 한편, (c)는 모문의 주어가 비인칭 주어인 it으로 실현된다는 점에서 (a)나 (b)와 차별화 된다.

4) 목적어 통제 동사로는 (a) excuse, forgive, pardon, preclude, prevent, prohibit, stop, (b) catch, discover, depict, envy, find, keep, leave, picture, portray, see, set, show, smell, start 등을 들 수 있다. 이 유형에 속하는 동사는 prevent 유형의 동사로서 'prevent+명사구 목적어+V+ing'의 동사 연쇄체로 실현된다. (a)와 (b)의 차이는 동명사의 논리 주어를 명시적으로 표시할 때, (a) 유형의 동명사절에서는 속격과 대격을 다 사용할 수 있지만, (b) 유형의 동명사절에서는 대격만을 사용할 수 있다는 점이다. 즉, 인칭 대명사가 동명사의 논리 주어가 되는 경우에 모문이 사람 목적어와 동명사의 논리 주어를 동시에 선택할 때는 대격을 사용하지만, 그렇지 않을 때는 속격을 우선적으로 사용한다.

(4) They stopped us playing before we had finished the first set.

4) 목적어-주어 인상 서술어(object-to-subject raising predicate)는 모문의 동사가 자신의 주어를 명시적으로 선택하지 못하고, 내포문의 목적어를 모문의 주어로 인상할 수 있는 동사이다.5)

(1) [___ is not very good *for* [*cutting* meat with *this knife*]]. ⇒
This knife is not very good for cutting meat with.

(2) [___ is certainly *worth* [*giving* some further thought to *your idea*]]. ⇒
Your idea is certainly worth giving some further thought to.

(3) [___ is so unpopular that it wouldn't be *worthwhile* [*our pursuing the plan*]]. ⇒
The plan is so unpopular that it wouldn't be worthwhile our pursuing.

5) 목적어-주어 인상 서술어로는 worth(while), like, near, opposite, past, busy, easy, late, long, fortunate, useless, pointless 등을 들 수 있다. 이 유형에 속하는 동사는 be worth 유형의 동사들서 'be worth+V+ing'의 동사 연쇄체로 실현된다. 이와 같은 문장 구조 속성을 가지고 있는 형용사들은 동명사절이나 명사구를 보충어로 선택하는데, 동명사절의 보충어인 목적어가 모문의 주어 자리로 이동하면 목적어-주어 인상이 이루어진다.

※※ Practical Expression 1

can't stop+V+ing~ : 계속해서 V+ing~할 수 밖에 없어.

(1) A: "I *can't stop thinking* about him."
B: "Wake up and listen! He doesn't like you any longer."

(2) A: "Haven't you finished your homework yet?"
B: "No, but I *can't stop playing* the computer game, Mom."

(3) A: "So, why *can't* I *stop crying?* I should be glad that Romeo is still alive."
B: "But he's banished! He will never come to Verona or you again."

(4) A: "She even doesn't know what to do in such an emergent situation."
B: "Please, don't say like that. No matter what she does, I just *can't stop loving* her."

※※ Practical Expression 2

There is no use+V+ing~ / It is no use+V+ing~ : V+ing~해도 소용없어.

(1) A: "Why don't you hurry up? Don't you know that we are late?"
B: "*There is no use rushing* now because we are already late."

(2) A: "I can't believe how many bad things have happened today. Today has been a disaster."
B: "Hey, *there is no use crying* over spilt milk."

(3) A: "Susie is going out with the hot guy in our department. Hearing that makes me regret not dating him first."
B: "The ship has sailed. *It is no use/no good/no sense* regretting the past."

(4) A: "He isn't studying for the final exams, but just worries about them all day."
B: "*It is no use trying* to persuade him to do it." ⇒
It is of no use to try to persuade him to do it. ⇒
It is useless to try to persuade him to do it.

※※ Practical Expression 3

How about + V + ing~? / Let's + V~ : ~하는 게 어때?/~합시다. (권유하거나 동의를 구함)

(1) A: "*How about trying* some sushi for dinner?"

B: "It sounds like a good idea. I like it very much."

(2) A: "*How about shipping* the rest of the materials today?"

B: "That's a good plan. In fact we should finish this work by 5:00 p.m."

(3) A: "*Let's call* it a day within an hour."

B: "OK! I'll hurry on with my portion of the work."

(4) A: "*Let's play* a round of golf this Sunday."

B: "Sounds very good! I need some exercise anyway to lose weight."

※※ Practical Expression 4

V + object + from + V + ing~ : 목적어로 하여금 V + ing~하지 못하도록 하다. (금지/제약)

(1) A: "We had a lot of snow in the past 3 days."

B: "But, the heavy snow *prevented/stopped/prohibited/kept* me *from going* out."

(2) A: "We had been sightseeing yesterday. So why don't we take a sunbath today?"

B: "Good idea! It *prevents diseases* caused by a lack of vitamins *from taking* regular food sources."

(3) A: "I can't hear our teacher's voice."

B: "Me neither. The noisy sound outside *hindered/held/restrained* us *from hearing* what he is speaking."

(4) A: "Three new studies about cigarette smoking show that it is much more harmful than previously thought for both physical and mental health."

B: "So, the government is planning to strictly *prohibit from selling* cigarettes to teenagers."

※※ Practical Expression 5

be responsible for+V+ing~ / be in charge of+V+ing~ :
V+ing~를 맡다/책임지다. / V+ing~에 대해 책임이 있다.

(1) A: "Who *is responsible for taking* care of the flight arrangements?"
B: "I will look into it. But I think Willy's in charge of it."

(2) A: "Who *is responsible for providing* the chart showing last year's sales?"
B: "That's your job. You are working at the sales department, aren't you?"

(3) A: "Who *is in charge of showing* buyers our plant and equipment?"
B: "Ms. Turner is responsible for that kind of work."

(4) A: "Who is *in charge of selecting* the committee membership?"
B: "A person who directs the work of a committee or an organization."

※※ Practical Expression 6

subject+have a hard time/difficulty/trouble (in) V+ing~ : 주어가 V+ing~하느라 힘들어.

(1) A: "What are you going to say?"
B: "I *have a hard time in saying* 'no', but I can't say 'yes' to everyone either!"

(2) A: "Did you *have trouble finding* us? Were our directions bad? We're waiting for you half an hour."
B: "No, it was my own fault."

(3) A: "How come you only call me when you're having a hard time?"
B: "Now I am *having a tough time dealing* with all the stress at the moment, so I wanna make an appeal to you."

(4) A: "Is everything right with you? How about traffic and weather here?"
B: "As you know, I arrived here just three days ago. So now, I'm *having difficulty coping* with the new surroundings."

※※ Practical Expression 7

keep (on)+V+ing~ : 계속해서 V+ing~하다.

(1) A: "What will you do after graduation?"
B: "I'll *keep on studying*. I'm especially interested in the field of bio-technology."

(2) A: "What are you going to do if your sister *keeps going* out with Ed?"
B: "I don't know. By the way, if they really love each other, why don't they get married?"

(3) A: "Gold prices *keep rising* as stocks collapse."
B: "This means that most stocks *keep sinking*, but as you know, big banks get a lift."

(4) A: "The number of residents of this village increases by 5 percent every year."
B: "Yes, if it *keeps on increasing* at this rate, before long it will be doubled as large as it is today."

※※ Practical Expression 8

I (don't) feel like+V+ing~ : V+ing~하고 싶어. / V+ing~하고 싶지 않아.

(1) A: "Why didn't you come to the party last night?"
B: "I didn't know why but *I didn't feel like joining* the party."

(2) A: "*I don't feel like asking* Maria out. She is too beautiful."
B: "I'm different from you. Whenever I see a pretty girl, I always feel like making friends with her."

(3) A: "Hurray! The mid-term exam is over. *I feel like going* dancing."
B: "That's good. But I flunked the test in the English essay. At any rate, *I don't feel like doing* anything now."

(4) A: "Anna, let's go see a movie together. People say it is interesting."
B: "*I don't feel like going* out during the daytime." ⇒
I don't feel inclined to go out during the daytime. ⇒
I don't have a mind to go out during the daytime.

※※ Practical Expression 9

There is no+V+ing~ : 아무도 V+ing~하지 않아.

(1) A: "Mom! I came in first in the exam!"

B: "*There is no knowing* who will rise in the world in the future."

(2) A: "I saw a man wearing a mini-skirt and put on a high heels yesterday."

B: "*There is no telling* what may happen. Such is the world."

(3) A: "*There is no knowing* what will become of our future."

B: "I agree with you. But Gandhi said that our future depends on what we do in the present."

(4) A: "Who is the young man standing over there?"

B: "*There is no knowing* who the young man is."⇒

It is impossible to know who the young man is. ⇒

No one can know who the young man is. ⇒

We cannot know who the young man is.

※※ Practical Expression 10

be worth+V+ing~/noun~ : V+ing~/명사를~할 만한 가치가 있는 거야.

(1) A: "Have you heard that practice makes perfect?"

B: "Yes. I think that it *is worth keeping* in mind."

(2) A: "I think of many books that are being published these days, few *are worth reading*."

B: "I agree with you. Some books are poor in contents and explanation."

(3) A: "Busan *is worth your visiting* frequently/*is worth* frequent visits."

B: "I will definitely be there."

(4) A: "The hotel has a commitment to provide the best possible service."

B: "That's why this hotel *is worth a return visit*."

※※ Practical Expression 11

I'm looking forward to＋V＋ing~ : V＋ing~하기를 기대할게/기다릴게.

(1) A: "*I am looking forward to having* a good news from you."
B: "I really hope to work with you."

(2) A: "Are you interested in this matter?"
B: "Of course. *I am looking forward to talking* about it with you."

(3) A: "It has been a long time since I saw you last. How have you been?"
B: "Not bad. *I am looking forward to seeing* you."

(4) A: "I'm so excited about our trip! It's only two weeks from now."
B: "Me, too. *I am looking forward to spending* the week of October 29th in Boston with you."

※※ Practical Expression 12

Do/Would you mind＋V＋ing~ : V＋ing~해도 괜찮을까요? Would you mind if＋subject＋V~ : 주어가 V~해도 괜찮을까요? (허가/동의를 구함)

(1) A: "*Would you mind opening* the window?"
B: "Would you mind if I didn't? I have a cold, you see."

(2) A: "*Do you mind explaining* that again, please?"
B: "Of course not./Not in the least. What I said is that the sun only seems to travel around the earth."

(3) A: "*Would you mind* if I interpret his speech into Korean?"
B: "No, sure, go ahead. On the contrary, I welcome it."

(4) A: "I'm going to run down to the nearest store to pick up a few items. Is there anything you need?"
B: "You're going shopping? *Would you mind* if I tag along? I need to look for my shoes."

6. 관사와 한정사와 양화사

관사(article)는 대표적인 중심 한정사로서 부정관사인 a/an, 정관사인 the, 그리고 영관사를 포함한다. 명사구는 한정사나 형용사와 같은 전치 수식어의 수식을 받는데, 실제로는 1-2개 정도의 수식어가 명사구를 한정한다. 여러 개의 한정사(determiner)가 명사구를 전치 수식할 때는 어순 규칙에 따라 전위 한정사, 중심 한정사, 후위 한정사의 순서로 배열된다. 부분사를 이용해서 불가산 명사를 특성, 수량, 측량 단위와 같은 의미를 표현하는 가산 명사구로 나타낼 수도 있다.
명사의 크기나 양을 수량으로 표시하는 양화사(quantifier)인 수량사에는 all, many, much, some, a little, a few, no, a number of 등의 어구가 포함된다.

☞ 신정보의 단수 가산 명사와 함께 사용되는 부정관사

1) 부정관사(indefinite article) a/an은 '하나(one)'를 나타내는 신정보(new information) 표지로 명사와 결합하여 그 명사구가 하나임을 표시하는데, 여러 사람이나 사물 중 하나, 여러 직종이나 종류 중 하나, 대표 단수 등이 그 예이다.

(1) Paganini was *a great violinist* with *a good family*.
(2) Mary became *a physical doctor* after graduating from medical school.
(3) *A tiger* is a large animal that has yellow and black lines on its body and is a member of the cat family.

2) 부정관사가 명사와 결합하여 동일 종류에 대한 지시(the same reference), 막연한 사람이나 사물(a certain reference), ~마다/당(per), 상당한/어느 정도(some)의 의미를 표시하기도 한다.[1)]

(1) Birds of *a(=the same) feather* flock together.
(2) *A(=A certain) Mr. Richard* came to see you over there.
(3) The national park attracts 5 million visitors *a(=per) year*.

---

1) 비강세형의 some이 복수 가산 명사와 결합할 때는 다음 예문 (i)처럼 부정관사의 복수형으로 분석되고, 불가산 명사와 결합할 때는 (ii)처럼 'a certain amount/indefinite amount'의 의미로 해석되고, 단수 가산 명사와 결합할 때는 (iii)처럼 신분이 확인되거나 중요하지 않은 사람이나 사물을 뜻한다. 또한, some은 (iv)처럼 'a considerable amount of number or time'의 의미로 사용되기도 한다.
(i) There are *some books* in the box.
(ii) Tom provided *some information* about the final exam.
(iii) *Some guy(=A guy)* came by and left this package for you.
(iv) *Some of the audience* left after the intermission, but quite a few stayed for the last act.

(4) Anderson and Thompson talked for *a(=some long/fairly long) time.*

☞ 부정관사 a/an과 one의 의미와 문법 기능

1) 부정관사 a/an은 one에서 유래된 한정사이므로, one이 기본적인 의미이다. 그러므로 a/an과 one을 선택적으로 사용할 수 있고, a/an의 강조 용법(emphatic usage)으로 one을 사용하기도 한다.

(1) a. She scored *a hundred/one hundred* and eighty points.
  b. Boy! Wait here for *an hour/one hour* and I'll be with you.
(2) a. Do you want only *one sandwich* or two?
  b. There are *one or two things* to deal with before I leave Seoul.

2) 부정관사 a/an은 불가산 명사가 수량을 표시하기 위하여 부분사(partitive)와 결합할 때 부분사 앞이나 전위 한정사인 배수사(multiplier)와 결합하는 명사구 앞에 사용할 수 있다. 'a + single + 명사'형으로 부정관사 a/an의 강조를 위하여 형용사 single을 사용할 수 있다.

(1) a. I drink *a cup of coffee* and three glasses of milk a day or so.
  b. Edward visits his grandparents in the country *three times a month.*
(2) a. They won the game by *a single point.*
  b. The party of explorers walked forty miles in *a (single) day* from south to north.
(3) a. It is true that Sydney is *a beautiful capital city.*
  b. Sydney is *the beautiful capital city* of New South Wales in Australia.

특히, 처음 나오는 명사구에는 위 예문 (3a)처럼 신정보 표지인 비한정성(indefinite property)의 부정관사를 사용하고, 이미 언급한 명사구를 다시 언급할 때는 (3b)처럼 구정보(given/old information) 표지인 정관사를 사용하는데, 이는 정관사의 전방 조응 기능(anaphoric function)의 전방 지시(forward reference)를 뜻한다.

☞ 불가산 명사가 가산 명사로 전용된 보통 명사에 사용되는 부정관사

(1) This is *a different coffee* from the one we usually buy.
(2) The legislator thought that it was *an honor* to be appointed to a position on the council.
(3) Even the experts with *a special knowledge* on modern pictures took the painting for a genuine Picasso.

(4) a. Edmund *made a promise* to visit his parents twice a month.

b. The bicycle seemed to *have a mind* of its own and I could not steer it straight.

위 예문의 의미에서 알 수 있듯이 물질 명사, 추상 명사, 고유 명사가 보통 명사로 전용될 때는 부정 관사를 사용한다. 한편, (4)처럼 추상 명사나 물질 명사가 구체적인 행위나 동작을 나타내는 동사와 결합하거나 관용적인 표현에 가까워지면 보통 명사로 전용되어 관사를 선택한다.2)

☞ 구정보의 가산 명사나 불가산 명사에 사용되는 정관사

1) 정관사(definite article) the는 구정보(given/old information) 표지로 문맥 지시(contextual reference)를 나타내는 담화 맥락에 사용된다. 다음 예문 (1)처럼 정관사는 앞 문장이나 이전 문맥에서 언급한 명사구를 전방 조응 기능에 따라 전방 지시한다. 또한, (2)처럼 후치 수식을 받아 특정해진 명사구를 후방 조응 기능(cataphoric function)에 따라 후방 지시(backward reference)하기도 한다.

(1) a. I have got a fountain-pen and a ball-point pen, but I hardly ever use *the fountain-pen*.

b. I lent Johnson a valuable book, but when he returned it, *the cover* was filthy, *the pages* were torn.

(2) a. He is *the just student* who I met in the library yesterday.

b. *The Prime Minister* of the United Kingdom is to visit *the President* of the United States to discuss pending economic problems next week.

2) 정관사 the는 주위 환경(immediate environment)의 목전 상황을 나타내는 일정한 시공간에서 화자뿐만 아니라 청자도 알고 있는 것으로 인식되는 구정보의 명사나 명사구 앞에 사용한다.

(1) Will you pass me *the butter*, please?

(2) My elder brother cleared *the table* with a dish cloth.

(3) It's hot in here. Would you mind opening *the front window?*

3) 정관사 the는 상황 맥락(environmental context)에 따라 청자가 알고 있을 것이라고 믿는 특정한 대상이나 지식이나 정보를 지시한다.3)

---

2) 추상 명사나 물질 명사가 보통 명사로 전용되어 관사를 선택하는 예로 make a visit, pay a visit; make a speech; take a fancy; have an ear for; come to an end; keep an eye on; have a mind to; make it a rule to; have a love of, be at a loss, in a hurry, all of a sudden, at a distance, as a rule 등을 들 수 있다.

3) 예문 (2)처럼 상대적으로 개방된 넓은 환경에서 the sun, the earth, the moon, the sky, the sea, the world, the universe, the cosmos, the nadir, the zenith, the Ice Age, the Renaissance, the North Pole, the Prime Minister, the American Civil War 등처럼 국내, 국외, 세계,

(1) a. "Let's meet *at the cafeteria* at 12:15." "Okay, I'll see you then."

b. Have you visited *the old castle* that could be defended against enemy's attack?

(2) a. Amundsen's expedition was the first to reach *the South Pole* in 1911.

b. *The cosmos* generally stands for the whole universe, especially when you think of it as an astronomical system.

4) 정관사 the는 총칭 지시(generic reference)의 대표 단수로서 다음 예문 (1)-(2)처럼 어떤 종이나 부류(species or class)를 대표한다. 또한, (3)처럼 the police, the clergy, the elite, the army, the government, the management, the British, the Italians, the Chinese처럼 집단 전체를 포함하는 대표 복수 집합 명사에는 그 명사 앞에 정관사 the를 사용한다.

(1) a. Tigers are fierce and dangerous animals.

b. *A tiger/The tiger* is a fierce and dangerous animal.

(2) a. Can you play *the piano/the guitar/the violin* well?

b. I've just bought *a piano/a guitar/a violin* from a famous artisan.

(3) a. *The army* are helping to clear up the village after the floods.

b. *The government* are/is planning further cuts in public spending.

c. *The British*, in general, have brave, creative and enterprising spirit.

☞ 문법적으로 필요한 정관사

1) 관계절(relative clause)이나 that-절(that-clause)이 선행 명사구를 특정화 하기 위해서 정관사 the를 사용한다.

(1) a. He told her that she was not *the woman whom he loved.*

b. The nucleus is replaced by the nucleus of an adult cell taken from *the animal which is to be cloned.*

(2) a. *The fact that he refused their offer* surprised me.

b. *The suggestion that she might have lied* was rejected by the jury.

2) 명사가 최상급 형용사나 서수의 수식을 받거나, 한정성이 매우 강한 next, last, same, only, sole 등과 함

우주, 또는 인류 역사 등을 통해서 화자와 청자가 다 같이 알고 있으며, 유일한 것이라고 판단되는 대상의 명사 앞에도 정관사 the를 사용한다.

께 사용될 때 정관사 the를 사용한다.

(1) a. It's *the best film I've ever seen.*

b. That's *the third time she's phoned in the morning*.

(2) a. This is *the only remaining copy* which is available on your request.

b. We stood in front of *the very same house* in which Shakespeare wrote his poems and plays.

3) 'the＋형용사'나 'the＋과거 분사'가 복수나 단수의 보통 명사가 되거나, 'the＋보통 명사'가 단수 추상 명사가 될 때, 한정된 범위를 갖게 되므로 정관사 the와 결합한다.

(1) It's true that *the rich(=rich people)* are not always happy.

(2) *The unthinkable(=An unthinkable thing)* happened downtown last night.

(3) The proverb, "*The pen* is mightier than *the sword*." means that you should develop intellectual power more diligently than physical strength.

☞ 관습적으로 고정된 대상, 사물, 이름을 가리키거나 관용 표현을 나타내는 정관사

1) 제도적 지시(institutional reference)를 나타내는 정관사 the는 생활 방식이나 사유 방식에서 고정된 대상이나 사물을 가리킨다.

(1) I go to *the theater* downtown every weekend.

(2) Fishers always listen to *the radio* for weather forecast.

(3) *The Department of Commerce* said that the trade deficit of the USA narrowed 9.7 percent in January.

2) 신체의 일부(body parts)나 하루의 일부(part of a day)를 표현할 때는 속격 대신 주로 정관사 the를 사용한다.

(1) a. He firmly took *me by the hand.*

b. The little girl kissed *her mother on the cheek.*

(2) a. Peter usually does his homework *in the evening.*

b. Classes start *in the morning* and go *through the whole day.*

3) 관습적 상황 지시(conventional/situational reference)로 정관사와 함께 사용되는 'the + 고유 명사'의 예는 다음과 같다.[4], [5], [6]

(1) A floating city awash in elegance, *the Queen Mary* in Long Beach remains the most famous ships in history.
(2) Spain and Portugal on *the Iberian Peninsulas* have a different historical residue in the development of democracy.
(3) *The Vatican* is the large palace in Rome where the Pope, the head of *the Roman Catholic Church*, lives and works.
(4) In line with the political and economic editorial, *the New York Times* is often compared with *the Washington Post*.

☞ 명사가 부정관사나 정관사를 선택하지 않는 영관사, 또는 무관사

1) 사람 이름, 대륙이나 국가, 주나 행정 단위, 도시나 거리나 광장, 항구나 공항이나 역, 호수나 산이나 다리, 성이나 궁전 이름은 영관사(zero article), 또는 무관사(no article)로 표현된다. 특히, '인명/지명 + 고유 기능 명사'가 '명사핵 + 명사핵'인 복합 명사(compound noun)처럼 단일 개념이나 관습 표현으로 고정되면 정관사를 사용하지 않는다.[7]

---

4) 수식어 없이 정관사 the와 결합하는 고유 명사의 예로는 the Kremlin, the Koran, The Guardian 등을 들 수 있고, '전치 수식어+명사핵'이 결합하는 고유 명사의 예로는 the Ford Foundation, the American Civil War 등을 들 수 있으며, '명사핵+후치 수식어'가 결합하는 고유 명사의 예로는 the House of Commons, the District of Columbia 등을 들 수 있다.

5) 정관사 the와 함께 사용되는 고유 명사는 고유 명사의 실제 속성이나 한정된 집단 의미로 특정화된다. 이는 '고유 명사+고유 명사의 속성 표시 명사' 구조에서 고유 명사가 속성 표시 명사를 수식하여 한정하면, 정관사 the를 사용한다는 의미이다. 이때 고유 명사의 속성 표시 명사는 생략되는 경우가 많다.

① 연합이나 연방 형태의 국가나 여러 개의 섬인 제도나 지역 이름: the United States, the United Kingdom, the United Nations, the Netherlands, the Midlands, the Philippines, the Solon Islands, the Bahamas, the West Indies 등
② 산맥 이름: the Himalayas, the Alps, the Andes 등 / 그러나 하나의 산은 Mount Everest, Mount Baekdu, Mount Kilimanjaro처럼 정관사 없이 표현한다.
③ 해양, 바다, 해협, 만 이름: the Pacific (Ocean), the Caribbean Sea, the North Sea, the Bering Strait, the Strait of Gibraltar, the Persian Gulf, the Gulf of Mexico, the Bay of Bengal 등 / 그러나 Hudson Bay, San Francisco Bay 등은 정관사 없이 표현한다.
④ 강, 운하, 호수 이름: the Mississippi (River), the Amazon River, the Panama Canal, the Suez Canal, the Great Lakes, the Finger Lakes 등 / 그러나 고유 명사가 핵명사로 되어 있는 호수 이름 등은 Lake Victoria, Lake Erie처럼 정관사 없이 표현한다.
⑤ 사막, 평원, 고원, 반도 이름: the Gobi Desert, the Sahara Desert, the Central Siberian Plain, the Great Plains, the Plateau of Tibet, the Mongolian Plateau, the Korean Peninsula 등 / 그러나 Kamchatka Peninsula는 예외다.
⑥ 위도나 경도와 관련된 이름: the Equator, the Tropic of Cancer, the Tropic of Capricorn, the International Dateline, the Prime Meridian 등
⑦ (역사적으로 유명한) 배, 기차, 비행기와 같은 교통수단 이름: the Mayflower (ship/boat), the Queen Mary, the Spirit of St. Louis, the KAL 등
⑧ 극장, 영화관, 박물관, 도서관 병원, 호텔, 식당과 같은 공공시설 이름: the Vatican, the Pentagon, the White House, the British Museum, the National Gallery, the Middlesex Hospital, the Amsterdam Hilton (Hotel), the Waldorf Astoria (Restaurant) 등

6) '인명/지명+기능 명사' 연쇄체가 명사구가 아닌 복합 명사로 인식되면 정관사를 사용하지 않는다. 즉, 명사구로 사용되던 the Oxford Street가 복합 명사로 재분석 되면 Oxford Street로 고유 명사화 된다.

(1) I would like you to meet *Dr. Johnson* who works at Princeton University.

(2) *Oxford Street* is famous for roadside trees which provide pedestrians with green shade in hot summer days.

(3) As you know, *Britain* is composed of *England*, *Scotland* and *Wales*, and the United Kingdom consists of *Great Britain* and *Northern Ireland*.

2) 식사, 질병, 학문, 운동 이름이 다음 예문 (1a)나 (2)처럼 본래의 의미로 사용되거나,[8] 특정 건물이나 장소 표시 명사가 (3a)나 (4a)처럼 본래의 기능을 수행하면 영관사로 표현된다.[9]

(1) a. What do you usually have for *breakfast?*

b. They serve *a fantastic breakfast* at that restaurant.

(2) a. Jim and Judy play *tennis* together everyday.

b. *Pneumonia* is a serious illness that affects your lungs.

(3) a. He goes to *church* every Sunday.

b. They held the religious ceremony *in the church*.

(4) a. He is in *hospital* recovering from a surgical operation. (British English)

b. Lucy is *in the hospital*. She had a bad automobile accident. (American English)

3) 다음 예문 (1)처럼 요일, 달, 계절, 축제일과 같은 시간이나 시점 이름(temporal name),[10] (2)처럼 전치사 by와 결합하는 교통이나 통신 수단,[11] (3)처럼 두 개의 명사가 대칭 구조(parallel structure)로 사용된

---

7) 이에 대한 대표적인 예로는 Mr. and Mrs Johnson, Governor Rockefeller, Independence Day, New Year's Eve, January, Monday, (North) America, (Central) Europe, England, Brazil, Boston, Rome, Oxford Street, Time Square, Kennedy Airport, Waterloo Station, Lake Michigan, Mount Everest, Westminster Bridge, Buckingham Palace, Windsor Castle, St John's College, Yale University 등을 들 수 있다.

8) 대표적인 식사 이름으로는 breakfast, brunch, lunch, dinner 등을 들 수 있고, 질병 이름으로는 anemia, (the) flue, diabetes, influenza, pneumonia, (the) hiccups, (the) measles, (the) mumps 등을 들 수 있고, 학문 이름으로는 civics, mathematics, linguistics, politics, physics 등을 들 수 있고, 운동 이름으로는 golf, soccer, basketball, baseball 등을 들 수 있다.

9) 영국 영어를 기준으로 하여 본래의 기능을 표시할 때 영관사로 표현되는 명사의 예로는 bed, camp, church, class, college, home, jail, prison, school, sea, table, town, university 등을 들 수 있다.

10) 다음 예문 (i)처럼 밤낮의 시간이나 시점(points of time)을 나타내는 전치사구인 at first, at dawn, at sunrise, at sunset, at noon, around noon, at night, by night, at dusk, at twilight, at midnight, around midnight, up to date 등에는 영관사를 사용한다. 또한, (ii)처럼 관용적인 표현인 at ease, at hand, by accident, by heart, in case, in half, in reply, on business, on holiday, out of date, out of place에도 영관사를 사용한다. 그러나 (iii)처럼 전치사 in이나 during처럼 한정되거나 정해진 기간(period)을 나타내는 명사구에는 정관사 the를 사용한다.

(i) a. We arrived there *at midnight*.

b. When *day* came, the weather became warmer and warmer again.

(ii) a. No admittance except *on official business*.

b. I'm writing *in reply* to your letter of the 1st of September.

(iii) a. He came *in the evening*.

b. We finished the work *during the night*.

어구,[12] (4)처럼 서술어로 사용된 최상급의 형용사 앞에서는 영관사를 사용한다. 특히, 서술어의 문법 기능을 수행하는 최상급에서 정관사 the가 사용되지 않는 것은 최상급의 서술어가 신정보로 해석되기 때문이다.

(1) a. *Spring* is the season between *winter* and *summer*.
    b. *In winter/In the winter* father and mother go to Florida.
(2) a. We travelled *by bicycle/by boat/by bus/by car/by plane/by train*.
    b. They communicated with each other *by mail/by radio/by telephone*.
(3) a. You should take each lesson *step by step*.
    b. The DMZ extends about two hundred kilometers *from east to west*.
(4) a. Brown is (the) *kindest* (of all the employees) in the office.
    b. Jinny is one of *the most efficient programmers* in our department.

4) 다음 예문 (1)처럼 고유 명사에 준하는 명사인 호칭, 가족이나 집단의 일원으로서 갖는 호칭, 고유 명사 앞에 붙는 직책이나 직위,[13] (2)처럼 유일한 지위나 직함을 표시하는 서술 명사구는 원칙적으로 영관사로 표현한다. 특히, 지명 동사인 name, elect, appoint의 목적어는 영관사를 사용한다.[14]

(1) a. *Waiter*, would you carry our drinks to the table?
    b. *Mother* said (that) she first met *father* at the May Queen party of the university.
    c. *President J. F. Kennedy* visited Dallas and he was assassinated there in 1963.
(2) a. Ann is (the) *managing editor* of the Monthly New Yorker.
    b. Barack Obama became (the) *President* of the United States in 2008.
    c. As (the) *chairman* of the committee, I declare this meeting be closed.

---

11) 그러나 다음 예문처럼 교통이나 통신 수단이 by와 결합하지 않으면 정관사나 부정관사를 써야 한다.
 (i) He *took a plane* to Seoul.
 (ii) Jonathan is *on the telephone*. / He got *off the train*.
 (iii) I talked to him *on the bus*. / It's not a good idea to send money *through the mail*.

12) 대표적인 대칭 구조 표현의 예로는 arm in arm, eye to eye, side by side, day by day, day after day, body and soul, hand in hand, step by step, face to face, husband and wife, day and night, man to man, from father to son, from hand to mouth 등을 들 수 있다.

13) 고유 명사로 쓰이는 보어 명사구나 'the position of/the rank of/the title of/the degree of/the post of/the role of+명사'의 경우에도 다음 예문처럼 영관사로 표현된다.
 (i) *Great scholar* as he is, John is lacking in common sense(=John has a lack of common sense).
 (ii) After declining *the post of Secretary of States*, Schneider nevertheless took on *the role of unofficial adviser* to the President.

14) 동사 turn의 보어인 명사는 유일성의 의미가 없는 예외적인 경우이지만, 신정보의 서술어 성격이 강하여 다음 예문처럼 영관사를 사용한다.
 (i) He *turned professor* after finishing his career as a researcher.
 (ii) Jenny started out as a music student before she *turned linguist*.

5) 물질 명사, 추상 명사, 고유 명사와 같은 불가산 명사는 다음 예문 각각의 (a)처럼 영관사의 단수 명사 형태로 사용된다.[15] 그러나 수식을 받아 그 의미가 한정되는 경우에는 각각의 (b)처럼 불가산 명사의 의미가 특정화 되므로 정관사를 사용한다.

(1) a. *Butter* is expensive nowadays. ⇔

b. *The butter* we bought at the K-mart was comparably inexpensive.

(2) a. *History* has always been one of my main interests. ⇔

b. Tell me something about *the history* of your family.

(3) a. She can speak *English* fluently as well as accurately. ⇔

b. Professor Park teaches "the Origins and Development of *the English Language*."

6) 총칭 해석(generic interpretation)이나 사물의 범주, 또는 수량의 의미를 포함하는 복수 가산 명사는 영관사의 복수 형태로 사용된다.

(1) *Cigarettes* are bad for your health.

(2) I've just bought *books* (but not *magazines*) at an e-bookstore.

(3) My mother has bought *some melons and oranges* for our families.

☞ 한정사의 유형과 배열 순서

(1) *Both (the) brothers* are in the army.

(2) *The first two runners* crossed the finish line ten minutes ago.

(3) *One-third of her last salary check* went to paying off her debt.

(4) "What *a beautiful day* it is! The sun is shining and the birds are singing."

"What has you in *such a good mood* this morning?"

위 예문의 단어 배열 순서에서 알 수 있듯이 명사구를 전치 수식하는 한정사(determiner)는 보통 all, both, each, 배수사, 분수, 강조 부사와 같은 전위 한정사(predeterminer), any, every, some, 관사, 소유 한정사, 지시 한정사, 의문 한정사, 관계 한정사와 같은 중심 한정사(central determiner), many, much, few, little, 순서수인 서수, 차례수인 기수, 부분사와 같은 후위 한정사(post-determiner)의 순서로 배열된다.[16]

---

15) 보통 명사가 물질 명사나 추상 명사로 전용될 때도 다음 예문처럼 영관사를 사용한다.

(i) He shot twenty heads of *game*.(=animals, birds, and fish that are hunted for food)

(ii) The famous actress Taylor will act as *middle school teacher*.(=the role of middle school teacher)

16) 한정사의 문법 기능 특성과 어순 배열에 따른 분류는 다음 표와 같다.

☞ 전위 한정사

1) 전위 한정사(predeterminer)로서 전부나 둘이나 각자의 의미를 각각 가지고 있는 양화사(quantifier)인 all, both, each 등은 다음 예문의 어순에서 알 수 있듯이 중심 한정사의 앞에 온다.[17], [18]

(1) a. *Both my gloves* have been lost.
  b. *Each boy/Each of the boys* owns a motorcycle.

(2) a. *All (of) the students* know that the earth is round.
  b. *All of them/Both of them/Each of them* came to the traditional folk dance last night.

(3) a. *All of my relatives* are farmers. ⇒
  My relatives *all* are farmers. / My relatives are *all* farmers
  b. I want *both of you* to write me 500 words composition. ⇒
  I want *you both* to write me 500 words composition.
  *I want *you* to write *both* me 500 words composition.

2) 배수사(multiplier)인 once, double, twice, triple, three times 등은 다음 예문 (1)과 (2)에서 알 수 있듯이 전위 한정사로서 주로 배분적 표현을 나타내는 한정사인 a/an, the, each, every, per 등에 선행하고, (3)과 (4)처럼 of-구와 함께 사용하지 않는다.

전위 한정사	중심 한정사	후위 한정사	전위핵 형용사	명사핵
양화사 all/both/each 배수사 double/twice/three times 분수 half/one-third/two-fifths 강조 부사 so/as/too/how such/what/quite/rather	양화사 any/every/some 관사 a/an/the 소유 한정사 my/our/your 속격 (한정) 명사 John's/Anne's 지시 한정사 this/that 의문/관계 한정사 which/whichever what/whose	양화사 many/much/few/little 서수 first/second/next/last 기수 one/two/three 부분사 cup of/glass of jar of/slice of	전위 형용사 (강조/한정) 중심 형용사 (고유 의미) 후위 형용사 (색깔/분사) 전위핵 형용사 (국가/기원/ 관계/포함)	attractions tower policy life

17) 두 개의 전위 한정사나 두 개의 중심 한정사는 각각 서로 상호 배타적이므로 다음 표현에서 알 수 있듯이 중복해서 사용할 수 없다.
 (i) *all both books, *half double the time,...
 (ii) *a this table, *the my friends, *his some books,...

18) each는 주어뿐만 아니라 다음 예문 (i)처럼 목적어에서도 목적어 뒤로 이동할 수 있고, cost, measure, weigh와 같은 동사가 사용된 문장에서는 (ii)처럼 주어 자리에서 동사구 쪽으로 이동할 수도 있다(Cowan 2008).
 (i) He gave *each of the children* a dollar. ⇒
  He gave *the children each* a dollar. / He gave the children *a dollar each.*
 (ii) *Each of the products* will cost 2 hundred dollars. ⇒
  The products will *each* cost 2 hundred dollars. / *The products* cost 2 hundred dollars *each.*

(1) Nowadays letters are delivered *twice a day*.

(2) For some reason, Elan is earning *three times our salaries*.

(3) The dealer may pay *double the price/*double of the price* for the Picasso's picture.

(4) *Once every two months/*Once of every two months*, my father visits London on his business.

3) 분수(fraction)는 전위 한정사로 다음 예문 (1)처럼 복수 명사와 같이 쓰이기도 하고, 단수 명사와 같이 쓰이기도 한다. (2)에서 알 수 있듯이 분수에서 분자는 기수, 분모는 서수로 읽고, 분자가 복수이면 분모 뒤에 -s를 붙이고, 분모가 두 자리 수 이상일 때는 분자와 분모 사이에 upon, over, by 등을 사용한다. 또한, 분수는 (3)처럼 of-구와 함께 사용할 수 있다.

(1) It only took *a quarter/one third/two fifths* the time I thought it would.

(2) I earn *half the amount* Bill does, and Mary earns *two-thirds*.

(3) I left the other *half of the cake* for my sister.

4) 강조 부사(adverb of emphasis)인 as, so, too, how 등은 다음 예문 (1)-(2)처럼 '형용사+관사' 앞에 오는 전위 한정사이고, 강조 부사인 such, what, quite, rather 등은 (3)-(4)처럼 '관사+형용사' 앞에 오는 전위 한정사이다.

(1) a. It was *so beautiful a day* that they went out to take a walk.

b. If you meet Jane, you will exclaim, "*How beautiful a girl* Jane is!"

(2) a. Joanna is *such a marvelous joker* that everyone can't help laughing.

b. Tom is *quite a good soccer player* that thousands of football fans enjoy seeing his play.

☞ 중심 한정사

1) 중심 한정사(central determiner)로 쓰이는 any, every, some 등의 양화사(quantifier)에서 다음 예문 (1)-(2)처럼 any와 every는 단수 의미를 표현하고, (3)처럼 some은 부분 의미를 표현한다.

(1) *Every computer* in the multi-lab was replaced.

(2) *Any computer/Any of those computers* can process that much data.

(3) I realize that *some (of) the information* in the web site isn't accurate.

2) 부정관사(indefinite article)인 a/an은 다음 예문 (1)처럼 신정보의 명사구와 결합하고, 정관사 the는 (3)처럼 구정보의 명사구와 결합한다.

(1) They put *an enormous amount* of energy into skills and pastimes.

(2) There is *a book* on the desk. / *The book* is on the desk.

(3) *The office workers* from India are paid by the hour.

3) 소유 한정사(possessive determiner)의 형태는 속격 굴절어미 -'s를 첨가하거나 of-구를 사용한다. 다음 예문 (2)에서 알 수 있듯이 사람과 동물, 요일, 달, 지역 이름에는 속격 굴절어미를 쓰고, 무생물에는 of-구를 쓰는 경향성을 보인다. 그러나 (3a)처럼 속격 대명사가 명사핵의 소유자인 주어로 인식되는 경우에는 'of+인칭 대명사 속격'을 사용한다. 한편, (3b)는 her가 화가일 수도 있고, 소유자일 수도 있어서 중의적이다. 또한, 전치 수식어가 길어지면 문미 가중 원리(end weight principle)에 따라 (4a)처럼 of-구 어순을 선택하여 (4b)와 같은 구조에서 발생하는 의사 전달의 비효율성을 방지한다.

(1) *Her dress* is spotlessly clean and well made.

(2) As you know, my uncle is among *Korea's leading scientists*.

(3) a. *The only portrait of her* is in the National Gallery.

b. *Her only portrait* is in the National Gallery.

(4) a. The creations *of a relatively young designer from Korea* were on display.

b. [[A relatively young designer from Korea's] creations] were on display.

4) 지시 한정사(demonstrative determiner)인 this와 that은 다음 예문 (1)처럼 각각 물리적으로 가까운 거리와 먼 거리를 가리키거나, 시간적으로 가까운 때와 먼 때를 나타낸다. (2)처럼 this는 신정보를 표시하고, that은 구정보를 표시한다. 또한, (3)에서 알 수 있듯이 this는 높은 관련성의 초점이나 강조 의미를 내포하고 있지만, that은 it처럼 낮은 관련성의 중립적이거나 무관심하거나 비판적인 태도를 내포하고 있다.

(1) a. I want *this lamp*. *That one* also is OK, but it needs a halogen bulb.

b. *This winter* is unusually warm, while *that winter* in 2008 was brutal.

(2) a. There's *this guy* in my class who gets As on all his tests.

b. Carl was telling *those stupid 'nock-knock' jokes* again in the class.

(3) a. One of the central planks of the government's program is *this new attack* on unemployment.

b. When are you going to finish *that specific thesis* of yours?

5) 다음 예문 (1)-(2)와 같은 의문 한정사(interrogative determiner)와 (3)-(4)와 같은 관계 한정사(relative determiner) 역시 한정 형용사(determinative adjective)의 일종인 중심 한정사로 그 자체의 한정적인 의미 특성 때문에 명사핵 앞에서 그 명사핵의 의미와 범위를 제약하는 문법 기능을 수행한다.

(1) *Whose keys* are there on the table?
(2) "May I help you? *Which book* are you looking for?"
(3) That's the man *whose house* has burned down last night.
(4) You may take *whichever books* on English grammar you like.

☞ 후위 한정사

1) 후위 한정사(post-determiner)로 쓰이는 양화사(quantifier)로는 many, much, few, little 등을 들 수 있다.[19), 20), 21)]

(1) There are so *many things* we disagree about.
(2) Do you get *much chance* to travel in your job?
(3) I paid *little attention* to what the others were saying.
(4) Elizabeth was so beautiful that there were *few people* who did not turn to look at her as she passed.

2) 순서수인 서수(ordinal number)에는 first, second, third 등과 더불어 일반 서수인 next, last, past, another 등도 포함된다.

(1) The nurse comes *every second day/every other day*.
(2) This is *the last summer* camp that I am attending with you guys.
(3) *The next day the second man* came back and began to dig the ground.

---

19) 다음 예문 (i)에서 알 수 있듯이 일상적인 표현에서 much는 부정문과 의문문에 주로 사용하고, 긍정문에서는 much 대신에 a lot of를 주로 사용지만, (ii)처럼 보다 공식적인 문장이나 문어에서는 긍정문에서도 much를 사용한다.
(i) ?I have *much* money. > I have *a lot of* money.
(ii) Psychologists have given these matters *much* consideration.

20) 복수 명사 앞에 오는 many 대신 사용할 수 있는 표현으로는 a good number of, a large number of, a great number of; a good many, a great many; numbers of; a number of; many 'a+단수 명사' lots of; a lot of; plenty of, not a little; quite a little; no little 등을 들 수 있다. 한편, 복수 명사 앞에 오는 much 대신 사용할 수 있는 표현으로는 a great deal of, a good deal of; a great quantity of, a good quantity of, a large quantity of; a quantity of; an amount of, lots of; a lot of; plenty of, not a little; no little; quite a little 등을 들 수 있다.

21) 한정사 가운데서 any, each, every는 단수 가산 명사와 결합하고, both, (a) few, many, more, most, some, several, all은 복수 가산 명사와 결합하고, (a) little, less, much, more, most, some, all은 불사산 명사와 결합한다.

(4) God called the light 'day,' and darkness 'night.' There was evening and there was morning - *the first day.*

3) 차례수인 기수(cardinal number)는 one, two, three 등을 말하는데, one은 부정관사 a/an을 대신하는 경우도 많다. 다음 예문 (4)처럼 순서수와 차례수가 같이 쓰일 때는 '서수+기수' 어순으로 실현되고, 서수는 보통 정관사 the와 함께 쓰인다.22)

(1) There's only *one seat* left on the whole bus.

(2) Many meteorologists are predicting the worst storm in *fifty days.*

(3) *The three Chinese* were arrested for smuggling into Korea yesterday.

(4) *The first three chapters* of this book are concerned with the mental health of old people.

4) 부분사(partitive)는 '가산 명사+of' 연쇄체로 명사핵인 불가산 명사의 수량을 나타낸다는 점에서 후위 한정사인 양화사다.23)

(1) Joan broke off *a piece of bread* and gave it to her sister.

(2) I gave *a few pieces of advice* on leadership to a friend of mine.

---

22) 수사(numeral)를 포함하는 표현을 말하고 쓰는 방법은 다음과 같다.

(i) a. seven thousand, two hundred and twenty-five (7,225)
b. a million, two hundred and thirty-four thousand, five hundred and sixty-seven (1,234,567)

(ii) a. It's a quarter past six. / It's fifteen minutes past six. / it's six fifteen. (6시 15분)
b. It's half past nine. / It's nine thirty. (9시 30분)
c. It's a quarter to eleven. / It's fifteen to eleven. / It's ten forty-five. (10시 45분)

(iii) a. Any time between from June the twenty-fifth and July the ninth is good. (25 June-9 July)
b. The next conference will be held on the fourth of October two thousand and nineteen. (4 October, 2019)

(iv) a. It costs forty-four pound ninety-nine (pence). (£44.99)
b. You can buy it for just one hundred and seventy-seven dollars. ($177.00)

(v) a. It's ten degrees. / It's ten (degrees) above zero. (10°)
b. It's thirty-five degrees celsius/fahrenheit today. (35°C/35°F)

(vi) a. The decimals 0.15 are spoken as nought/zero point one five. (0.15)
b. The chief economist of The Bank of Korea expects output to rise by only point nine percent. (.9%/0.9%)

(vii) a. Twenty-two point two eight plus/and/add thirty point four eight minus/take away/subtract forty-seven point six eight is/makes/equals five point o eight. (22.28+30.48-47.68=5.08)
b. Two times/multiplied by four to the power of two over/divided by eight is/makes/equals four. ($2\times4^2\div8=4$)
c. V equals point two five eight cubed. ($V=.258^3$)

23) '가산 명사+of+불가산 명사핵'의 연쇄체는 관용적인 표현이 많다. gallon of/liter of+액체, ton of/gram of/pound of+(무게를 측정할 수 있는) 물체, bottle of+beer/wine/milk와 같이 용기에 담을 수 있는 액체, slice of+cake/pie/pizza와 같은 구운 먹을거리, head of+bread, a band of+cauliflower/cabbage/lettuce와 같은 채소, a band of+robbers/roving minstrels/gypsies, a bunch of+sailors/teenagers/ruffians, a squad of/a platoon of+군인, a herd of+네 발 짐승, a flock of+새, a school of+물고기, a pride of lions, a pod of wales 등이 대표적인 예이다.

(3) We're going to need *two more tons of concrete* to build the warehouse.

(4) "It is good for you to drink *eight glasses of water* everyday," say experts.

☞ 부분사와 결합된 명사구[24)]

1) 특성을 나타내는 부분사와 결합하는 명사구에서 대표적인 부분사로는 a kind of/kinds of, a sort of/sorts of, a type of/types of 등을 들 수 있다.[25)]

(1) a. It is *a kind of reddish-brown color*.

b. *New kinds of computers* are coming into the market day after day.

(2) a. It isn't always true that *a new sort of bread* is delicious.

b. They played pop, jazz, soul, *all sorts of music* in the open concert.

(3) a. Products like this are aimed at *a particular type of person*.

b. *Other types of research* have just started to develop a new solution.

2) 수량을 나타내는 부분사는 주로 물질 명사나 추상 명사와 결합한다.[26)]

(1) Let me give you *a word of advice* on this matter.

(2) First, melt *a lump of butter* in your round frying-pan.

(3) Give me *another piece of paper/three pieces of paper*.

---

24) 명사구가 형성될 때, 비교적 영속적인 의미를 갖는 명사구와 수식과 피수식의 문법 기능을 갖는 명사구는 '명사+명사'의 형태로 결합한다. 다음 예문에서 알 수 있듯이 영속적인 의미를 갖는 명사구로는 전체와 부분, 부분과 전체, 위치나 지명, 시간과 시기, 재료와 결과 등의 명사구를 들 수 있고, 수식과 피수식의 문법 기능을 갖는 명사구로는 도구 관계, 일터나 작품 관계, 직업 관계 등을 들 수 있다.

(i) Susie, where is my hat? It's on *the hall table*.

(ii) The skipper decided to try a rescue, but the shells from *shore batteries* forced the submarine to submerge.

(iii) *Liverpool Cathedral* is located on the right corner of this district.

(iv) The first *morning train* bound for Seoul starts at 6 o'clock.

(v) The Celts built a strong *stone wall* against the invasion of the Germanic tribes.

(vi) Wait a minute, I'll look it up in *the phone book*.

(vii) In my opinion, the third *examination question* was the most unreasonable.

(viii) *An assembly language* is a technical *computer language* used in programs that are written to work with a specific kind of processor.

25) '부분사+of+명사' 표현으로 수량을 대신하는 대표적인 예로 lots of, a half of, all of, most of, the rest of, some of, any of, enough of, more of, none of 등을 들 수 있으며, 이와 같은 명사구에서는 'of+명사'에 따라 동사의 수가 결정된다.

26) 수량을 나타내는 대표적인 부분사로는 물질 명사와 결합하는 an armful of wood, a bottle of wine, a bar of chocolate/soap/gold/iron, a blade of grass, a bowl of soup, a cake of soap, a drop of water/oil/whiskey, an ear of corn, a glass of water, a grain of corn/rice/sand, a loaf of bread, a piece of bacon/bread/cake/cheese/furniture/ice/land/eat/paper/rubbish, a pint of milk, a sheet of paper, a sack/a bag of rice, a slice of bacon/bread/cake/meat, a speck of dirt/dust, an acre of land, a suit of clothing/armor 등을 들 수 있다. 또한, 추상 명사와 결합하는 a round of applause, a piece/a bit/a word of information, a piece/a bit/an item of news, a piece/a word of advice, a piece of evidence/luck, a rate of interest, a stroke of luck/misfortune 등을 들 수 있다.

(4) *A drop of sweat* ran down her forehead and into her eye.

(5) *A flock of small birds* sing together at the same time every morning.

(6) It's a really beautiful city, but *a word of warning:* Street Robberies Are Very Common.

3) 자연 현상을 나타내는 대표적인 부분사로는 a crack/a clap/a crash of thunder, a flash/a bolt of lightning, a long spell of fine weather, a brief spell of draught 등을 들 수 있다.[27)]

(1) "What did you hear?" "I heard *a crash of thunder*."

(2) After *a brief spell* in the army, my uncle returned to teaching.

(3) It's terrible when we see *a flash of lightning* light up the night sky.

4) 측량 단위를 표시하는 대표적인 부분사로는 a foot of wire, an acre of land, an ounce of tobacco, a mile of cable, a pint/a quart of milk, a gallon of water 등을 들 수 있다.[28)]

(1) They own *200 acres of farmland* in Texas.

(2) There are *sixteen ounces of weight* in a pound.

(3) Add *two pints of milk* and *a gallon of water* to the mixture.

☞ 양화사와 결합된 명사구[29)]

---

27) 자연 현상을 나타내는 대표적인 부분사로는 a crack/a clap/a crash of thunder, a flash/a bolt of lightning, a long spell of fine weather, a brief spell of draught 등을 들 수 있다.

28) 측량 단위를 표시하는 대표적인 부분사로는 a foot of wire, an acre of land, an ounce of tobacco, a mile of cable, a pint/a quart of milk, a gallon of water 등을 들 수 있다.

29) 명사의 크기나 양을 수량으로 표시하는 양화사(quantifier)인 수량사에는 all, many, much, some, a little, a few, no, a number of 등의 어구가 포함된다. 양화사의 유형과 양화사와 결합하여 형성되는 명사구 표시의 예는 다음 표와 같은데, 양화사의 선택은 가산 명사와 불가산 명사에 따라 수량 일치가 이루어져야 한다.

가산 명사와 결합	대표적인 예	불가산 명사와 결합	대표적인 예
(a) few	a few books	(a) little	a little sugar
many	many books	much	much sugar
several	several books	enough	enough sugar
enough	enough books	some/any	some/any sugar
some/any	some/any books	most	most sugar
most	most books	all (the)	all (the) sugar
all	all (the) books	a lot of/lots of	a lot of/lots of sugar
a lot of/lots of	a lot of/lots of books	plenty of	plenty of sugar
plenty of	plenty of books	a great/good deal of	a great deal of sugar
a number of	a number of books	a quantity/amount of	a quantity of sugar

1) 양화사(quantifier) much는 불가산 명사와 함께 주로 부정문이나 의문문에 사용된다. 한편, much는 주어나 주어 관련 명사구를 수식하는 경우에는 긍정 서술문에도 사용된다.

(1) a. I don't have *much money* with me.

b. How *much sugar* should I use in the sauce?

(2) a. There remained too *much work* for one person.

b. After *much consideration* we have finally arrived at a decision.

2) 양화사 many는 'many + 복수 가산 명사 + 복수 동사~'의 구조로 사용된다. 한편, many는 'many a + 단수 가산 명사 + 단수 동사~'의 구조로도 사용된다.

(1) a. *Many people* use a car to go to and leave their office.

b. Some of the houses have bathrooms but *many (houses)* do not.

(2) a. I am sorry to say that *many a student* has failed in the final exam.

b. I have sat here *many a time* and wondered what happened to my life.

3) 양화사 enough, some, any, most, all, a lot of/lots of, plenty of 등은 가산 명사나 불가산 명사와 결합한다.

(1) a. There must be *some reason* for her behavior.

b. *Some people* believe in life after death, but others don't.

(2) a. You've had more than *enough time* to make all the preparations.

b. Peter and I have prepared *enough seats* for everyone to sit down.

4) 양화사 few/a few, several, many, a (large/great/good) number of 등은 가산 복수 명사와 결합한다.

(1) I have to buy *a few things* at the supermarket.

(2) Many doctors believe that only *a tiny number of people* are at risk.

(3) We had to wait *several more weeks* before the results were delivered.

5) 양화사 little/a little, much, a great/a good deal of 등은 불가산 명사와 결합한다.

(1) There is *little doubt* in my mind that she's guilty.

(2) His work has been attracting *a great deal of attention* and interest.

(3) Since we all started college, we don't have *much chance* to get together as often as we used to.

6) 양화사 a (large/small) quantity of, an amount of 등은 불가산 명사와 결합한다.

(1) The police also found *a quantity of ammunition* in the flat.

(2) Her case has attracted *an enormous amount* of public sympathy.

(3) The thief stole *a large quantity* of clothing from the shop's storeroom.

※※ Practical Expression 1

~such a＋noun phrase~ : 그러한 명사구~ (강조)

(1) A: "Do you believe that he can carry out his duty?"

B: "He is not *such a coward* but he can do that."

(2) A: "It was a remarkable achievement for *such a young player*."

B: "He practiced it every day until it was perfect."

(3) A: "What happened? You look terrible."

B: "I know. But I was in *such a rush* and had no time to take a shower this morning."

(4) A: "I do know that something extremely strange occurred in your room last night."

B: "How can I make *such a thing* like that? It was terrible."

※※ Practical Expression 2

be＋(not)＋adjective＋enough to＋V~ : V~할 만큼 충분히 형용사해/형용사 하지 않아.

(1) A: "I'm sorry to hear that he failed to get a job this time."

B: "He *is old enough to taste* the sweets and bitters of life."

(2) A: "There are some changes in actual content between the two models."

B: "I think these minor changes *are not enough to impair* comprehension of the full text."

(3) A: "Andy! *Are* you *strong enough to fight* with me?"

B: "I'm sorry Kurt. I don't want to fight with you. Instead, I wanna discuss the pollution problem with you."

(4) A: "Have you ever read the novel called 'Matilda'?"

B: "Yes. The story was so funny that I couldn't stop reading till late night. The sentences seem to *be easy enough to understand*. Why don't you try this book for your English?"

※※ Practical Expression 3

Whose＋noun~? / Which＋noun~? : ~는 누구/어느 명사지~?

(1) A: "*Whose office* will be next to mine?"
B: "It is for the new manager. He has worked at London branch office."

(2) A: "*Whose car* are you going to borrow?"
B: "One of my friends promised he would lend his newly bought SUV."

(3) A: "*Which English conversation textbook* is yours?"
B: "The one on the top shelf is mine."

(4) A: "*Which man* is the director of public relations?"
B: "The one over there. He is a specialist in the field of public relations."

※※ Practical Expression 4

quite＋형용사~/quite＋a＋명사구~ : 강조 의미로 상당히(fairly or very, but not extremely) 형용사/명사구~하다.

(1) A: "Don't you think the new bus fare rose too high?"
B: "You're right. It really seems *quite expensive*."

(2) A: "How do you like the new video editing system?"
B: "It is *quite handy*. It is equipped with an automatic sensing device."

(3) A: "How's the new steak restaurant down the street?"
B: "At first it created *quite a scene*, but the service was horrible! My friends ended up yelling at the waiter."

(4) A: "I had a blind date the other day. And he's *quite a catch*. You're not going to believe this."
B: "Don't make me jealous. Why don't you fix me up with one of his friends? As a matter of fact, I broke up with Richard *quite a few weeks* ago."

※※ Practical Expression 5

What kind/sort/type of+noun~ : 어떤 종류/유형/형태의 명사지~?

(1) A: "*What kind of shoes* are you looking for?"
B: "Some that are suitable for jogging."

(2) A: "*What type of car* would you like to buy?"
B: "One that has enough room."

(3) A: "*What kind of body type* do you think you have?"
B: "I think I am a little bit fat. I want to be more slender."

(4) A: "*What sort of music* do you like most?"
B: "Oh, all sorts. But I usually love to hear works of Beethoven."

※※ Practical Expression 6

a few/several+noun~ / a couple of+noun~ : 몇 달/몇 시간/몇 사람의 명사~

(1) A: "How long will it take to build the new building?"
B: "I think *several months* will be enough."

(2) A: "How long have you had the headache?"
B: "*A couple of months*. But the problem is that I suffer from it at least five times a week."

(3) A: "How often does the CEO visit the factory?"
B: "Just *a few times a year*. In fact, she's very busy. She is owner of Young Technologies Inc., a research organization."

(4) A: "There are not *a few people*, especially adults who dislike sweet things. As you know, sugar is not good for us."
B: "You're right. Consuming too much sugar can trigger the onset of some of the symptoms of diabetes. However, the cause of the disease is not the intake of too much sugar."

※ Practical Expression 7

How+adjective(+noun)/adverb~ : 얼마나 형용사(+명사)/부사~하지?

(1) A: "*How soon* can you finish the papers?"
B: "It will take just a few days. And it will be not long, I think."

(2) A: "*How far* is it to the museum from here, Jane?"
B: "It takes 15 minutes by car, but about an hour and a half on foot."

(3) A: "*How many people* will be at the party?"
B: "At present, we can't anticipate. We'll know later this afternoon."

(4) A: "*How much money* is there in my account?"
B: "Let me check your account. Would you show me your ID? Yeah. There's about 2 million won, sir."

※ Practical Expression 8

It's too bad that~ : ~이라니 참 안 되었구나. (유감이나 동정 표시)

(1) A: "It is very nice of you to say so."
B: "*It's too bad* that all these things can only happen in my dreams."

(2) A: "Did you invite Kathy to your housewarming party?"
B: "*It's too bad* that she can't come to the party. She seems to be very busy these days."

(3) A: "*It's too bad* that you missed yesterday staff meeting."
B: "What did I miss? Was it true that a specialist in the foreign exchange market visited us and analyzed the present situation?"

(4) A: "It is sad that only in dreams I can be a president, an aviator, a son of a billionaire, or a famous movie star."
B: "*It's too bad* that all these things can only happen in our dreams. But let's always remember that all our dreams can come true if we have the courage to pursue them."

※※ Practical Expression 9

subject+have / has enough+(noun)+to+V~ : 주어가 V~할 정도로 충분해? / 주어가 V~할 정도로 충분한 명사를 가지고 있어?

(1) A: "*Do you have enough to feed* all these people lunch and dinner tomorrow?"
B: "Sure. We just bought enough food the other day."

(2) A: "I know that you exercise every day. *Do you have enough time to exercise* every day?"
B: "Not really. But I get up at 5 o'clock and go to the gym."

(3) A: "Andrew! How are you doing?"
B: "Oh, hi, Maggie! I'm fine, but *I don't have enough time to talk* with you. I'm sorry, I'm in a terrible hurry. The bank closes in ten minutes."

(4) A: "Do you think reductions in budget deficits would ease the burdens on the monetary policy?"
B: "It would be helpful in easing interest rates. But, it's a question whether *it will have enough success to make* a big change in such a difficult situation."

※※ Practical Expression 10

숫자 표현은 서수+기수 순서로 사용하거든!

(1) A: "How long will they be holding the trade show?"
B: "For *the first two weeks* in November."

(2) A: "Who are *the second three men?*"
B: "They are my grandfather, father and uncle."

(3) A: "I can't understand 'the theory of relativity' in principle."
B: "Why don't you go back and read *the first two chapters* of *An Introduction to Modern Physics*, if necessary."

(4) A: "What is the secret of success in your company?"
B: "*The first three years* was hard but I didn't give up for my employees. So, I believe the secret of success is hard work."

※※ Practical Expression 11

much는 불가산 명사와 함께 부정문에 주로 쓰인다구!

(1) A: "I usually have a pee three times at night."
B: "You *shouldn't drink too much water* before going to bed."

(2) A: "If you have a lot of money, let it to me, please!"
B: "Sorry, Jack. I *don't have money* because I shopped 2 hours ago."

(3) A: "Our company had a lot of information on Dr. Lee."
B: "How did you get it. Most company *didn't have much information* about him."

(4) A: "Edison has succeeded in inventing a light bulb and make a better life for everyone."
B: "His success *is not so much* by talent as by energy and hard work."

※※ Practical Expression 12

some과 any는 뒤에 가산 명사와 불가산 명사가 모두 올 수 있어요!

(1) A: "Would you care for *some chocolate cake* for dessert?"
B: "Yes, thanks. I like it so much. Further researchers say it is good for heart health but only a small amount is needed."

(2) A: "Do you know what's on the agenda for the monthly meeting?"
B: "We are going to talk about *some new changes* in safety rules."

(3) A: "Isn't there *any other way* to solve the problem?"
B: "Maybe not. I think this is the only solution to this problem that I can imagine."

(4) A: "Do you have *any practical idea* how we can cut our marketing costs and have you read *any good books* on the matter recently?"
B: "We'd better cut down the expenses on TV advertising."

7. 지시 대명사와 비한정 대명사

지시 대명사(demonstrative pronoun)는 주로 사물 명사구를 지시하거나, 이미 언급한 어구나 나중에 언급할 어구를 가리키는 문법 범주로서, this/these와 that/those, such, so, same이 여기에 속한다. 이와 같은 지시 대명사는 문맥에 따라서 지시 한정사나 지시 부사로도 사용된다.
비한정 대명사(indefinite pronoun)는 정해지지 않은 사람, 사물, 사건 등을 선행사로 받거나 대신하는 문법 범주이다. 정해지지 않은 한 사람이나 하나의 사물이나 사건을 가리킬 때는 one, other, another, 둘이나 모두를 가리킬 때는 both와 all, 각각을 가리킬 때는 each와 every, 일부를 가리킬 때는 some, any, most, 둘 가운데서 하나를 인정하거나 둘 다를 부정할 때는 either와 neither, 전체를 부정할 때는 no와 none 을 각각 사용한다. 이와 같은 비한정 대명사는 문맥에 따라 명사의 문법 기능이나 형용사의 문법 기능을 수행한다.

☞ 지시사 this와 that

1) 지시사(demonstrative) this와 these는 물리적이나 심리적으로 가까운 거리나 시간을 지시한다. 지시사(demonstrative) that과 those는 물리적이나 심리적으로 먼 거리나 시간을 지시한다.

(1) a. We must make sure that *this* doesn't happen again.
    b. Jinny did not answer the letter, and *this(=that)* made me all the more angry.
(2) a. I earnestly wish you wouldn't say things like *that*.
    b. A student left the room suddenly, and *that* without saying a word.
(3) a. *These* are my books; *those* are my sister's.
    b. I have two apples; *this one* looks riper than *that one*.

2) 지시사 that(=the former; the one)의 전자 지시 기능과 지시사 this(=the latter; the other)의 후자 지시 기능은 화자의 발화 시점에서 이미 언급한 선행사나 선행 문장의 거리 차이를 지시하는 방법이다.[1)]

(1) We keep a cat and a dog; I like *this/the latter* than *that/the former*.
(2) They keep horses and cattle; *the former* for riding, *the latter* for milking.

---

1) 다음 예문처럼 화자의 발화 시점을 기준으로 선행 명사구나 절이나 문장은 this나 that으로 지시하지만, 후행 명사구나 절이나 문장은 this로 지시한다.
(i) Helen kept silent, and *this/that* made Charles angry.
(ii) I will say *this/*that*; a member of your staff will betray you.

(3) Health is of much more value than wealth. *This* cannot give such true happiness as *that*.

3) 비교 문장에서 앞에 나온 명사구의 반복을 피하기 위하여 지시 대명사구인 that of~나 those of~를 사용한다.

(1) a. The population of China is much larger than *that(=the population)* of Japan.
b. Nowadays the Korean standard of living is still higher than *that(=the standard of living)* of other countries in the world.

(2) a. The apples here are like *those(=apples)* of America.
b. His brother's speech and behavior were *those(=speech and behavior)* of a hooligan.

4) 지시 대명사(demonstrative pronoun) that은 the thing (which)의 의미로, those는 those people (who)의 의미로 관계 대명사절의 선행사의 문법 기능을 수행한다.

(1) a. You must do *that(=the thing)* which your teacher told you.
b. You shouldn't forget *that(=the thing)* which you have learned from your own experience.

(2) a. *Those(=Those people)* who like borrowing dislike paying.
b. All history confirms the doctrine that *those(=those people)* who rely upon the sword shall perish by it.

5) this나 these, that이나 those가 지시 형용사나 지시 부사로 사용되어 한정사의 문법 기능을 수행한다.[2)]

(1) a. Do you remember *that nice lady* who came to dinner the other day?
b. If Peter continues to improve *at this rate*, he'll soon be in the Team A.

(2) a. The table is about *this high* and *this wide.*
b. You need to cut about *this much off the end* of the pipe.

---

2) 지시 대명사인 this나 that의 관용적인 표현의 대표적인 예는 다음과 같다.
(i) Come here *this minute*(=at once)!
(ii) They should arrive by *this time*(=by now).
(iii) *With this/With that*(=Following this/Following that; Hereupon), he threw down his glasses and left the table.
(iv) I used to take drugs and (all) *that(=and all such things)* when I was young.
(v) The fare is reduced for children, *that is/that is to say*(=in other words), anyone under 12 years old.

☞ 지시사 such

1) 지시사(demonstrative) such는 지시 대명사로 연속되는 문장의 주어 자리에서 앞 문장을 받거나, as와 호응하면서 반복되는 명사구를 대신하거나, 문두로 도치되어 be 동사의 보충어로 사용되거나, those who나 those which를 대신하여 such~as~의 형태로 유사 관계 대명사(pseudo-relative pronoun)로 사용된다.

(1) A victory for Korea had been predicted and *such* indeed was the result.

(2) a. Jenny is only a child and must be treated *as such.*

b. Birth is a natural process and should be treated *as such.*

(3) a. *Such* was my reward.

b. If you fail this time you will have another chance. *Such* is life!

(4) a. *Such* of you *as* wish to leave may do so now.

b. Habits are easily formed, especially *such as(=those which)* are bad.

2) 지시사 such는 지시 한정사로 'such＋명사구＋as'나 'such as＋명사구'의 어순에서 지시의 문법 기능을 수행한다. 지시 형용사 such는 어떤 사람이나 사물, 또는 상황에 대한 결과를 표현하거나, 비교나 정도를 표시하거나, 상태의 심각성을 표시하거나, 전술한 내용과 비교하여 '그러한/그와 같은 정도'의 의미를 전달하기도 한다.

(1) a. *Such food as* they gave us was scarcely fit to eat.

b. *Such cartoon characters as* Micky Mouse and Snoopy are still popular with children.

c. Autumn gives us *such fruits as* apples, pears and persimmons. ⇒
Autumn gives us fruits *(such) as* apples, pears and persimmons.

(2) a. *Such* was his behavior that nobody liked him.

b. Our manager's manner was *such as* to offend nearly everyone he met.

c. *Such* father, *such* son.

d. It won't be anything special - just a few cakes and sandwiches and *such.*

3) 지시사 such는 전위 한정사로 'such＋a＋단수 명사'의 어순이나 'such＋복수 명사나 불가산 명사'의 어순에 사용된다.

(1) a. We can't trust *such a dishonest man as* he.

b. I've never seen *such an attractive girl as* Alice.

(2) a. There is now a greater awareness of problems *such as these.*

b. There are large electrical goods *such as refrigerator, television sets and washing machines.*

☞ 지시사 so

1) 지시사(demonstrative) so는 do, think, believe, call, expect, guess, hear, hope, imagine, say, speak, suppose, tell 등과 같은 동사의 목적어나 보어로서 선행절에서 되풀이 되는 절을 대신한다.[3)]

(1) a. "Is Edward coming?" "Yes, I think *so(=that he is coming).*"

b. If you want to go home, just say *so(=that you want to go home).*

(2) a. Edwin had a wonderful time, *so did I(=I also had a wonderful time).*

b. Jones enjoys playing soccer and *so does Martin(=Martin enjoys playing soccer too).*

2) 지시사 so는 서술어의 대용으로 be 동사 뒤에 오는 서술어 요소인 형용사구나 명사구를 대신하거나, as~so~의 형식으로 앞에 나온 동사나 동사구와 같은 서술어를 대신한다.

(1) a. He had been weak, but he wouldn't be *so(=weak)* any longer.

b. Gold has not been a poor investment over the past 20 years, and will continue not to be *so(=a poor investment).*

(2) a. Just as Tom has changed, *so has his wife(=his wife has changed too).*

b. As the operating system of computer become sophisticated, *so too do(=so too become sophisticated)* the methods of those who exploit the technology.

3) 지시사 so는 지시 부사로 'so+~형용사/부사+as~' 어순에서 정도를 나타내거나, 'so+형용사/부사+that~' 어순에서 결과를 나타낸다.

(1) a. The particles are *so small as to be* almost invisible.

b. The man was *so kind as to show* me the way to the national museum.

---

3) 다음 예문에서 알 수 있듯이 "So am I."나 "Neither am I."는 앞사람의 의견에 동의하는 표현이고, "So I am."이나 "Neither I am."은 강조하는 표현이다.

(i) "She is happy." "I am happy too.(⇒ *So am I.*)" / "So I am(, indeed)."

(ii) "She is not rich." "I'm not rich, either.(⇒ *Neither am I.*)" / "Neither I am."

(2) a. The little boy was *so weak* that he could hardly stand up.

b. There was *so much smoke* that they couldn't see across the hallway.

☞ 지시사 the same

1) 지시사(demonstrative) the same은 지시 대명사로 둘 이상의 정해진 사람이나 사물이 서로 같거나 유사할 때 사용한다.

(1) We must do *the same* as our teacher did.

(2) "Merry Christmas! Caroline." "*(The) same* to you."

(3) The two coins may look *the same* but one is a forgery.

2) 지시사 the same은 지시 한정사로 선행사의 일부를 형성하여 관계 대명사절인 as-절이나 정형절인 that-절과 결합한다.

(1) a. This is *the same* watch *as* I gave her. (the same kind)

b. This is *the same* watch *that* I gave her. (the very thing itself)

(2) a. Are these *the same applicants* who came here yesterday?

b. It is *those same people* who voted for the Democrats who now complain about their policies.

3) 지시사 the same은 지시 부사로 the same as~의 구조에서 동사를 후치 수식하거나 부가적인 용법으로 사용되어, as-절이나 as-구와 동일성을 표현한다.

(1) They do not think *the same(=in like manner) as* we do.

(2) Everyone had to dress *the same as* a well-known historical figure.

(3) 'Rain'and 'reign'are pronounced *the same* even though the two words are spelt differently.

☞ 비한정 대명사 one

1) 비한정 대명사(indefinite pronoun) one은 일반적인 불특정한 사람을 총칭적으로 지칭할 때 사용한다.[4)]

---

4) 비한정 대명사 one이 일반인이 아니거나, anyone, someone, everyone, no one 등을 받을 때는 he/she로 받는다. 다음 예문의 비교에서 알 수 있듯이 일반적인 불특정한 세상 사람일 때도 미국 영어에서는 he/she를 사용하는 경향이 있다.

(1) *One* should do one's(=his or her) duty.

(2) *One* should keep one's word in order to win credit with friends.

2) 비한정 대명사 one은 동종의 가산 명사를 선행사로 받아 선행 명사구의 반복을 피하기 위하여 사용한다.[5)]

(1) If you need a book, I will lend you *one(=a book)*.

(2) Do you have a TV set? Yes, I have *one(=a TV set)*.

3) 비한정 대명사 one은 성질 형용사나 지시 한정사 다음에 오는 명사구의 대용으로 쓰일 때, 단수이면 one, 복수이면 ones를 사용한다.[6)]

(1) The only *jokes* I tell you are *the ones* that I hear from my sister.

(2) "I'd like a drink, but just *a small one*." "I thought you preferred *a large one*."

☞ 비한정 대명사 other

1) 비한정 대명사(indefinite pronoun) other는 둘 중에서 하나를 선택할 때 one~, the other~로 사용되고, 범위가 정해진 여럿 중에서 하나를 선택할 때는 one~, the others~로 사용되고, 집단이나 한계가 명백하지만 수나 양을 정확히 모를 때는 some~, and the others~로 사용된다.

(i) *One* must be careful about *one's* investments. (British English)
(ii) *One* must be careful about *his/her* investments. (American English)

5) 다음 예문처럼 동일한 종류의 사물을 가리키는 'a+가산 명사'는 one으로 받는다. 그러나 동일 명사로서 똑같은 바로 그 사물을 가리키는 'the+단수 보통 명사'는 it으로 받고, 동종 명사로서 다른 사물을 가리키는 'the+단수 보통 명사'는 that으로 받는다.
(i) I lost *my pen* yesterday, so I must buy *a new one*.
(ii) I have *a pen* and I will lend *it* to you if you want.
(iii) *The climate* of England is milder than *that* of Japan.

6) 비한정 대명사 one을 사용할 수 없는 경우는 다음과 같다.
첫째로 one은 원래 수사이므로 셀 수 없는 불가산 명사인 물질 명사나 추상 명사 다음에 오는 one은 생략한다.
(i) I like *red wine* better than *white (*one)*.
(ii) My sister loves to drink *green tea* better than *red (*one)*.
둘째로 명사나 대명사의 독립 속격 다음이나 '속격+own' 다음의 one은 생략한다.
(i) My *grandfather's house* is larger than *my father's (one)*.
(ii) This bicycle is *my brother's own*.
셋째로 수사 다음에 반복되는 명사나 명사구를 대신하는 one은 생략한다.
(i) Our neighbor has *three cars* and we have *three* too.
(ii) As we finished *the first chapter*, now we'll read *the second*.
넷째로 '비교급이나 최상급+one/ones'는 가능하지만, '비교급이나 최상급의 형용사+of-구' 뒤에 오는 one/ones는 생략한다.
(i) John has two sisters; the elder sister is more beautiful than *the younger (one)*.
(ii) This is the most interesting DVD recorder of *the three*.

(1) We have two dogs; *one* is white, and *the other* (is) black.
(2) Wilson breeds 10 cattle; *one* is bull, (and) *the others* (are) cows.
(3) There are twenty students in our class; *some* study Korean, and *the others* (study) English.

2) 전자와 후자를 표현할 때는 the one~, and the other~(=the former~, the latter~; that~, this~) (전자는, 그리고 후자는)를 사용한다.

(1) We keep horses and cattle; *the one* for riding, *the other* for food.
(2) It is true that the lizard and the snake are both reptiles; *the one* has legs and *the other* none.

3) 여러 사람이나 사물을 열거할 경우, 셋 중에서 순서 없이 열거할 때는 비한정 대명사 one~, another~ (=a second), and the other~를 사용하고, 넷 중에서 순서 없이 열거할 때는 one~, another~, a third~, and the other~를 사용하고, 셋 중에서 순서대로 열거할 때는 the first~, the second~, and the third~를 사용한다. 그리고 집단이나 한계가 모호한 가운데 막연하게 여러 사람이나 사물을 열거할 때는 some~, and others~ (약간은, 또 약간은)를 사용한다.

(1) Mr. Jones has three sons. *One* is a doctor, *another* (is) a teacher, and *the other* (is) a lawyer.
(2) There are four flowers in the vase; *one* is rose, *another*, tulip, *a third*, lily, and *the other* is carnation.
(3) Many a regular member of the neuro-linguistics society attended the special meeting. *Some* came on foot; and *others* (came) by bus.

☞ 비한정 대명사 another

1) 비한정 대명사(indefinite pronoun) another는 '하나 더(=one more)'의 뜻을 나타내는데 사용한다.

(1) Will you have *another(=one more)* cup of coffee?
(2) Why don't you buy three CDs and get *another* (CD) completely free?

2) 비한정 대명사 another는 '다른 하나(=different one)'의 뜻을 나타내는데 사용한다.

(1) I don't like this pen; show me *another(=another pen)*.

(2) Look outside. There is *another(=another person)* to come.

3) 비한정 대명사 another는 '역시 같은 사람이나 물건(=also one, a similar one)'의 뜻을 나타내는데 사용한다.

(1) If I am a fool, you are *another(=a fool too)*.

(2) If he is a mad man, she is *another(=a mad woman too)*.

4) 비한정 대명사 another는 'A와 B는 별개의 것(=one thing~and another: one thing is different from another)'이라는 뜻을 나타내는데 사용한다.

(1) To love Wilson is *one thing*, and to marry him is *another*.

(2) It is *one thing* to own a library, it is quite *another* to use it properly.

5) 비한정 대명사 another는 '서로서로(=one another; each other)'의 뜻을 나타내는데 사용한다.[7)]

(1) They were helping *one another* in their work.

(2) A prisoner and prison officers looked at *one another* between the glasses.

☞ 비한정 대명사 all과 both

1) all(=the whole of an amount, thing, or type of thing)이 비한정 대명사(indefinite pronoun) all로 사용되면, 단수는 주로 사물을 나타내고, 복수는 주로 사람을 나타낸다.[8)]

(1) *All* I am asking for is a little respect.

(2) *All* are in good health except some students who suffer from mental stress occasionally.

---

7) one after another(=one by one; in succession)와 one after the other(=by turns)의 용법의 예는 다음과 같다.
 (i) Many costumers visited us *one after another*.
 (ii) The two dogs began to bark *one after the other* at a stranger.

8) at all의 주요한 문법 기능은 다음과 같다.
 (i) Do you believe it *at all?* (의문문에서 '도대체')
 (ii) If you do it *at all*, do it well. (조건문에서 '적어도, 기왕에')
 (iii) There are very little if *at all*. (조건문에서 '있다손 치더라도')
 (iv) They are not interested in it *at all*. (부정문에서 '조금도 ~이 아니다')
 (iv) I am surprised that he passed the exam *at all*. (서술문에서 '어쨌든')

2) both(=two things or people together)가 비한정 대명사(indefinite pronoun) both로 사용되면, 두 사람이나 두 개의 사물을 나타낸다.

(1) a. *Both of us* were very tired.

b. *Both story* books are so dull that I can't read them any more.

(2) *Both* Harold *and* his wife Anne enjoy playing tennis every morning.

☞ 비한정 대명사 each와 every

1) each가 비한정 대명사(indefinite pronoun) each로 사용되면, '둘 이상일 때 하나씩 각각(=everyone of two or more things or people, considered separately)'이라는 뜻의 단수 개념으로 사용된다. 또한, each는 한정사로도 사용된다.

(1) *Each of them* has his own claim to have seen UFOs.

(2) These books on English syntax cost twenty dollars *each.* ⇒

Each book on English syntax costs twenty dollars.

2) every가 비한정 대명사(indefinite pronoun) every로 사용되면, '셋 이상일 때 하나씩 합하여 모두(=each of more than two people or things)'라는 뜻의 단수 개념으로 사용된다. 또한 every는 'very＋(수사)＋명사구'의 주조에서 한정사로도 사용된다.

(1) *Every child* is to receive a certificate at the end of the course.

(2) a. I visited my grandmother *every three days* when I was in the country.

b. You only need to water plants *every other day(=one of each two days).*

☞ 비한정 대명사 either와 neither

1) 비한정 대명사(indefinite pronoun) either는 '둘 중 하나(=one or the other of two things or people)'라는 뜻의 부분 긍정의 단수 개념으로 사용된다. 또한, either는 한정사로도 사용된다. 한편, either A or B가 절과 절을 연결할 때는 B와 성, 수, 인칭이 일치된다.

(1) We have tea and coffee - you can have *either.*

(2) Do you know *either of Tom's two* sisters? (one between two)

(3) There are maple trees *on either side/on both sides* of the street.

(4) In relation to our new project, *either* he is to blame, *or* I am to blame. ⇒

In relation to our new project, *either he or I am* to blame.

2) 비한정 대명사(indefinite pronoun) neither는 '둘 다 아니다(=not one or the other of two things or people)' 라는 뜻의 전체 부정의 단수 개념으로 사용된다. 또한, nether는 한정사나 부사로도 사용된다.[9] 한편, neither A nor B가 절과 절을 연결할 때는 B와 성, 수, 인칭이 일치된다.

(1) I had two strategies, *neither of which seems* to have worked well.

(2) Maggie doesn't like swimming in the river. - *Neither do I.* ⇒

Maggie doesn't like swimming in the river. - *I don't, either.*

(3) Tom thinks he is very happy because *neither of his parents is* dead. ⇒

Tom thinks he is very happy because *both of his parents are* not dead.

(4) *Neither he nor I am* the person eligible for the office.

☞ no와 none의 문법 기능

1) 한정사(determiner) no는 'not~a + 단수 명사구'의 뜻을 가지고 있는데, 보통 부사인 not보다 더 강한 부정을 표시하고, 가산 명사와 불가산 명사에 다 사용된다.

(1) Don't go there if you have *no gun* with you. ⇒

Don't go there if you *don't have a gun* with you.

(2) There is *no rule* without exceptions in the real circumstances.

(3) I think *no train* schedule will be affected by this unexpected incident.

2) 비한정 대명사(indefinite pronoun) none은 no one/no person/no people의 뜻을 가지고 있는데, 가산 명사와 불가산 명사에 다 사용된다. 또한, 'none of + 한정사 + 복수 명사구 + 복수 동사'와 'none of + 한정사 + 단수 명사구 + 단수 동사'로 수를 일치시켜야 한다.

(1) a. *None have* succeeded in solving the physics problem.

b. I wish I could offer you some cake but there *is none* left.

(2) a. I know what people are saying - but *none of it is* true.

b. *None of my friends have* phoned me any more since I left university.

---

9) neither는 원칙적으로 단수로 사용되나, A와 B가 둘 다 복수 일 때는 "Both extreme rightists and extreme leftists are dangerous to the peace of the world, for *neither* think much of the freedom of speech."처럼 복수로도 사용된다.

☞ some과 any의 문법 기능

1) 한정사(determiner) some은 주로 중심 한정사로 쓰이지만, 비한정 대명사로도 사용된다. 일반적으로 some은 긍정문, 권유문, 간청문, 긍정의 대답을 기대하는 의문문에 쓰인다. 긍정문에 사용되는 some은 '대략, 일정 정도(=about, a certain)'를 의미하는 특별한 해석을 갖는다.

(1) The doctor gave her *some medicine* for her cough.

(2) I've just made a pot of coffee. Would you like *some?*

(3) Don't you have *some money?*(=I know that you do have some money.)

(4) a. We waited for her *some(=about)* twenty minutes.

b. Can you give me *some(=a certain) idea* of using a female actor for the part?

2) 한정사(determiner) any는 주로 중심 한정사로 쓰이지만, 비한정 대명사로도 사용된다. 일반적으로 any는 의문문, 조건문, 부정문에 사용한다. 긍정문에 사용되는 any는 '특정 유형의 사람이나 사물(=a particular type of person or thing)'을 의미하는 특별한 해석을 갖는다.[10)]

(1) Do you need *any further information?*

(2) I have a lot of pancakes; if you want *any*, I will give you some.

(3) They haven't shown *any interest* at all in my research on physics.

(4) This material is written in plain English; *any child* can understand it.

10) -thing/-body는 any와 some의 용법에 준하고, something, anything, nothing, everything 등과 같은 대명사를 수식하는 형용사는 다음 예문처럼 그 대명사 뒤에 온다.

(i) I saw *something white* in the dark.

(ii) Is there *anything interesting* in today's paper?

(iii) Is there *anyone else* who needs a ticket for the concert?

※※ Practical Expression 1

All (that) I need/want is to+V~ : 나에게 필요한 것은 V~하는 것뿐이야.

(1) A: "What do you need now?"

B: "*All that I need*/want *now is to be* alone in my room."

(2) A: "Didn't you see him last week?"

B: "Yes, but *all that I need*/want *now is to see* him one more time."

(3) A: "*All that I need*/want *is to receive* a few more replies from my questionnaire, and I should be ready."

B: "Excellent. As soon as you are finished, I will proofread your article."

(4) A: "*'All That I Need Is to Be Loved'* is the name of a song by the techno-artist Moby."

B: "You're right. Moby sings and plays keyboard, guitar, bass guitar and drums. He became a successful artist on the ambient electronica scene."

※※ Practical Expression 2

either는 부분 긍정의 단수 개념으로 사용되고, neither는 전체 부정의 단수 개념으로 사용되거든.

(1) A: "Where can I park my car?"

B: "You can park on *either side* of the street."

(2) A: "What was the answer of the two girls? Did both of them say 'yes'?"

B: "Yes. I would be surprised if *either of them* would have said 'no'."

(3) A: "Did you analyze two students' aptitude test records on math and physics?"

B: "Yes. The records told me that *neither of students* was good at math and physics."

(4) A: "Have you read Tom and Jerry's reports?"

B: "Yes, I've read. They produced two reports, *neither of which* contained any useful suggestions, though."

※※ Practical Expression 3

A is one thing, B is another : A와 B는 서로 다른 거라구!

(1) A: "He is only all talk."

B: "I'm sure that *saying is one thing*, and *doing is another*."

(2) A: "I have difficulty in teaching the children."

B: "Keep in mind; *Knowing is one thing*, and *teaching is another*."

(3) A: "Emma thinks she's God's gift to the world."

B: "I know, but *self confidence is one thing, being egotistical is another*."

(4) A: "Do you think *romance is one thing, marriage is quite another?*"

B: "Yes, it's true, in partial. Romance and marriage do not always consist together, though."

※※ Practical Expression 4

subject+be so+adjective/adverb~ :
주어가 매우 형용사/부사하다. / 주어가 매우 형용사/부사하여~하다.

(1) A: "Why did you come back *so soon* from Canada?"

B: "I finished my work earlier than expected."

(2) A: "Why are you being *so tight* with money? I know that you have a lot of money."

B: "I can't help it. I have so many expenses."

(3) A: "She spoke *so quietly* that I could hardly hear her."

B: "That's too bad. I think she can do a good job if she can speak more loudly and clearly."

(4) A: "Linda! Did you apply for the job that I e-mailed you about?"

B: "No, I've been *so busy* that I haven't even had time to take a good look at the job description."

※※ Practical Expression 5

All (that) I need is + something/someone~ : 나에게 필요한 것은 사람/사물~일 뿐이야.

(1) A: "You look really tired. Why don't you go home early today?"
B: "*All I need is a nap*. But I can't. I have too much work to do now."

(2) A: "You are the sunshine of my life. You are the apple of my eye."
B: "*All I need is love* too as all I need is the air that I breathe. Love is all I really need."

(3) A: "Who do you wanna meet now?"
B: "*All I need is someone* to talk to about him but you are the only person I can talk to."

(4) A: "I know that *all I need is you* because I love you and you need my concern."
B: "I agree. But too much concern for one means misfocussing energy; and misfocussing energy means missing other opportunities."

※※ Practical Expression 6

Which of + something/someone + V + subject~ : 어느 것을/누구를 주어가 V~하나요? Which of + someone + V~ : 누가 V~하나요?

(1) A: "*Which of your parents* do you take after?"
B: "I closely resemble my mother, but my brother takes after my father."

(2) A: "*Which of these forms* will I have to fill out?"
B: "The one marked A-7. It's necessary for you to prove your qualification for the job."

(3) A: "Now *which of them* will love him more?"
B: "I think his mother loves much more than his father."

(4) A: "*Which of you* read this novel? It's instructive as well as interesting."
B: "Both Maria and I did. I thought it was instructive in that the villain got punished in the end."

※※ Practical Expression 7

(Please) feel free to + V~ : (마음껏) V~하세요.

(1) A: "Should you have further questions, *please feel free to contact* us."

B: "It's very kind of you to say so."

(2) A: "*Please feel free to stop* in my office at any time in order to discuss your interests."

B: "I really appreciate your kindness."

(3) A: "I'd like to get more information regarding the procedures of returning products."

B: "For more precise information, *please feel free to contact* our customer service office."

(4) A: "How was your medical check-up yesterday?"

B: "It was good. The doctor was very kind. And he told me to *feel free to call* him anytime if I need his advice."

※※ Practical Expression 8

I'm here to + V~ : V~하러 왔습니다.

(1) A: "Hi. How may I help you?"

B: "*I'm here to buy* a novel written by Hemingway."

(2) A: "This is my first trip here. Let's just relax and enjoy ourselves."

B: "No, *I am here to work* and will try my best to perform my duty."

(3) A: "Good evening. *I'm here to pick up* my dry cleaning. But I'm afraid I don't have my receipt."

B: "That won't be a problem. We have a state-of-the-art computer system."

(4) A: "I'm going to try and do everything, starting here. *I'm here to win*, not to just participate."

B: "To win a game is, of course, can be the best policy. But it is not always the best value in your life."

✲✲ Practical Expression 9

> the same은 대명사로 주어, 보어, 또는 목적어로 쓰이거나 형용사로 사용되기도 하지.

(1) A: "What kind of food would you like to have?"
B: "I'll have *the same* as you."

(2) A: "Thank you for helping me. I'll do *the same* for you someday."
B: "Don't mention it. It's my pleasure."

(3) A: "I have been too busy to read the materials. I don't see how I can get it finished by the deadline."
B: "I know. I've got *the same* problem too."

(4) A: "I didn't understand how much my family loves me until I left home."
B: "This is *the same* as the sun. We don't realize the greatness of the sun until it shines from behind the clouds."

✲✲ Practical Expression 10

> 일반적으로 each는 각각을 표시하는 단수이고, every는 전체를 표시하는 단수라구![11)]

(1) A: "Do you want a red or blue pencil?"
B: "I'll take *one of each*, please."

(2) A: "What is the best way to enjoy learning English?"
B: "I could not answer it with ease. Because *each person* has their own favorite learning style."

(3) A: "Why didn't you come to the institute yesterday?"
B: "Because I was shopping. *Every time* I go shopping, I lose all sense of time."

(4) A: "What is the important thing in analyzing a sentence?"
B: "I think it's finding a verb, because *every sentence* has a verb which is the core element of a sentence."

---

11) 다음 예문 (i)의 대조에서 알 수 있듯이 보통 each는 '개인 한 사람 한 사람/낱개 하나하나'의 의미를 나타내고, every는 집단이나 무리의 사람이나 사물을 하나의 단수로 본다. 한편, each와 every가 (ii)처럼 동일한 의미를 전달하기도 한다.

(i) a. The President gave *each soldier* a medal.
b. *Every soldier* saluted as the President arrived.

(ii) Prices go up *each year.* / Prices go up *every year.*

✻✻ Practical Expression 11

another 뒤에는 단수 가산 명사가 오지만, 시간/거리를 나타낼 때는 복수 명사가 온단다.

(1) A: "Should we send Mr. Park to the new branch?"

B: "I don't think we have *another alternative*."

(2) A: "Jane, I have been waiting for twenty minutes."

B: "I'm very sorry, Tom. *Another appointment* ran late."

(3) A: "When does the bus leave? It's too boring to wait."

B: "Not for *another 30 minutes*. We'd really rather take a taxi."

(4) A: "There is going to be heavy traffic on the highway, isn't there?"

B: "Not for *another two hours*. Take your time. We are not in any hurry."

✻✻ Practical Expression 12

such a + noun phrase~ ; so + adjective/adverb~ : 그렇게 명사/형용사/부사한~ (such a + 명사구는 so + 형용사/부사로 바꿀 수도 있지)

(1) A: "He is not *such a coward* but he can do that."

B: "I think so. But what's problem is that he pursues his own interests only."

(2) A: "I don't want to talk to him about it. He is too talkative."

B: "I guess you're right. I mean he's *such a wet blanket* but he's not a bad guy or a tricky fellow."

(3) A: "You look tired. What did you do last night?"

B: "The meteor storm was *so beautiful* that we watched it all night." ⇒

It was *such a beautiful meteor storm* that we watched it all night.

(4) A: "Given that consumer spending is frozen, it appears inevitable for the administration to have to expand fiscal spending."

B: "I'm not sure this idea is *so good* because of the risks of adding to the budget deficit." ⇒

I'm not sure this is *such a good idea* because of the risks of adding to the budget deficit.

8. 수동문과 허사 주어 it/there-구조

일반적으로 능동 동사 형태로 실현되는 능동문과 수동 변형에 따라 수동 동사 형태로 실현되는 수동문(passive sentence)의 선택은 동사가 나타내는 행위의 방향성에 따른 강조나 화제화의 문법 기능에 따라 결정된다.

의미역(theta role)을 받지 못하는 허사 주어(expletive subject) it이나 there가 사용되는 비지시 구조는 문장의 실제 주어인 논리 주어가 비한정성(indefinite property)의 신정보인 경우가 대부분이다.

☞ 능동문과 수동문의 독립성

(1) *Everyone* in the room knows at least *two languages*. ≠
At least *two languages* are known by *everyone* in the room.

(2) *Many* arrows did *not* hit the target. ≠
The target was *not* hit by *many* arrows.

(3) *Everyone* loves *his* mother(=Everyone loves his or her own mother.). (≠)
His mother is loved by *everyone*.

능동문(active sentence)과 수동문(passive sentence)의 기저 구조(underlying structure)를 독립적으로 설정해야 하는 이유는 위 예문 (1)-(3)에서 알 수 있듯이 능동문의 의미와 수동문의 의미가 서로 다를 수도 있다는 사실이다.

☞ 능동문으로만 사용되는 상호 동사 문장, 소유 동사 문장, 또는 중간 동사 문장

(1) The boy *resembles* his father (*thoroughly). ⇏
*His father *is resembled* by the boy.

(2) Jane's brother *has* a new car (*wisely). ⇏
*A new car *is had* by Jane's brother.

(3) Someone *cuts* the bread (easily). ⇒
The bread cuts easily. / *The bread *is cut* easily.

(4) They *hammered* tin (well). ⇒
The tin hammered well. / *The tin *was hammered* well.

위 예문 (1)-(2)의 문법성 판단에서 알 수 있듯이 cost, have, resemble 등과 같은 상호 동사(reciprocal verb)나 소유 동사(possessive verb)들은 타동사 구문으로 수동 변형을 적용할 수 있는 문장 구조 조건을 충족시키고 있다. 그러나 이 유형의 동사들은 수동문이 아닌 능동문으로만 사용된다.[1] 이러한 상호 동사나 소유 동사의 목적어 선택과 관련된 의미 선택 특성은 well, clearly, easily, hardly, slowly, thoroughly, wisely 등의 양태 부사(manner adverb)와 함께 쓰이지 못한다는 점이다. 위 예문 (3)-(4)에서 알 수 있듯이 타동사의 목적어가 자동사의 주어로 사용되면서 행위자를 표시하지 않을 때, 수동문이 아닌 능동문만을 선택하는 동사를 중간 동사(middle verb)라고 한다.[2] 중간 동사가 자동사로 사용될 때는 easily, hardly, quickly, well과 같은 양태 부사와 결합한다.

☞ 수동문 사용의 동인

1) 능동문의 목적어를 강조(emphasis)하거나 화제화(topicalization) 하여 수동문의 주어로 삼고, 나머지 부분을 주어에 대한 설명 내용이 되는 평언으로 삼아 화제-평언 구조(topic-comment construction)를 도출할 때 수동문을 사용한다.

(1) Frederick *was kicked* in the classroom (by Matilda).
(2) His son *was run over* by a car in downtown last year.
(3) The man *was loved* by his wife and children, but he was not interested in making money that is needed to support his family.

2) 능동문의 목적어가 구정보이고 능동문의 주어가 신정보로서 문미 초점(end fecus)의 문법 기능을 수행할 때, 구정보-신정보(given-new information) 어순과 문미 초점 어순의 도출을 위하여 수동문을 사용한다.

(1) The fire *was started* by an unknown person.
(2) The press conference will *be held* by the president-elect at 3 p.m.
(3) The present mayor's term of office expires tomorrow. He will *be succeeded* by a new mayor.

3) 능동문에서 동사의 행위자나 동작 주체가 불분명하거나 행위자나 동작 주체를 밝히고 싶지 않을 때 수동문을 선택한다.

---

1) 대표적인 상호 동사나 소유 동사로는 become, belong, comprise, contain, cost, equal, escape, fit, have, hold, lack, resemble, suit, weigh와 같은 타동사들이다.
2) 대표적인 중간 동사로는 clean, cut, hammer, iron, read, wash 등을 들 수 있다.

(1) The young man *was wounded* in the war.

(2) Something important has *been said* that ought not to have been spoken.

(3) It *was reported* to me that some students had been cheating on their exams.

4) 중문이나 복문에서 동일한 주어를 사용해야 하는 문장 구조, 문체 구조, 또는 담화 구조가 요구될 때 수동문을 선택한다.

(1) The young couple returned and they *were pardoned* by the baron on the spot.

(2) The car that I bought two weeks ago was a racing car, but it *was stolen* the day before yesterday.

(3) Professor Park made a speech on the postmodernism and he *was asked* many questions at the end of the speech.

5) 상태 변화의 역동성을 강조하기 위여 수동문을 사용한다.[3)]

(1) Joan *got married* to Tom in 1998.

(2) Flora has *grown tired* of being a model.

(3) Slowly my eyes *became accustomed* to the darkness.

☞ 수동문에 대한 제약

1) 소유 동사나 상태 동사, 재귀 대명사나 상호 대명사를 목적어로 선택하는 동사, 동명사(gerund)나 to-부정사(to-infinitive)를 목적어로 선택하는 동사는 수동문에 사용되지 않는다.

(1) Tom married Judy last month. ⇏

*Judy *was married* by Tom last month.

(2) Mary saw herself in the convex mirror. ⇏

**Herself was seen* in the convex mirror.

---

3) 수동태는 다음 예문 (i)처럼 행위 수동(passive of action)과 결과 수동(passive of result)으로 나눌 수 있다. 강조나 결과의 의미를 가지고 있는 so가 수동문에 사용될 때, 행위 수동에서는 (iia)처럼 과거 분사인 수동 동사(passive verb) 뒤에 놓이고, 결과 동에서는 (iib)처럼 수동 동사 앞에 놓인다.

(i) a. The student *was praised* by his teacher. (action)

b. The building at the corner had *been demolished.* (result)

(ii) a. The student *was praised so that*/**was so praised that* he developed a swelled head.

b. The subject had *been so exhausted that*/**been exhausted so that* there was noting more to say.

(3) Jenny's mom hates her staying out late. ⇏

**Jenny's staying* out late *is hated* by her mom.

(4) I like to see people enjoying themselves. ⇏

**To see* people enjoying themselves *is liked* by me.

2) 대부분의 동사는 사람 목적어와 사물 목적어를 다 수동문의 주어로 선택할 수 있다. 다만, 사물 목적어가 수동문의 주어가 될 때는 사람 목적어는 'to/for/of+목적어' 형태의 전치사구로 실현되는 것이 원칙이다.[4)]

(1) Tom gave me a present. ⇒

a. *I* was given a present by Tom.

b. ?*A present* was given me by Tom.

(2) Tom gave a present to me. ⇒

a. *A present* was given to me by Tom.

b. **I* was given a present to by Tom.

(3) They offered him a very good job, but he turned it down. ⇒

a. *He* was offered a very good job, but he turned it down.

b. *A very good job* was offered to him, but he turned it down.

3) SVOO의 어순 구조를 선택하는 동사 가운데서 어떤 동사는 사람 목적어만을 수동문의 주어로 선택한다.[5)]

(1) She envied *me* my success. ⇒

a. *I was envied* my success by her.

b. *My success was envied to me by her.

(2) My name is Elizabeth, but *I am called* Liz by my friends.

(3) *The man* from a foreign country *was refused* a work permit because he refused to show an identification card.

---

4) 사람 목적어와 사물 목적어 두 가지를 다 수동문의 주어로 선택하는 동사로 allow, assign, award, deny, forbid, give, leave, lend, offer, owe, pay, permit, promise, recommend, refuse, send, serve, show, teach, tell, wish 등을 들 수 있다.

5) 사람 목적어만을 수동문의 주어로 선택하는 동사로는 answer, call, envy, kiss, save, spare, refuse 등을 들 수 있다.

4) SVOO의 어순 구조를 선택하는 동사 가운데서 어떤 동사는 사물 목적어만을 수동문의 주어로 선택한다.6)

(1) Mary wrote me *a letter*. ⇒

a. *A letter was written* to me by Mary.

b. *I was written a letter by Mary.

(2) *A sun hat must be bought* for my mother (by me).

(3) *The news* of violent fighting along the northern border *was brought* to people by the war correspondents.

5) 전치사 부가 동사(prepositional verb), 구동사(phrasal verb), 전치사 부가 구동사(phrasal prepositional verb)가 사용된 수동문에서는 이 다어 동사(multi-word verb)들이 하나의 단위로 재분석(reanalysis)된 타동사로 본다.7)

(1) I'm afraid I'll *be laughed at* by the children because I don't understand it.

(2) Our professor is a man of ability, so he *is* always *looked up to* by his students.

(3) A new unit will *be set up* by the team when business conditions become prosperous.

6) 명령문의 수동태는 'let+목적어+be+과거 분사'의 어순 구조로 실현된다. 한편, 지각 동사나 사역 동사가 사용된 수동태 문장에서는 지각 내용이나 사역 내용의 직접성이 능동태 문장 구조보다 약해지기 때문에 원형 동사(root verb) 대신에 to-부정사를 사용해야 한다.

(1) *Let it be done* at once. / Don't let my broken arm be touched.

(2) He *was seen to enter* the church to worship.

(3) They *were made to work* very hard and finally passed the test.

☞ 허사 주어 it의 비지시 구조

1) 허사 주어 it-구문(expletive subject *it*-construction)에서 허사 주어 it은 일반적으로 날씨/온도, 시간/날짜/요일, 거리/무게, 환경 등을 말하는데 사용된다. 이때 it은 주어-동사 일치(subject-verb agreement)가 이루어지고, 주어-조동사 도치가 적용되고, 부가절의 주어가 된다는 점에서 주어이다.

---

6) 사물 목적어만을 수동문의 주어로 선택하는 동사로는 afford, bring, buy, carry, do, ensure, get, hand, make, mean, pass, preach, reach, read, return, sell, sing, throw, wire, write, yield 등을 들 수 있다.

7) 구동사는 관용적 구동사(idiomatic phrasal verb)와 더불어 carry out, hand out, sit down, stand up, take down처럼전치사의 의미가 그대로 살아있는 문자적 구동사(literal phrasal verb)와 set out, start up, take off / carry on, dance away, keep on / think over, write over / drink up, mix up, close up처럼 상의미를 지니고 있는 상구동사(aspectual phrasal verb)로 분류할 수도 있다.

(1) *It* is 30 degrees below zero out there.

(2) I'm not even sure what day of the week *it* is.

(3) *It* is a good 450 kilometers from Busan to Seoul.

(4) *It* is so noisy in this restaurant that I can hardly hear what you are saying.

(5) a. It is/**It are*/**It am* raining. / Is it raining?

b. It was raining outside earlier, wasn't it?

2) 허사 주어 it이 사용되는 특별한 문장의 대표적인 용법으로는 강조 초점의 분열문(cleft sentence)과 외치구문(extraposed construction)을 들 수 있다.

(1) *It is my sister who* got married last month, not me.

(2) a. *It* upsets her *to see* her daughter behave that way.

b. *It* is surprising *that* you believe without doubt that he is clever. ⇒

What is surprising is that you believe without doubt that he is clever.

☞ 허사 주어 there의 비지시 구조

1) 허사 주어 there-구문(expletive subject *there*-construction)에서 허사 주어 there는 주로 존재 의미를 나타내는 be 동사의 존재문(existential sentence)에 사용된다.[8] 허사 주어인 there가 사용된 판정 의문문에서 긍정 대답에는 시제를 표시하는 be 동사 축약형이 허용되지 않지만, 부정 대답에는 부정 부사 not 축약형이 허용된다.

(1) *There is*/*There's* a friend of yours at the door.

(2) *There were* no fewer than thirty unpaid bills in his in-tray.

(3) *There will be*/*There'll be* over three thousand people at the concert.

(4) "Is there any milk in the fridge?" "Yes, *there is*." / *"Yes, *there's*."

(5) "Is there any student absent today?" "No, *there is not*." / "No, *there isn't*."

---

8) 일반적으로 be 동사는 다음 예문 (i)과 같은 존재 기능(existential function)의 의미, (ii)와 같은 속성 기능(attributive function)의 의미, (iii)과 같은 등식 기능(equative function)의 의미의 세 가지로 나눌 수 있다. 이 중에서 존재 기능의 의미만 허사 주어 there-구문으로 바꾸어 쓸 수 있다.

(i) A bear *is* in the forest. ⇒
There is a bear in the forest.

(ii) Uncle Jim *is* not foolish. ⇒
*There is not Uncle Jim foolish.

(iii) The result *was* a failure. ⇒
*There was the result a failure.

2) 허사 주어 there는 제시 의미를 나타내는 동사의 제시문(presentational sentence)에도 사용된다.[9)]

(1) *There seems* to have been a mistake.

(2) *There appeared* a little boy on the stage.

(3) *There occurred* several fires uptown last night.

(4) *There remain* further critical issues to be discussed.

(5) *There happened* a big traffic accident on the highway.

(6) During their traveling across the desert, *there came* a moonlight night when the air was still and cool.

3) 허사 주어 there-구문에서 there가 문법적인 주어라는 것은 부가절의 주어로 there가 사용된다는 사실로부터 알 수 있다. 한편, 실제로 주어-동사 일치는 논리 주어와 이루어진다. 허사 주어 there-구문에서 논리 주어는 보통 비한정성의 신정보로서 부정관사나 복수형과 같은 비한정 자질을 가지고 있거나, 비교적 길고 복잡한 요소로 구성된다는 제약을 받는다. 그러나 복수 주어가 개념상으로 하나의 단위(a single unit)로 간주되거나, 복수 주어가 측정 단위나 시간 단위를 나타낼 때는 다음 예문 (3)처럼 단수의 there is~구조가 선호된다.[10)]

(1) a. *There is* another solution to this problem, *isn't there?*

b. *There're* many people who cannot resist bargains and sales, *aren't there?*

(2) a. *There are king-size beds* in my room.

b. *There is one hundred tons of water* behind that dam.

(3) a. *There was king prawns* cooked in chilli, salt, and pepper.

b. *There is ten minutes* on the clock, and The Manchester United has the ball.

4) 허사 주어 there-구문에서는 실제 주어인 논리 주어가 새로운 정보를 제시한다는 특성을 갖는다. 그러므로 신정보를 제시하거나, 존재와 관련된 대답을 하거나, 대화의 초점을 바꾸거나, 어떤 화자와 청자가 알고 있는 구정보를 화자가 청자에게 환기시킬 때, 허사 주어 there-구문을 사용한다.

---

9) 허사 주어인 there가 사용되는 문장에서는 동사가 존재 기능의 의미 특성을 가지고 있는 be 동사 유형인 비대격 동사(unaccusative verb)로 한정된다. 제시문에 사용되는 주요 비대격 동사로는 존재나 위치를 나타내는 dwell, exist, live, remain, stand, sit이나, 이동이나 방향을 나타내는 approach, arrive, come, fly, gallop, go, run, walk나, 사건의 발생이나 실현을 서술하는 동사로 appear, arise, began, develop, emerge, ensure, enter, escape, follow, grow, happen, occur, seem을 들 수 있다.

10) 한편, "*There were/*There was* a number of issues that he wanted to discuss."처럼 명사구 논리 주어를 a lot of가 수식하면 명사구와 주어-동사 일치가 이루어진다(Huddleston & Pullum 2002).

(1) There's *a new sheriff* in town.

(2) "Where can I get some gas?" "There's *a gas station* two blocks up this street."

(3) Public skepticism about the election next week is evident, and the turnout at political rallies has been low. There are *no reliable polls* to suggest how the vote may go.

(4) "Well, you're taking your final classes this semester, and you'll graduate in August. I'll bet you haven't got a care in the world."

"Actually, I am not all that carefree yet. There's still *the comprehension exam.* I've got to pass that before I graduate."

✻✻ Practical Expression 1

I was told that~ / I heard that~ : that~라고 들었어.

(1) A: "Could you help me with this calculation?"

B: "Sorry, *I was told* that I must finish my report by the end of the day."

(2) A: "Hello, John. How are you doing?"

B: "What brought you here? *I was told* that you need my help in fixing the computer."

(3) A: "*I heard* that you're going to work at the main office."

B: "Who gave you such an information? It's still not decided yet."

(4) A: "Kerry, *I just heard* that Brian got fired."

B: "Really? But he always seemed like such a hard worker. What was the reason?"

✻✻ Practical Expression 2

It looks/sounds like~ : ~인 것 같아. / ~처럼 보이네요. / ~처럼 들리네요.

(1) A: "How's the weather?"

B: "*It looks like* it might rain."

(2) A: "There is something strange. *It looks like* a leaf, but it's moving."

B: "It's something like a bug. What's this? Let's look up the encyclopedia."

(3) A: "*It sounds like* you're falling in love with her."

B: "I am not falling in love with her. She's just a very good friend of mine."

(4) A: "Reading and writing isn't too much hard for me but I find listening more difficult. There are so many different accents and people speak too fast."

B: "*It sounds like* you may be prejudiced. Actually they say that English is one of the slowest languages."

※※ Practical Expression 3

subject + be committed to + noun/V + ing~ : 주어가 명사/V + ing~하는데 전념하다.

(1) A: "*The company is committed to* providing the best possible service."
B: "That's a good idea! Services are most important for business."

(2) A: "*The department is committed to* providing customers with a satisfactory resolution to their complaints."
B: "That has been vital to its success."

(3) A: "*Most Americans are committed to* the ideal of equality of opportunity in politics."
B: "Definitely. But there are very different understandings of what the ideal of equality of opportunity means."

(4) A: "I would like to share everything with you in my life."
B: "I feel *we should be more committed to* our feelings and understandings too. I will do everything within my reach to keep you happy."

※※ Practical Expression 4

subject + be surprised that~ : 주어가 that~에 놀라다.

(1) A: "*I'm surprised* that Henry won the bid."
B: "He made a competitive offer."

(2) A: "*Weren't you surprised* that Johnson refused the job offer?"
B: "I've heard nothing about him. What kind of job offer did he receive?"

(3) A: "*I was surprised* that there was not a single person here."
B: "There held a farewell meeting for all the interns in our department."

(4) A: "*I'm so surprised* that the concert hall was so empty last night."
B: "I'm pretty shocked too. I know that the chamber orchestra achieves worldwide fame, though."

※※ Practical Expression 5

There is no way to+V~/(that)~ : V~/(that)~할 방법이 없어/~할 수가 없어.

(1) A: "Who would commit a crime in the eye of day?"

B: "But *there's no way to predict* whether or not he will commit a crime."

(2) A: "How can I make a success in my social life?"

B: "Success follows doing what you want to do. *There is no other way to be* successful."

(3) A: "You can't go to sleep before finishing your homework."

B: "I'm sorry, but *there's no way* that I can do this because I'm too tired."

(4) A: "The holiday season just begins. So, it's not easy for you to buy airline tickets."

B: "You mean that *there's no way* now that we'll get a reservation."

※※ Practical Expression 6

There's no way but to+V~ : V~할 수 밖에 (다른 방법이) 없어.

(1) A: "I've suffered from a painful toothache since last week."

B: "Maybe you hate it, but *there's no way but to go* to a dentist."

(2) A: "I made many mistakes in my project and did things that I shouldn't have."

B: "I think *there's no way but to start* again."

(3) A: "When it comes to the time we go die, *there's no way but to leave* the whole things behind and just go."

B: "As we know, it is life's journey and the end of our life."

(4) A: "The opposition party is against the government's troop deployment to the Middle East."

B: "But, *there is no way but to back* the troop deployment this time. Public opinion also approves of the government's plan."

※※ Practical Expression 7

There's a good chance that~ : ~할 가능성이 크다.

(1) A: "I am really nervous about how my date will go. What if I say something stupid?"

B: "I'm sure you act wisely. *There'll be a good chance* that you captivate her heart."

(2) A: "What's your plan for next year?"

B: "It looks like *there's a good chance* that I will be returning back to Busan next year."

(3) A: "*Is there a good chance* there will be a nuclear war?"

B: "No, almost everyone agrees that nuclear weapons cannot be used to advantage because to do so would be suicide."

(4) A: "Apple has just announced that this year's event will be held on September 1st. I expect we'll see the new crop of iPads."

B: "Yes. *There's a good chance* that we'll see something more. Rumors are flying of a new Apple TV.

※※ Practical Expression 8

It takes＋(someone)＋시간/분＋to＋V~ : V~하는데 (사람에게) 몇 시간/분이 걸린다.

(1) A: "How long did it take to solve the problem?"

B: "*It took (me) five minutes to solve* the problem."

(2) A: "How does your commuting time compare with other people's?"

B: "*It takes about two hours to commute* from my home to the office by train."

(3) A: "*It takes a lot of time to maintain* my blog."

B: "I understand what you said. That's why I didn't set up mine yet."

(4) A: "I parted from him in Seoul. But I just can't forget him. What am I supposed to do?"

B: "*It takes about half the time* that you date someone to get over it."

※※ Practical Expression 9

subject + be interested in~ : 주어가~에 관심이/흥미가 있다.

(1) A: "What type of work are you looking for?"
B: "*I'm interested in* working at a bank."

(2) A: "*Are you interested in* going out for dinner tonight?"
B: "No, thank you. I have some work to do."

(3) A: "Would *you be interested in* receiving out this pamphlet?"
B: "Thanks, but I already have one."

(4) A: "*Are you* really *interested in* sampling one of these perfumes?"
B: "Yes. Could I try the one on the right?"

※※ Practical Expression 10

It goes against + noun phrase + (for + subject) + to + V~/that~ : (주어가) V~/that~하는 것은 명사구에 어긋난다.

(1) A: "Why can't man see his wife on his wedding day?"
B: "*It goes against convention for a groom to see* the bride before the wedding in this country."

(2) A: "Why don't you raise an objection to his offer?"
B: "*It goes against my values to make* an objection. I believe everyone has his own opinion."

(3) A: "*It goes against a natural human tendency to seek* revenge and the redress of injustice."
B: "For that reason, she recommends doing it with help of friends, a therapist or through prayer."

(4) A: "Why don't you quote a passage from the minister's speech?"
B: "*It goes against my beliefs to cite* other speaker's address without permission. My parents taught me to respect other people's intellectual property."

⁂ Practical Expression 11

Is it possible + (for + subject) + to + V~ : (주어가) V~해도 될까요? / (주어가)~하는 것이 가능할까요? (부탁/동의/허가를 구함)

(1) A: "*Is it possible for me to open* the door?"
B: "Sure, you can. Is the room warm now?"

(2) A: "*Is it possible to get* someone to come up and fix my computer?"
B: "I know an expert. He is a friend of mine. Let me call him now."

(3) A: "I'd like to set up a lunch meeting for us. *Is it possible for us to meet* next weekend?"
B: "I'd like to meet with you anytime within the next week. Would it be possible on the 12th?"

(4) A: "*Is it possible to think* the world with the enormous sense of silence?"
B: "Of course, it's possible. Just look without thought; observe without the reaction which breeds thought."

⁂ Practical Expression 12

subject + causative verb + (logical) subject + bare infinitive~ / subject + causative verb + (logical) subject + past participle~ : 주어가 논리 주어로 하여금 원형 동사~하도록 하다. / 주어가 동작 주체가 되지 못하는 논리 주어로 하여금 수동 동사~하도록 하다.

(1) A: "If you love me, *let me be* there till in the morning."
B: "I also want to be there holding your hand and standing by to catch you."

(2) A: "As you know, a man may lead his horse to water, but cannot *make him drink*."
B: "But I believe the educational policy, 'As you like it.' isn't always good for our children's future."

(3) A: "Please *make the news known* that she's got married."
B: "Sure, I will. At last she has changed her view of life in celibacy."

(4) A: "Customer Service, sir. This is Elena. May I help you?"
B: "Yes. I'd like to *have my membership suspended* while I'm traveling in Asia."

9. 접속사와 분사절

등위 접속사(coordinate conjunction: coordinator)로 연결되는 중문은 등위 접속문, 상관 등위 접속문, 관련 등위 접속문으로 나눌 수 있다. 등위 접속문에서는 반복되는 문장 구성 성분을 축약할 수 있는데, 축약 유형으로는 접속 축약, 동사구 생략, 공소화, 우분지 인상을 들 수 있다.
종속 접속사(subordinate conjunction: coordinator)가 연결하는 종속절인 부사절은 시간, 장소, 조건, 양보, 대조, 제외, 원인, 목적, 결과, 양태, 비례, 선택 등으로 나눌 수 있다. 한편, 담화 연결사(discourse connector)는 한 문장의 정보를 앞 문장의 정보와 연결해 주는 단어나 구다.
분사절(participial clause)은 분사절의 주어, 시제, 태와 관련하여 여러 가지 절구조 유형으로 실현된다. 특히, 부사절의 문법 기능을 대신하면서 부사의 문법 기능을 수행하는 분사절을 학교 문법에서는 분사구문(participial construction)이라고 한다.

☞ 등위 접속문

1) 등위 접속사(coordinate conjunction: coordinator) and로 연결되는 등위 접속문(coordinating sentence)에서는 논리적인 접속을 통하여 대칭이나 부가의 등치 구조 문장을 만든다.

(1) Matthew got up at 6 *and* had breakfast at 7.
(2) My friend called me *and* I was still asleep then.
(3) The principal came in *and* everybody immediately stopped talking.

2) 등위 접속사 or로 연결되는 등위 접속문에서는 논리적인 이접을 통하여 선택 구조의 문장을 만든다.

(1) I have three *or* four letters to write every week.
(2) I'm leaving before the end of the meeting, *or* I'll miss the last train.
(3) Students who are late *or* who are improperly dressed will be punished.

3) 등위 접속사 but으로 연결되는 등위 접속문에서는 논리적인 역접을 통하여 대조 구조의 문장을 만든다.

(1) Andrew is Irish *but* Frederick is Welsh.
(2) We have invited our boss, *but* she may decide not to come.
(3) My younger sister enjoyed the magic show *but* I didn't like it at all.

지금까지 살펴본 것처럼 등위 접속문에서는 등위 접속되는 명사구, 전치사구, 부사구나 절이 동일한 구조를 가져야 한다는 구조 제약을 받는다.

☞ 상관 등위 접속문

1) 상관 등위 접속사(correlative coordinator) both~and~로 연결되는 상관 등위 접속문(relative coordinating construction)에서는 두 개의 동일한 구나 절을 동시에 선택하는 부가 의미의 등위 접속문을 만든다.

(1) I believe that *both* Jack *and* Jill are happy.

(2) The government official is *both/at once* incompetent *and* corrupt. ⇒

Besides incompetent, the government official is corrupt. ⇒

The government official is corrupt *as well as* incompetent. ⇒

The government official is *not only* incompetent *but also* corrupt. ⇒

The government official is *not just* incompetent, *but in addition* corrupt.

2) 상관 등위 접속사 either~or~로 연결되는 상관 등위 접속문에서는 두 개의 동일한 구나 절 가운데서 한 가지만을 선택하는 택일 의미의 등위 접속문을 만든다.

(1) *Either* you *or* he is to go.

(2) The little boy still cannot *either* read *or* write. ⇒

The little boy still can *neither* read *nor* write.

3) 상관 등위 접속사 neither~nor~로 연결되는 상관 등위 접속문에서는 두 개의 동일한 구나 절을 모두 동시에 부정하거나 배제하는 부가 의미의 등위 접속문을 만든다.

(1) *Neither* you *nor* I am to go out.

(2) A good conversationalist talks *neither* too much *nor* too little.

(3) *Neither* my mother *nor* my father has seen the movie. ⇒

My mother *hasn't* seen the movie and my father *hasn't*, *either*. ⇒

My mother *hasn't* seen the movie and my father *also hasn't* seen it.

4) 상관 등위 접속사 not~but~로 연결되는 상관 등위 접속문에서는 두 개의 동일한 구나 절 가운데서 한 가지를 선택하고, 다른 한 가지를 부정하거나 배제하는 대조 의미의 등위 접속문을 만든다.

(1) The student *doesn't* specialize in literature, *but* in linguistics.

(2) They did *not* invite Tom's friends, *but* Mary's friends to the party.

(3) A mountain is valuable, *not because/not that* it is high, *but because/but that* it has trees which supply fresh oxygen to us.

5) 상관 등위 접속사 not only~but also~로 연결되는 상관 등위 접속문에서는 부정과 긍정의 등위 접속 요소가 혼합된 등위 접속사로 두 가지를 다 선택하는 부가 의미의 등위 접속문을 만든다.

(1) Noam Chomsky is *not only* a linguist *but also* a politician. ⇒
Noam Chomsky is a politician *as well as* a linguist. ⇒
Besides being a linguist, Noam Chomsky is a politician.

(2) He *not only* never went to school, *but also* never even learned to read. ⇒
He *not only* never went to school, *but* never even learned to read *as well.*

(3) As you know, *not only does* the meeting take place on a holiday, *(but)* it *also* conflicts with my winter vacation.

지금까지 살펴본 것처럼 상관 등위 접속문은 두 개의 동일한 구나 절이 상관 등위 접속사로 연결되어 있는 중문의 문장 구조이다.

☞ 관련 등위 접속문

(1) I went to bed early, *for* I was exhausted.

(2) They own a house in France *as well as* a villa in Spain.

(3) I would stay home *rather than* go out on such a rainy day.

(4) a. The workers got free milk and meat *in addition to* their wages.

b. I believe that there is a need to provide special, *including* institutional and traditional, treatment as well.

c. Our teacher would make him stand face-to-wall in the corner *instead of/in place of* studying for himself after school.

(5) a. I can play tennis everyday**:**(=because) I have a lot of time.

b. Jill dislikes Jack**;**(=and) she even told him so.

c. To err is human**,**(=but) to forgive divine.

위 예문에서 알 수 있듯이 관련 등위 접속문(related coordinating construction)은 관련 등위 접속사(related co-ordinator)로 연결되어 있는 중문의 문장 구조이다. 관련 등위 접속사의 사용은 문장의 논리성과 예증성을 강화시켜 준다.[1)]

☞ 등위 접속문의 축약

1) 동사만 서로 다르거나 보충어만 서로 다른 등위 접속문(coordinating sentence)은 접속 축약(conjunction reduction)된다.

(1) John kissed *Mary* and John hugged *Mary*. ⇒
John kissed [ϕ] and hugged Mary.
(2) Phil didn't buy *that sports car*, and Phil didn't lease *that sports car*. ⇒
Phil neither bought [ϕ] nor lease that sports car.
(3) Tom's cousin *likes* natural science, but he doesn't *like* social science. ⇒
Tom's cousin likes natural science, but not [ϕ] social science.

2) 우측 등위 접속 구조에서는 반복되는 동사구 생략(verb phrase ellipsis)이 이루어진다.

(1) I tried to *find the missing check*, but (I) couldn't *find the missing check*. ⇒
I tried to *find the missing check*, but (I) couldn't *[ϕ]*.
(2) Jane's project was *funded by the UN*, and Greg's (project) was *funded by the UN* too. ⇒
Jane's project was *funded by the UN*, and Greg's was *[ϕ]* too.
(3) Susie may have *gone home for the summer*, and Alicia may have *gone home for the summer* too. ⇒
Susie may have *gone home for the summer*, and Alicia may have *[ϕ]* too. /**may [ϕ]* too.

---

1) 콜론의 주요 문법 기능은 다음 예문 (i)처럼 목록이나 명세서를 소개하거나, 부주제(sub-title)를 소개하거나, 주제를 하위분류하는 데 사용한다. 한편, 쉼표의 주요 문법 기능은 (ii)처럼 주절인 모문과 종속절인 내포문을 분리하거나, 나열이나 설명의 의미를 갖는 내용을 연결하는데 사용한다.

(i) a. There are three arguments for the withdrawal of the troops: *military, economic and ethical.*
b. The History of Britain: *A Personal View*
(ii) a. *If you get stuck,* come back and see me. ⇒
Come back and see me *if you get stuck.*
b. Most deep sea areas are was *cold, dark*(,) and *inhospitable.*

3) 우측 등위 접속 구조에서는 반복되는 동사 삭제에 따른 공소화(gapping)가 이루어진다.[2)]

(1) Edward *went* by car and William *went* by train. ⇒
Edward *went* by car and William *[ϕ]* by train.
(2) John *asked* if Mary would leave, and Jack *asked* if Jill would apologize. ⇒
John *asked* if Mary would leave, and Jack *[ϕ]* if Jill would apologize.
(3) Bill *is* a doctor, his brother *is* a dentist, and his sister *is* a professor. ⇒
Bill *is* a doctor, his brother *[ϕ]* a dentist, and his sister *[ϕ]* a professor.

4) 우측으로 지연된 구성 성분을 우분지 인상(right node raising)에 따라 등위 접속시킬 수 있다.

(1) Alex owned *a vintage 1939 Bentley*, and Jane wanted to buy *a vintage 1939 Bentley*. ⇒
Alex owned [ϕ], and Jane wanted to buy [ϕ], *a vintage 1939 Bentley*.
(2) Our professor has conjectured *that Amy's theory is correct*, and director of the institute has stated unequivocally *that Amy's theory is correct*. ⇒
Our professor has conjectured [ϕ], and director of the institute has stated unequivocally [ϕ], *that Amy's theory is correct*.

5) 등위 접속문은 구접속(phrasal conjunction)으로 분석할 수도 있고, 문접속(sentential conjunction)으로 분석할 수도 있다. 일부의 등위 접속 구조는 등위 구조의 논리 의미 해석과 관련하여 구접속으로만 분석되므로 문접속으로 바꾸어 쓸 수 없다.

(1) *Steven Spielberg and George Lucas* have made a lot of movies.⇒
a. Steven Spielberg and George Lucas together have made a lot of movies.
b. Steven Spielberg has made a lot of movies, and George Lucas has made a lot of movies, separately.

---

2) 공소화는 다음 예문의 문법성에서 알 수 있듯이 (i)과 같은 부정사 보충어절의 모문 동사, (ii)와 같은 동명사 보충어절의 모문 동사, (iii)과 같은 대등절이나 종속절의 대명사 주어의 동사에는 적용할 수 없다(Cowan 2008).
(i) John asked Mary *to leave*, and Jack asked Jill *to apologize*. ⇒
*John *asked* Mary to leave, and Jack *[ϕ]* Jill to apologize.
(ii) Bill' sister *kept on eating*, and Sam's sister *kept on sleeping*. ⇒
*Bill' sister *kept on* eating, and Sam's sister *[ϕ]* sleeping.
(iii) Fred *ordered* carrots, and I *ordered* peas. ⇒
*Fred *ordered* carrots, and I *[ϕ]* peas.

(2) *Bill and Peter* are similar to each other. ⇒

*Bill is similar to each other and Peter is similar to each other.

(3) *The truck and the train* collided at the crossroads. ⇒

*The truck collided at the crossroads and the train collided at the crossroads.

☞ 부사절과 종속 접속사

1) 부사절(adverbial clause)인 종속절(subordinate clause)에서 시간이나 시점을 나타내는 종속 접속사(subordinate conjunction: coordinator)로는 after, as soon as, before, once, as long as, so long as, since, till, until, when, whenever, while, whilst 등을 들 수 있다. 장소를 나타내는 순수 종속 접속사는 없고, 선행사가 생략된 관계 부사가 이 문법 기능을 대신하는 경우가 많다.[3], [4], [5], [6], [7]

(1) a. Sally stopped Ted *before* he had a chance to reply.

b. *When* I dreamed, I saw angels running up and down a ladder.

(2) a. *Where* there is a will, there is a way.

b. *Where* the fire had been, we saw nothing but blackened ruins.

2) 부사절에서 조건을 나타내는 종속 접속사로는 if, as long as, so long as, in case, in the event that, on condition (that), assuming (that), given (that), provided (that), providing (that), supposing (that) 등을 들 수 있다. 양보를 나타내는 종속 접속사로는 if, even if, although, though, even though, when, whereas, while, whilst, in spite of the fact that 등을 들 수 있다.[8], [9] 대조를 나타내는 종속 접속사로는 whereas, while,

---

3) as는 다음 예문처럼 모문의 행위나 동작이 일어날 때 진행되는 행위나 동작을 서술하므로 진행상으로 표현할 수도 있다.

(i) Tom called as I *was leaving*.

(ii) As I *was getting off* the bus, I saw Peter walking down the street.

4) as soon as/once는 다음 예문처럼 보통 모문의 행위나 동작이 일어나기 바로 직전에 발생하는 행위나 동작을 표현한다. once가 '주어+be+전치사구'를 유도하면 (iii)처럼 '주어+be'를 삭제할 수 있다.

(i) I called *as soon as* I got your message.

(ii) We'll invite you over *once/as soon* as we are settled in.

(iii) *Once (they were)* in bed, they promptly fell asleep.

5) since는 모문의 행위나 동작이 시작되어 계속되는 시점을 표시하므로 다음 예문처럼 since-절은 과거 시제로 실현되고, 모문은 보통 완료상으로 실현된다.

(i) Joan has flown over 700 hours *since she got her pilot's license*.

(ii) *Since reading Tolstoy*, I've been looking for an author I like as much.

6) until은 다음 예문의 해설에서 알 수 있듯이 모문이 서술하는 행위나 동작이 끝난 종점을 표시한다.

(i) George worked until he couldn't stand on his feet anymore. (The point at which George could no longer stand is the work stopped)

(ii) He waited until she had finished speaking.

7) 시간 표시 종속 접속사가 선도하는 부사절에서 while/when과 after/before/since는 다 같이 주어와 진행 조동사 be를 삭제하고 현재 분사나 과거 분사로 표현할 수 있다. 그러나 삭제된 부분을 복원할 때는 다음 예문처럼 while/when은 진행형이 가능하지만, after/before/since는 진행형이 불가능하다.

(i) *While waiting for* the bus(⇒*While he was waiting for* the bus), Jack read newspaper.

(ii) *After studying* for 12 hours(⇒*After he studied* 12 hours), Jack collapsed all of a sudden.

whilst 등을 들 수 있다. 제외를 나타내는 종속 접속사로는 but that, except (that), excepting (that), save that 등을 들 수 있다.

(1) *If* you put the baby down, she will begin to cry.

(2) *Although/Though* Jane is only 5 years old, she plays the piano very well.

(3) Jack ignores them, *whereas* Jill is always worried about what they think of her.

(4) It was quite a happy time, *except* that I was very lonely.

3) 부사절에서 원인을 나타내는 종속 접속사로는 because, since, as, as long as, for, insomuch as, in that, while, but that, seeing (that), considering (that), except (that), now (that), save that 등을 들 수 있다.[10), 11)] 목적을 나타내는 종속 접속사로는 so that, in order that, for fear that, in case, lest 등을 들 수 있다. 결과를 나타내는 종속 접속사로는 so~that, such~that, so that, with the result that 등을 들 수 있다.[12)]

(1) The flowers are growing so well *because* I regularly water them.

(2) a. I'm studying very hard *in order that* I should take a good job after graduation. ⇒
I'm studying very hard *in order to* take a good job after graduation.

b. Students worked hard *lest* they (should) fail in the final exam. ⇒
Students worked hard *for fear that* they should fail in the final exam.

c. Students worked hard *so that* they might not fail in the final exam. ⇒
Students worked hard *so as not to/in order not to* fail in the final exam.

(3) Cathy is *such a good lecturer that* all her courses are full of students.

---

8) 일부의 모국어 화자들에게 though는 although보다 더 공식적인 표현으로 간주되고, even though는 모문 내용에 대한 놀람이나 모문 내용을 기대하지 않음을 표시한다.

9) 양보 표시 종속 접속사 although/(even) though가 모문절의 내용이 그릇된 것으로 기대하는 반면에, 대조 표시 종속 접속사 while/whereas는 모문인 주절과 내포문인 종속절 간의 단순한 대조를 나타낸다. 이와 같은 사실은 다음 예문의 문법성을 통하여 명확하게 알 수 있다.

(i) *Although* she grew up in Teheran, she doesn't speak Parsi.

(ii) **Whereas* she grew up in Teheran, she doesn't speak Parsi.

10) as는 미국 영어에서는 주로 시간 표시 종속 접속사로 사용된다. as가 원인이나 이유를 표현할 때는 영국 영어 표현 방식으로 본다(Cowan 2008).

11) for가 원인을 표시하는 종속 접속사로 사용될 때는 다음 예문처럼 내포문이 반드시 모문 뒤에 와야 한다.

(i) Nancy kept quiet, *for she was afraid of annoying her husband.*

(ii) I cannot tell whether she is old or young, *for I have never seen her.*

12) so that과 with the result that은 원인과 결과를 표시하야 하므로 반드시 모문의 뒤에 와야 한다. 특히, 다음 예문처럼 so that이 목적 표시 종속 접속사일 때는 모문의 앞과 뒤에 올 수 있지만, 결과 표시 종속 접속사일 때는 모문의 뒤에만 올 수 있다.

(i) He got up early *so that he wouldn't be late for work on his first day.*
So that he wouldn't be late for work on his first day, he got up early.

(ii) It rained last night, *so (that) the truck was covered with water.* (cause-result) ⇏
**So (that) the truck was covered with water*, it rained last night.

4) 부사절에서 양태를 나타내는 종속 접속사로는 (just) as, like, as if, as though, as~so~ 등을 들 수 있다.[13] 비례를 나타내는 종속 접속사로는 as, (just) as, like, 'the + 비교급~, the + 비교급~' 등을 들 수 있다. 선택을 나타내는 종속 접속사로는 rather than, sooner than, would rather~than~, had better~than~ 등을 들 수 있다.

(1) a. Robert said to me, "*As* you treat me, *so will* I treat you."

b. Don't worry too much, remembering the proverb, "*As* rust eats iron, *so* care eats the heart."

(2) *Just as* a finite clause is split into a subject and a predicate, *so* a verb phrase is analysed into a lexical verb and its complements.

(3) I *would sooner/would rather/had rather* stay where I am now *than* go to such a place.

(4) Professor Park is a scholar *rather than* a poet. ⇒

Professor Park is *not* a poet, *but rather* a scholar. ⇒

Professor Park is *not so much* a poet *as* a scholar.

☞ 담화 연결사

1) 담화 연결사(discourse connector)에는 선행 문장과 후행 문장 사이의 순서를 결정해 주거나, 담화 내용의 요점을 열거해 주는 순서 담화 연결사(discourse connector of ordering)로는 first, firstly, second, secondly, third, thirdly, in the first place, in the second place, first of all, for a start, for one thing, for another thing, to begin with, then, next, finally, last, lastly, last of all 등을 들 수 있다.

(1) *At first* the water seemed blue, then gray.

(2) First, you get some vegetables. Next, you chop them up. Then you throw them in a pot of boiling water.

(3) If you want to lose your weight, you have to do three things. *First*, eat little. *Second*, take regular exercise. *And third*, early to bed and early to rise.

2) 이제까지 진술한 선행 정보 내용을 요약하거나, 선행 정보에 대하여 결론을 내려주는 요약 담화 연결사(discourse connector of summary)로는 all in all, in conclusion, overall, to conclude, finally, in sum, in summary, to summarize, to sum up 등을 들 수 있다.

(1) *In conclusion*, your analysis of the situation is badly flawed.

---

13) 다음 예문처럼 미국 구어 영어에서 like가 as if를 대신하는 경우가 가끔 있다.

(i) Don't talk to me *like/as if* you talk to a child.

(ii) They were treated *like/as if* they were citizens of the United States.

(2) *To summarize*, I would have to say that it's a combination of all of these things plus a connection between the two people.

3) 선행 문장의 정보에 후행 문장의 정보가 대등하게 부가된다는 사실을 나타내는 부가 담화 연결사(discourse connector of additive)로는 also, besides, in addition, further, furthermore, moreover, too, what is more 등을 들 수 있다.

(1) Personal computers have improved communication. *Furthermore*, they have made it possible to work at home.

(2) Last week some climbers from the Idaho chapter of the club joined the group. *In addition*, a few Californians showed up for the climb.

4) 선행 정보를 명확하게 하기 위해서 예를 들거나, 추가 설명의 재진술 내용을 도입하는 예증 담화 연결사(discourse connector of exemplification)로는 for example, for instance, in other words, more precisely, that is, namely, which is to say 등을 들 수 있다.

(1) I don't think this is the right job for me, Brown. *In other words*, do you want me to leave here?

(2) But there was something else that they had to consider - *namely*, the lack of a legal justification for starting a war.

5) 선행 정보에 대한 결과나 결론을 유도하는 결과 담화 연결사(discourse connector of result)로는 thus, accordingly, consequently, hence, therefore, as a consequence, as a result, so 등을 들 수 있다.

(1) You have three, and I have two; *therefore*, we have five altogether.

(2) He has a lot of money tied up in the company - *thus/hence* his intense interest is how the stock is doing.

6) 선행 정보에 대하여 후행 정보가 양보를 표시하거나, 선행 정보에 비추어 볼 때 후행 정보가 놀랍거나 기대 밖이라는 사실을 표시하는 양보 담화 연결사(discourse connector of concession)로는 still, in spite of that, nevertheless, nonetheless, despite that 등을 들 수 있다.

(1) The substance may not affect humans. *Nonetheless*, we should examine it closely.

(2) He had the third highest score on the ACT test in the country. *Nevertheless /In spite of that*, he did not get admitted to Harvard University.

7) 선행 정보 내용과 대비되는 후행 정보 내용을 유도하는 대조 담화 연결사(discourse connector of contrast)로는 by way of contrast, in contrast, conversely, instead, however, on the other hand 등을 들 수 있다.

(1) William doesn't do any work. *Instead*, he plays games on his computer.

(2) As you know, the highest temperature in Alaska in January is minus 7 degrees. *In contrast*, the highest temperature in Arizona for that month is 68 degrees.

8) 선행 정보의 진리치에 관한 태도나 입장을 표시하거나, 선행 정보에 대한 지지 견해를 표시하는 인지적 견해나 태도 담화 연결사(discourse connector of cognitive stance/attitude)로는 actually, certainly, indeed, in fact, in actual fact, in reality, as it happens 등을 들 수 있다.

(1) The dean did not object to the new proposal. *Indeed*, what he said seemed to support it.

(2) The hypothesis that age limits for the acquisition of a foreign language is being questioned. *In fact*, one new study seriously challenges this hypothesis.

9) 현재 진행되고 있는 화제를 다른 화제로 전이할 때 사용하는 화제 변경 담화 연결사(discourse connector of topic shift)로는 by the way, incidently, by the by, apropos of＋NP(=with reference to: concerning) 등을 들 수 있다.

(1) He is very kind and handsome. *Incidently/By the by*, where was he born?

(2) Next week I will give a short talk on our research. *By the way*, have you finished the analysis of the native speakers' data? I'd like to use them in my talk.

지금까지 살펴본 것처럼 담화 연결사는 담화 구조 안에서 하나의 문장을 다른 문장과 보다 큰 담화 단위의 일부로 결속해준다는 점과 출현 위치가 비교적 자유롭다는 점에서 종속 접속사나 등위 접속사와 다르다.

☞ 분사절과 분사구문

1) 분사절(participial clause)에서도 독립 분사절(independent participial clause)과 'With＋분사 주어'의 문장 구조에서는 분사절의 주어를 명시적으로 표시한다.

(1) a. *The discussion completed*, the chairman adjourned the meeting for half an hour.

b. *After a night spent in fever*, Tom forced himself to take a long tramp through the hilly country next day.

(2) a. Many soldiers jumped into the water *with bullets whizzing past their ears*.

b. *With the audience turning restive and restless*, the president of the international conference curtailed his long introduction.

2) 분사절의 주어와 모문인 주절의 주어가 일치할 때, 독립 분사절에서 의미상으로 암시된 주어가 화자인 I일 때, 분사절의 주어가 총칭적 주어를 지시하는 비한정 대명사인 one이거나 일반인을 나타내는 주어인 we, they, you일 때, 형식적인 허사 주어인 it일 때, 분사절이 if necessary나 where possible이나 whenever possible과 같은 소절(small clause)일 때, 전치사나 접속사로 유도되는 분사절일 때는 분사절의 주어를 명시적으로 표시하지 않는다.

(1) *Covered with confusion*, they apologized abjectly.

(2) a. *Judging from what you say in your letter*, you don't sound well.

b. *Frankly/Honestly/Briefly/Strictly speaking*(⇒Putting it honestly/briefly/truly), it was not an accident, but an act of God.

(3) a. Since it was Christmas/*Being Christmas*, the government offices were closed.

b. When one dines in the restaurant/*When dining in the restaurant*, a jacket and tie are required.

(4) a. Everytime you have an opportunity/*Whenever possible*, come to visit me.

b. If taking notes is necessary/*If necessary*, the secretary will take notes for you.

(5) a. *Considering its cost*, this machine is not worth buying.

b. *Provided that* we have your order by the end of October, the price will be $500.

지금까지 살펴본 것처럼 분사절은 분사절의 주어, 시제, 태와 관련하여 여러 가지 절구조 유형으로 실현된다. 특히, 부사절의 문법 기능을 대신하면서 부사의 문법 기능을 수행하는 분사절을 학교 문법에서는 분사구문(participial construction)이라고 한다.

☞ 분사절의 시제

(1) a. I stayed at home and *watched television*/*watching television*.

b. *As soon as she saw me*/*Seeing me*, the little girl began to cry as if I had hit her.

(2) a. *After she had finished her work/Having finished her work*, Flora went to bed.

b. *After she (had) finished her work/After finishing her work*, Flora went to bed.

위 예문에서 알 수 있듯이 분사절의 시제(tense of participial clause)에서 단순 시제(simple tense)는 주절인 모문의 시제 동사와 같은 시제, 또는 나중 시제일 때 사용하고, 완료 시제(perfect tense)는 주절의 시제 동사보다 앞선 시제일 때 사용한다.

☞ 분사절의 태

(1) As he is unemployed/*Being unemployed*, he hasn't got much money.

(2) Since he had been employed/*Having been employed*, he began to change the way of life.

(3) As dogs are not permitted inside the shop/*Dogs not being permitted inside the shop*, the owner of greyhound had no choice but to wait outside.

위 예문에서 알 수 있듯이 분사절의 태(voice of participial clause)의 선택과 관련하여 종속절인 내포문의 주어와 모문의 주어가 일치되지 않을 때는 내포문을 수동 변형한 후에 주절의 주어와 일치시켜 무표적 분사절(unmarked participial clause)로 바꿀 수 있다.

☞ 분사(절)의 문법 기능[14)]

1) 분사가 형용사의 문법 기능을 수행할 때는 보통 전치 수식이나 후치 수식의 한정적인 문법 기능과 주어 보어, 또는 목적어 보어의 서술적인 문법 기능을 수행한다.

(1) a. There is a *broken vase* on the table.

b. I was awakened by the sound of the *approaching train*.

(2) a. I saw Richard *lying* on the beach.

b. This science story *written* by the nine-year-old boy is a best seller.

---

14) 분사절은 '접속사+주어+동사~'의 문장 구조에서 접속사와 주어가 삭제되고, 동사가 현재 분사로 변형된 현재 분사절(present participial clause)을 말한다. 그러므로 '현재 분사+과거 분사~'의 수동 분사절 구조에서 being/having been이 삭제되면 과거 분사절(past participial clause)이 도출되기 때문에 엄밀하게 말하여 분사절은 현재 분사절인 것이다. 그러나 다음 예문에서 알 수 있듯이 분사절에서 생략이 계속하여 진행되면 분사가 없는 보충어절(supplement clause)이나 부가절(adjunct clause)의 특성을 갖는 소절인 무동사절이 도출되기도 한다

(i) *If necessary*, you can take it out.

(ii) *Angry at my words*, the boy made no reply.

(iii) *A kind girl*, she was loved by every student in the class.

(iv) *When a little boy*, my father often skated on the river of his hometown.

(3) a. The present situation is *embarrassing*.

b. Katherine was *embarrassed* at what she had said.

(4) a. Did you notice Charles and Margaret *leaving* the party early?

b. My grandmother had her left leg *broken* on the stairs yesterday.

2) 부사절을 대신하는 부사 문법 기능의 분사구문(participial construction)은 시간, 조건, 원인, 이유, 양보, 방법, 동시 동작이나 연속 동작의 부대 상황 등을 표시하는 부사절을 축소한 형태이다.

(1) Because I felt tired/*Feeling tired*, I went to bed early.

(2) Although I admit what you say/*Admitting what you say*, I cannot consent the way of doing it.

(3) As soon as(=The moment) she saw the stranger/*(As soon as(=The moment)) seeing the stranger*, the baby began to cry.

(4) Jonathan was reading a book, while his wife was sewing/*his wife sewing* a blouse by the side of him.

☞ 분사형 접속사와 분사형 전치사

(1) *If/Supposing (that)/Providing (that)/Provided (that)* it rains tomorrow, what shall we do?

(2) a. *Though/Granting (that)* he has spoken the truth, I can hardly believe it.

b. *Since/Seeing (that)/Considering (that)* you are busy, you must have a lot of work to do.

(3) a. *Regarding/About* his punishment, what's your opinion?

b. *Considering/For* his age, Tommy is clever in comparison with other students.

c. *Relating to/Concerning/About* lost pets, the young boy informed his parents of the fact.

위 예문의 문장 구조 특성을 통해서 알 수 있듯이 분사절에서는 문두에 오는 분사가 접속사의 문법 기능을 수행하는 분사형 접속사(participial conjunction) 용법이 보편적이다. 그러나 분사가 전치사의 문법 기능을 수행하는 분사형 전치사(participial preposition)로 사용되기도 한다.

※※ Practical Expression 1

Is it all right if~ : if~해도 괜찮을까요?

(1) A: "*Is it all right if/Would it be all right if* I close the door?"
B: "That's fine with me."

(2) A: "*Is it all right if/Would it be all right if* I use your phone?"
B: "It's okay. Probably you don't take your cell phone with you now."

(3) A: "This is such a great program! It helps my work a lot. *Is it all right if* I copy this?"
B: "I think that's out of the question. Don't you know that it's illegal?"

(4) A: "That chocolate mousse pie looks delicious. *Is it all right if* I get one?"
B: "Sure! Don't mind me. I'm on a diet. I am going to help myself to a delicious cucumber salad."

※※ Practical Expression 2

subject+will be in trouble if~ : if~하면 주어가 곤란해 질 거야. We'll be all right if~ / It would be all right if~ : if~하면 (우리는) 괜찮을 거야.

(1) A: "Who do you think broke the window? I know which one of you broke it."
B: "*You will be in trouble if* your father comes to know who broke the window."

(2) A: "The train is scheduled to arrive at seven o'clock sharp. Willy is leaving for London in the morning. He has something to do there."
B: "*He will be in trouble if* the train doesn't arrive on time."

(3) A: "*Would it be all right if* I went with you?"
B: "Sure! That would be fine!"

(4) A: "Oh, my God, I think I'm getting hiccups."
B: "Just try to stay calm, okay? *We'll be all right if* we just stay calm."

✼✼ Practical Expression 3

either A or B : A나 B 둘 중 하나만 선택 / neither A nor B : A와 B 둘 다 부정

(1) A: "Do you have *either* a driver's license *or* a passport with you?"
B: "Sorry, I have neither, but I have a student ID with me."

(2) A: "In order to discuss the matter, we can meet *either* early in the morning *or* over lunch."
B: "Let's talk about it over lunch."

(3) A: "It's good *neither* to smoke heavily *nor* to drink too much in order to keep healthy."
B: "Exactly. More and more people quit smoking and are moderate in drinking nowadays."

(4) A: "*Neither* did she have an interest in rank *nor* power in court."
B: "I think that kind of attitude toward the court is the starting point to realize true democracy."

✼✼ Practical Expression 4

Could you tell me wh-word~ : wh-어~를 제게 말씀해 줄 수 있나요?

(1) A: "*Could you tell me where* I can find room 201?"
B: "It's on the second floor at the end of the hall."

(2) A: "*Could you tell me who* is responsible for safety at the factory?"
B: "The plant manager is in charge of safety."

(3) A: "*Could you tell me why* you want to return these shoes?"
B: "Unfortunately, they are gradually being discolored. I just bought them two weeks ago."

(4) A: "*Could you tell me what* strengths you have for this position?"
B: "I have a lot of experience making budget plans, and I have very strong analytical and problem solving skills."

※※ Practical Expression 5

both A and B : A와 B 둘 다 / not A but B : A가 아니고 B (B만 선택)

(1) A: "*Both* to love *and* to be loved are similar to feeling the sun from both sides."

B: "Oh, that's wonderful expression! But love is like oxygen. If you get too much, you get too high, whereas not enough, you're gonna die."

(2) A: "*Both* language *and* environment help to determine the character of our thought."

B: "I agree. Linguistic relativism proposes the principle that language is tied to the perceptions of the language user."

(3) A: "He *doesn't* do what he wants, *but* what his father tells him."

B: "I can't understand him. Why doesn't he try to take his own life?"

(4) A: "Why do you think he left early from the linguistics conference on Friday?"

B: "He left early *not* because he was bored, *but* because he had to be home by five o'clock."

※※ Practical Expression 6

not only A but also B ; not just A but B : A뿐만 아니라 B도

(1) A: "*Not only* her beauty was engraved in my eyes *but also* her smile still remains on my memories."

B: "You are really interested in her. Surely you can't help falling in love with her."

(2) A: "Water with a tea bag will *not only* make it more drinkable *but also* more nutritious."

B: "I heard that as a premium bottled natural mineral water, sole water is known for its crisp, slightly sweet and refreshing taste."

(3) A: "Fashion trends change *not just* with the seasons *but* annually."

B: "Yeah. it is not easy for the common people to follow such fashion trends."

(4) A: "The difference between the average person and Shakespeare *isn't just* creative capacity itself *but* the ability to develop it."

B: "Definitely. I believe we can develop and expand on our creative capacity in terms of mind control."

※※ Practical Expression 7

in case+subject+V~ : 주어가 V~라면 / 주어가 V~하는데 대비하여

(1) A: "You should take medicine *in case you get sick* on the way."
B: "I will. Dont' worry, Mom."

(2) A: "*In case I forget*, please remind me of my promise."
B: "I'll call you next week to reconfirm the time for us to meet."

(3) A: "How many days' notice am I supposed to give *in case I intend to move?"*
B: "You can move on an instant's notice."

(4) A: "Let's buy the opera tickets in advance *in case they are sold out*. The opera is popular among young people."
B: "That's probably a good idea."

※※ Practical Expression 8

If you don't mind, ~ : 괜찮으시다면, ~ If you ask me, ~ : 나에게 물으시면, ~ / 내 개인적인 의견을 말하자면, ~

(1) A: "Would you go to the concert with us tonight?"
B: "I won't, *if you don't mind*. In fact, I've got a lot of work to do."

(2) A: "*If you don't mind*, I would like to use your cell phone. I must call Andy now."
B: "Go ahead. Here it is."

(3) A: "I tried the dress on but it wasn't easy for me to find clothes to fit me. Do you think this blue dress fits me?"
B: "*If you ask me*, you'd be better off choosing the black one."

(4) A: "Are you sure that many diverse culture events such as traditional dances, folk songs and outdoor sports will be able to promote friendly relationships between two countries?"
B: "*If you ask me*, I will answer that proceeding with a wide variety of cultural programs will be of great help to bring about reconciliation and cooperation between two countries."

※※ Practical Expression 9

Let me check if~ / I'll check if~ : if~인지 아닌지 알아볼게요.

(1) A: "Do you have any ID with you?"
B: "*Let me check if* I have my driver's license with me."

(2) A: "Could you meet with me to go over, inspect and discuss our plan tomorrow?"
B: "*Let me check if* I have any free time in the afternoon."

(3) A: "Could you help me? I would like to change my seat for one not over the wing."
B: "*I will check if* there is an open seat. Do you want a window seat?"

(4) A: "Good morning. I'd like to make a reservation to San Francisco. Is it possible on Sunday morning, economy class?"
B: "All right. *Let me check if* the flight's available."

※※ Practical Expression 10

As far as+subject+go~ : 주어에 관한 한~

(1) A: "*As far as this matter goes*, you'll have to take a prudent attitude."
B: "I know, Mom. I'll never behave lightly in front of my boss."

(2) A: "We have to provide a full seafood buffet with drink *as far as our catering service goes*. That will take us a long time to get ready."
B: "You're right. So, we will most likely have to work late on Sunday for the convention."

(3) A: "*As far as the subject of missiles goes*, that would be too close for me."
B: "I understand what you are saying. I forget for a moment that you're majoring in nuclear physics."

(4) A: "What does *'as far as I'm concerned'* or *'as far as he's concerned'* mean?"
B: "It means basically that it's the speaker's opinion, but he recognizes that other people might have a different opinion. For instance, the prime minister said that as far as he's concerned, the next elections would be held as scheduled."

✻✻ Practical Expression 11

When it's time＋to＋V~ : V~할 때가 되면, ~ When subject is ready＋to＋V~ : 주어가 V~할 준비가 되면, ~

(1) A: "*When it's time to rest*, I'm always lying in my bed listening to my breath."
B: "I believe it's good for keeping good condition and health."

(2) A: "*When it's time for the elves to sleep*, they have to go to bed. And you too."
B: "Let me just stay up one more hour waiting for Santa Claus, Mom."

(3) A: "I don't have a mind to teach him now."
B: "*When he is ready to learn*, the opportunities to teach will be provided for him."

(4) A: "*When a hen bird is ready to breed*, her body will become very broad since she is filled with eggs."
B: "Wow! That's really unbelievable. I think it's a wonderful instinct of maternity."

✻✻ Practical Expression 12

What's the difference? : 마찬가지지 않아? / 뭐가 다르다고! What's the difference between A and B? : A와 B의 차이점이 뭐지?

(1) A: "Do you want a room with a bath or one without?"
B: "*What's the difference* in room rates?"

(2) A: "*What's the difference?*"
B: "I think that there is no difference between death penalty and life imprisonment."

(3) A: "*What is the difference between* organic *and* natural food?"
B: "Many people think that there is no difference between the two and both mean the same. But this is not true. If you compare organic and natural food from definitions, the difference will be clear."

(4) A: "*What's the difference between* a star *and* a planet?"
B: "A star is any of the celestial bodies visible at night from earth as relatively stationary, usually twinkling points of light. Whereas a planet does not give off its own light; rather, it shines by reflecting sunlight."

10. 비교절

비교 표현을 나타내는 비교절(comparative clause)은 대부분의 형용사와 일부 부사의 원급, 비교급, 최상급 표현과 비교 접속사절이나 'of/in + 명사구'가 결합되어 만들어진다. 그러므로 비교 표현은 '형용사나 부사의 원급, 비교급, 최상급 + 비교 접속사절이나 of/in + 명사구,' 또는 'more/most + 형용사나 부사 + 비교 접속사절이나 of/in + 명사구'의 형식의 문장 구조로 도출된다.

☞ 원급 비교절

1) 원급 비교절(plain clause)에서 긍정의 동등 비교(positive equality comparison)는 '~as + 형용사/부사 + as + 비교 대상인 명사구나 대명사, 또는 절'의 문장 구조로 '~가 비교 대상만큼 형용사/부사 하다'는 의미를 표현한다.[1)]

(1) His car runs *as fast as* a race car (does).

(2) When Hamlet saw Ophelia depart, his heart was *as heavy as* lead.

(3) Scientists contended that Einstein's contribution to physics and mathematics is *as important as* Newton's.

2) 긍정의 동등 비교는 '~the same + 명사구 + as + 비교 대상인 명사구나 대명사, 또는 절'의 문장 구조로 '~가 비교 대상과 똑같이 명사구 하다'는 의미를 표현한다.[2), 3)]

(1) Juliet was born *on the same day as* Romeo (was born).

(2) A child speaks *the same language as* his/her mother (does).

---

1) 동등 비교 표현은 부정 부사 not을 사용하여 다음 문장들처럼 비동등 비교 표현으로 고칠 수 있다.

(i) Tom is *not as bright as/not so bright as* Jenny.

(ii) The little boy *cannot* run *as fast as* his elder brother.

(iii) Kevin *doesn't* have *as much money as/as little money as* Jane does.

(iv) My elder brother *doesn't* have *as many friends as/as few friends as* your brother does.

(v) Bill *didn't* contribute *as much to the discussion as/as little to the discussion as* Tom did.

2) "He likes her as much as you."는 "He likes her as much as you do."로도 해석되고, "He likes her as much as (he likes) you."로도 해석된다.

3) 다음 예문처럼 은유적 직유 비교는 어떤 상황이나 사람이 처한 정도를 강조하여 직유 표현을 사용하는 동등 비교의 한 유형이다.

(i) He was dangling with his toes pointed straight downwards *as dead as a stone*.

(ii) My father looks tough in appearance, but in his inner mind, he is *as smooth as velvet*.

(3) a. This is *the same camera as* I lost yesterday. (the same kind)

b. This is *the same camera that* I lost yesterday. (the very thing itself)

3) 원급 비교절에서 부정의 열등 비교(negative equality comparison)는 '~not so/as＋형용사/부사＋as＋비교 대상인 명사구나 대명사, 또는 절'의 문장 구조로 '~가 비교 대상만큼 형용사/부사하지 못하다'는 의미를 표현한다.

(1) Mary is *not so old as/not as old as* Tom, is she?

(2) Jane is *not so sophisticated as/not as sophisticated as* Isabell. ⇒
Jane is *less sophisticated than* Isabell.

(3) The details of this product are *not so much wrong as* they are incomplete.

(4) *No other girl* in this group is *as smart as* Clarence.

4) 원급 비교절에서 배수 비교(multiplicative comparison)는 '~배수사＋as＋형용사/부사/명사구＋as＋비교 대상인 명사구나 대명사, 또는 절'의 문장 구조로 '~가 비교 대상만큼 몇 배 (배수사) 형용사/부사/명사구 하다'는 의미를 표현한다.

(1) This stone is *three times as heavy as* that one. ⇒
This stone is *three times heavier than* that one.

(2) *Five times as many people* came to the demonstration *as* (did) last time.

(3) Americans are eating *more than twice as many vegetables/more than two times as many vegetables* per person today *as* they did in 1910.

☞ 원급 비교절의 관용 표현(idiomatic expression)

1) as~as＋주어＋can; as~as possible은 '가능한 한 ~하게; 될 수 있는 대로 ~하게(=as~as one can~; as much as possible; as far as possible)'의 의미를 나타낸다.

(1) Please let me know your final decision *as soon as you can*(=as soon as possible).

(2) When the thief saw the policeman, he ran away *as quickly as he can*(= as quickly as possible).

2) as~as can be는 '그 이상 ~할 수 없게; 더할 나위 없이(=supremely; superlatively; extremely; in the last degree)'의 의미를 나타낸다.

(1) Robert is going to marry Elizabeth, so he is *as happy as can be.*

(2) Because of her negative remarks, I am *as discouraged as can be.* ⇒ Because of her negative remarks, I am *extremely discouraged.*

3) as good as~는 '~와 다름없는(=almost; all but; no better than; nearly the same as)', as many as~(수)와 as much as~(양)는 '~만큼이나(=the same number as~; the same extent as~; the same degree as~)', so much as~는 '~조차도(=even; besides; in addition)'의 의미를 나타낸다.

(1) When the car was repaired after the accident, it looked *as good as* new.

(2) *As much as* I hate to do it, I must go to the library and study overnight.

(3) The angry boy left without *so much as* saying good-bye to his teacher and friends.

4) as far as~는 '~에 관한 한; ~까지도(=so far as~; regards; until; to that degree or amount that)', as far as＋사람 is concerned는 '~에 관한 한(=regarding to someone)', as long as~와 so long as~는 '~하는 동안; ~하는 한(=if only; while; while since)'의 의미를 나타낸다.

(1) You can't persuade me to believe him to be a liar. *As far as* I know, he is an honest man.

(2) *As far as* my mom is concerned, she knows nothing about my dream to be a singer.

(3) You can go out to play *as long as* you get back before dark.

5) not so much as~는 '~조차 못하는(=not even~; without even~)', not so much A as B는 'A라기보다는 오히려 B이다(=B rather than A; not A so much as B)'의 의미를 나타낸다.

(1) The man cannot *so much as/cannot even* write his own name.

(2) A man's worth lies not *so much* in what he has *as* in what he is.

6) 'as~as any＋명사구'는 '어느 명사구에도 못지않게~하다(='as~as ever＋동사구'; just as~as others; as~as ever)', as~as ever는 '여전히; 변함없이~하다(=constantly; still; (as) yet; as (it was) before; as usual; as always)', ~as well은 '또한 역시(=also; in addition; too; besides)'의 의미를 나타낸다.

(1) I think that Shakespeare is *as great* a poet *as* ever lived.

(2) The computer programer whose father was rich is *as rich as* ever.

(3) My boy, after tidying up the bedroom, please clean this room *as well.*

☞ 전형적인 비교급 비교절

1) 비교급 비교절(comparative clause)에서 우세 비교(comparison of superiority)는 '~형용사/부사 비교급+than+비교 대상인 명사구나 대명사, 또는 절'의 문장 구조로 '~가 비교 대상보다 더 형용사/부사 하다'는 의미를 표현한다.

(1) The grain of rye is *longer and slenderer than* that of wheat (is).

(2) The radio weighs a few ounces and it is *smaller than* a cigarette packet.

(3) Young gangsters fights in New York city streets were *much more common/much commoner* twenty years ago *than* they are at present.

2) 비교급 비교절에서 열세 비교(comparison of inferiority)는 '~less/fewer+형용사/부사+than+비교 대상인 명사구나 대명사, 또는 절'의 문장 구조로 '~가 비교 대상보다 덜 형용사/부사 하다'는 의미를 표현한다.

(1) Jane is *less careful than* Mary (is (careful)). ⇒
Jane is *not so careful as/not as careful as* Mary.

(2) Elena was *less scared and surprised than* she anticipated.

(3) The ticket for concert was *less expensive than* I had expected.

3) 라틴 차용어 비교(Latin loan word comparison)는 '~-or형 형용사+to+비교 대상인 명사구나 대명사, 또는 절'의 문장 구조로 '~가 비교 대상보다 더 형용사 하다'는 의미를 표현한다.[4)]

(1) Tom is *superior to* Judy in speaking English. ⇒
Tom is *better than* Judy in speaking English.

(2) My elder brother is *senior to* my younger sister by eleven years. ⇒
My elder brother is eleven years *senior to* my younger sister. ⇒
My elder brother is *older than* my younger sister by eleven years.

(3) As a matter of fact, I *prefer coffee to tea.* ⇒
As a matter of fact, I like *coffee better than tea.*

---

4) 라틴어로부터 영어에 들어온 대표적인 형용사로는 superior(=better), inferior(=worse), anterior(=earlier), posterior(=later), major(=more), minor(=less), senior(=older), junior(=younger), exterior(=outer), interior (=inner), prior(=before), prefer(=like better) 등을 들 수 있다.

4) 동일 인물의 성질이나 특성을 비교할 때는 형용사나 부사의 비교급 표지인 -er을 사용하지 않고, more를 사용한다. 이때 more는 rather(=오히려)의 의미를 표현한다.

(1) I believe that Mary is *more(=rather)* shy *than* unsocial. ⇒
I believe that Mary is *less* unsocial *than* shy.

(2) Professor Salinger, as you know, is *more* a writer *than* a scholar.

(3) The key speaker's remarks on genealogical tree are *more* witty *than* just.

☞ 비교 접속사 than 없이 비교 표현을 사용하는 비교급 비교절

1) '비교급+and+비교급'은 점층 비교(comparison of gradation)의 형식으로 '점점 더 비교급 하다'(='ever/gradually/progressively+비교급')는 뜻을 갖는다.

(1) It is *growing warmer and warmer/getting colder and colder* outside.

(2) The driver drove *faster and faster/ever faster* till we told him to stop.

2) 'the+비교급~, the+비교급~'은 비례 비교(comparison of proportion)의 형식으로 '비교급하면 할수록, 더 비교급 하다'(=all the more; more and more; still more; increasingly)는 뜻을 갖는다.

(1) *The more* you use your brain, *the wiser* you will become.

(2) *The older* one grows, *the more* knowledge and experience one acquires.

(3) On enough logical reasons, *the fewer* seeds (you sow), *the fewer* plants (you will have).

3) 'the+비교급+of the two~'는 절대 비교급(absolute comparison)의 한 유형으로 '둘 중에 더 비교급 하다'는 뜻을 갖는다.[5)]

(1) Edward is *the younger of the two*. ⇒
Of the two boys/students, Edward is the younger.

(2) Your brother is *the more intelligent of the two* middle school boys. ⇒
Of the two middle school boys, your brother is the more intelligent.

---

5) 절대 비교 표현은 둘 사이의 상대적인 비교가 아니라, 대조적이거나 분류적인 의미로 사용된다. 정도, 양, 고저, 넓이 등의 차이를 나타내는 절대 비교의 대표적인 예로는 the upper class(상류층), the lower classes(하류층), the younger generation(청년층), the greater part of(대부분), the lower animal(하등 동물), higher education(고등 교육), the upper lip(윗입술) 등을 들 수 있다.

4) 문맥에 점진성이나 우열의 정도가 표현되면 '보다 형용사나 부사 하다'(=rather; still more; much more)는 뜻을 갖는다.

(1) The apples will *get redder* in autumn.
(2) The balloon did not stop but *went still higher/went yet higher*.

5) 'all the＋비교급＋as/for/because~'는 '~때문에 (그만큼 더/오히려 더) 비교급 하다'는 뜻을 갖는다.

(1) I love him *all the more for* his faults.
(2) I want to help him *all the more because* he is in trouble.
(3) Hamilton worked *all the harder as* he needed more money.
(4) It makes those people feel themselves *all the more miserable* by comparison.

6) 'none the less for＋명사구'와 'none the worse for＋명사구'는 '명사구에도 불구하고'의 뜻을 가지고 있는 관용적인 표현에 가깝다.

(1) *None the less for* illness, Anna had lost none of her enthusiasm for life.
(2) The travellers are all apparently fit and well *none the worse for* the fifteen hour journey.

☞ 비교급 비교절의 관용 표현(idiomatic expression)

1) no more than~(=only; merely; as few as; as little as): 단지/겨우, no less than~(=as many as; as much as; just as~as; exactly): 만큼, not more than~(=at most; only about; less than): 많아봐야, not less than~(=at least; (perhaps) more than): 적어도

(1) There attended *no more than/only* ten persons at the meeting.
(2) There attended *no less than/as many as* ten persons at the meeting.
(3) There attended *not more than/at most* ten persons at the meeting.
(4) There attended *not less than/at least* ten persons at the meeting.

2) 'no more＋형용사＋than~'(=in no greater degree than), 'no less＋형용사＋than~'(=as~as; nothing less~ than), 'not more＋형용사＋than~'(=not so~as; perhaps less~ than), 'not less＋형용사＋than~'(=at least as~as or more; perhaps more than)

(1) Nancy is *no more beautiful than/not any more beautiful than* her mother.

(2) Nancy is *no less beautiful than/as beautiful as/not less beautiful than* her mother.

(3) Nancy is *not more beautiful than/not so beautiful as/perhaps less beautiful than* her mother.

(4) Nancy's *not less beautiful than/at least as beautiful as/perhaps more beautiful than* her mother.

3) 'no better than + 명사구나 절'(=much the same; all the same): 명사구나 절과 같은, no worse than + 명사구나 절'(=as good as; not so bad as): 명사구나 절만큼

(1) The boy acts *no better than*(=all the same as) his mother says. ⇒
The boy acts *much the same as* his mother says.

(2) His food and clothing were *no worse than*(=not so bad as) mine. ⇒
His food and clothing were *as good as* mine.

4) know better than to~(=be not so foolish as to~; be not such a fool as to~; be too wise to do~; be wise enough not to~; so wise that~cannot/do not): ~할 만큼은 (충분히) 안다.

(1) The little boy knows *better than* to lend him money. ⇒
The little boy is *not so foolish as/not such a fool as* to lend him money. ⇒
The little boy is *too wise/wise enough* not to lend him money. ⇒
The little boy is *so wise that* he does *not* lend him money.

(2) You know *better than* to do such a thing in front of your friends.

5) much more~: still more~은 '한층 더~하다(긍정 강조)'의 의미를 나타내고, much less~: still less~은 '한층 더~하지 않다(부정 강조)'의 의미를 나타낸다.

(1) a. Brown can speak French, *much more* English.
b. Everyone has a right to enjoy his liberty, *still more* his life.

(2) a. Susie cannot speak English, *much less* French.
b. I don't suggest that he is negligent, *still less* that he is dishonest.

6) A is no more B than C (is D)(=A is not B any more than C (is D)): A가 B가 아닌 것은 C가 D가 아닌 것과

같다.

(1) A whale is *no more a fish than* /*not a fish any more than* a horse is.
(2) You cannot always be lucky *any more than* you can always be unlucky.
(3) A home without love is *no more* a home, *than* a body without a sound mind is a man.

7) 문장 속에서 문법화(grammaticalization)된 비교급 비교절의 관용 표현(idiomatic expression)

(1) Helen was *smiling at me no more.* ⟹
Helen was *not smiling at me any more.*
(2) The Johnsons *no longer* live in that house. ⟹
The Johnsons *do not* live in that house *any longer.*
(3) John always *gets(=gains) the better of* me at chess. ⟹
John always *defeats* me at chess.
(4) Radicalists generally expect *nothing less than* a revolution. ⟹
Radicalists generally expect *only* a revolution.
(5) When it's stormy, the planes are *late more often than not.* ⟹
When it's stormy, the planes are *very frequently late.*
(6) All the students who were present got *more or less surprised.* ⟹
All the students who were present got *somewhat surprised.*
(7) He was *not another person than*/*no less a figure than* my father himself. ⟹
He was *no other than*/*none other than* my father himself.
(8) I know that he is a nice guy, but *none the less*/*nevertheless*/*for all that* I must punish him.
(9) Paul *is as good as his word.* / Paul always keeps his promise. / Paul *is reliable.*

☞ 최상급의 형용사나 부사를 사용하는 최상급 비교절

1) 최상급 비교절(superlative clause)에서 '~the＋최상급의 형용사/부사＋in (the)＋단수 명사구'는 '~가 명사구 안에서 가장 형용사/부사 하다'는 의미를 표현한다.

(1) Smith is *the tallest boy* in his class.
(2) This is *the most beautiful orchid* in the entire greenhouse.

(3) Excepting the termite queen, *the longest-lived insect* in the world is considered as the cicada.

2) 최상급 비교절에서 '~the＋최상급의 형용사/부사＋of all (the)＋복수 명사구'는 '~가 명사구 중에서 가장 형용사/부사 하다'는 의미를 표현한다.

(1) Smith is *the tallest* of all his classmates.
(2) This test was *the most difficult* of all this semester.
(3) Human being is *the most formidable* of all the beasts of prey, and the only one that preys systematically on its own species.

3) 최상급 비교절에서 '~the＋최상급의 형용사/부사＋that＋주어＋(ever/can)＋동사~'는 '~가 that-절에서 가장 형용사/부사 하다'는 의미를 표현한다.

(1) Picasso is *the greatest artist that has ever* lived in Europe.
(2) That is *the most beautiful sunset I have ever* seen in this country.
(3) Michael Jackson's album "Thriller" was *the most successful album that had ever* recorded in terms of sales.

☞ 비교급의 형용사나 부사를 사용하는 최상급 비교절

1) '~비교급＋than＋any other＋단수 명사구'와 '~비교급＋than＋anyone else'는 '~가 다른 어떤 명사구보다 더 비교급 하다'는 의미를 표현한다.

(1) Smith is *older than any other boy* in the group. ⇒
Smith is the oldest boy in the group.
(2) Having hit *more home runs than any other player* in the history of base-ball, Hank Aaron came to be known all over the world.

2) '~비교급＋than＋all the other＋복수 명사구'는 '~가 모든 다른 명사구보다 더 비교급 하다'는 의미를 표현한다.

(1) Keeping health is *more precious than all the other things* in our lives. ⇒
Keeping health is *more precious than any other thing* in our lives. ⇒

Keeping health is *the most precious thing* in our lives.

(2) Our health is *more important than all the other things* we have.

3) '~비교급+than+ever'는 '~가 이제까지 있었던 어떤 것보다 더 비교급 하다'는 의미를 표현한다.

(1) Last night's variety show on TV was *better than ever.* ⇒
Last night's variety show on TV was *the best that has ever* been broadcasted.

(2) The rainy season has just set in and the weather reporter says that it will rain *harder than ever.*

4) '~the+비교급+of the two~'는 '~가 둘 중에서 가장 비교급 하다'는 의미를 표현한다.

(1) The wrestler from East Asia is *the heavier of the two.*

(2) The actress appeared *the more relaxed of the two*, sitting with legs crossed, smiling broadly and waving to reporters.

5) '부정 주어~비교급+than~'은 '어떤 주어도 than~이하보다 더 비교급한 것은 없다'는 의미를 표현한다.

(1) *Nothing is more precious than* time in the post-industrial society. ⇒
Time is *the most precious thing* in the post-industrial society.

(2) *No other quality is more important* for a scientist to acquire than to observe an object carefully.

☞ 원급의 형용사나 부사를 사용하는 최상급 비교절

1) '~as+원급 형용사/부사+as any+명사구'는 '~는 명사구에 못지않게 형용사/부사 하다'는 의미를 표현한다.[6)]

(1) Love is *as invaluable as* anything in our lives.

---

6) 원급과 비교급과 최상급의 비동등 비교 표현의 예로 다음과 같은 문장을 들 수 있다.
(i) *No other mountain* in the world is *so high as*/*as high as* Mt. Everest.
(ii) *No other mountain* in the world is *higher than* Mt. Everest.
(iii) Mt. Everest is *higher than any other mountain* in the world.
(iv) Mt. Everest is *higher than all the other mountains* in the world.
(v) Mt. Everest is *higher than anything else* in the world.
(vi) Mt. Everest is *the highest of all the mountains* in the world.

(2) Winston Churchill was *as great a statesman as* anyone in the world. ⇒
Winston Churchill was *the greatest statesman* in the world.

2) '~as + 원급 형용사/부사 + as ever + 동사구'는 '~는 동사구에 못지않게 형용사/부사 하다'는 의미를 표현한다.

(1) Mozart was *as great a musician as* ever lived. ⇒
Mozart was *the greatest musician* that ever lived.

(2) Venus is *as pretty as* any (that ever lived).

3) '부정 주어 + so/as + 원급 형용사/부사 + as~'는 '주어만큼 형용사/부사한 것은 없다'는 의미를 표현한다.

(1) *Nothing* is *as wonderful as* knowing yourself.

(2) *Nothing* is *so important as/as important as* moral conduct in our social life. ⇒
Moral conduct is *the most important* (thing) in our social life. ⇒
Nothing is *more important than* moral conduct in our social life.

☞ even(=~조차도)의 뜻이 첨가되어 있는 양보 최상급의 비교절

(1) *Even the wisest man* may sometimes make a mistake. ⇒
The wisest man may sometimes make a mistake.

(2) *Even the most careful observation* would not have revealed the mystery. ⇒
The most careful observation would not have revealed the mystery.

위 예문에서 알 수 있듯이 최상급의 비교구문에는 양보의 의미를 전달하는 even(=~조차도)의 뜻이 첨가되는 경우가 더러 있는데, 이를 양보 최상급(concessive superlative)이라고 한다.

☞ 최상급의 형용사나 부사 앞에 정관사 the를 붙이지 않는 최상급 비교절

1) 형용사가 수식어 자리에서 명사구를 한정하는 것이 아니라, 서술어로 사용될 때는 신정보이므로 정관사 the를 생략한다.

(1) Amy *feels happiest* while she takes care of her new-born child.

(2) Johnson thinks (that) he *was happiest* when he was in his twenties.

2) 동사나 형용사를 수식하는 부사가 최상급 비교구문으로 사용되는 문장 구조에서는 서술어의 일부이므로 정관사 the를 생략한다.

(1) My mother *gets up earliest* in the family.

(2) Lincoln *ran fastest* of all the students in his class.

(3) My elder brother used to come back home when he *was least expected* by our family.

3) 동일인이나 동일물의 성질이나 상태를 비교하여 서술하는 최상급의 형용사나 부사에는 한정된 비교 대상이 없으므로 정관사 the를 생략한다.

(1) a. The lake *is deepest* at this point.

b. This lake is *the deepest (lake)* in Canada.

(2) Beth *is most attractive* when she wears blue skirts.

4) 최상급의 형용사나 부사 앞에 정관사 the를 대신하는 다른 한정사가 있을 때는 정관사 the를 생략한다.

(1) Edward was *William's best friend* in the college.

(2) I think it is *your last chance* for you to stop smoking.

(3) It is *such a tiniest thing* that I can't see it if I don't wear glasses.

☞ 최상급 비교절의 관용 표현(idiomatic expression)

1) best를 활용하는 최상급 비교절의 관용 표현의 예는 다음과 같다.

(1) This is *at (the) best* a second-rate hotel.

(2) The interviewee must make *the best of/the most (use) of* his chance.

(3) *The next best/The second best* we can do is to delay our departure.

2) most를 활용하는 최상급 비교절의 관용 표현의 예는 다음과 같다.

(1) There were *at most/only/merely/at best* ten students in the lecture room.

(2) These books, *for the most part/mostly*, were written by a Korean novelist.

(3) The youth should make *the most (use) of* their opportunities in college days.

3) last를 활용하는 최상급 비교절의 관용 표현의 예는 다음과 같다.

(1) The patient in hospital *breathed his last*. ⇒
The patient in hospital *died at last*.

(2) He is *the last man* to betray you to the police. ⇒
He is *far from* betraying you to the police.

(3) You should submit your report *at latest* by the day after tomorrow.

※ Practical Expression 1

subject+is not so/as+형용사/부사+as~ : 주어가~만큼 형용사/부사 하지 못하다.

(1) A: "Your house is *not so big as* I thought."

B: "But it's proper size for me."

(2) A: "I'm *not so young as* you think. Don't look down on me."

B: "Oh, I didn't mean to make you feel bad. I'm really sorry."

(3) A: "The office is *not as cool as* usual. What is wrong with the air conditioner?"

B: "Actually, it stopped working a couple of hours ago."

(4) A: "The secretory is very stubborn. This woman always thinks that she is right."

B: "It may well be that she is absurd. But she is *not so absurd as* her president."

※ Practical Expression 2

I don't think~, rather--- : 나는~라기 보다는 (오히려)---라고 생각해.

(1) A: "Your sister said that she was very hungry."

B: "*I don't think* she was hungry, *rather* she just wanted to eat pizza."

(2) A: "Frank told me that you despised your friends."

B: "*I don't think* he meant it, *rather* what he really said was that I didn't care about my friends."

(3) A: "I'm scared of meeting her. She seems to be angry very much."

B: "*I don't think* she was really angry, *rather* she had to make a fuss in front of everyone to protect the company's image."

(4) A: "*I don't think* that there is anything wrong with his allegation, *rather* that it's misunderstood."

B: "That's too bad. The diffusion of such a misunderstanding may cause, in turn, some interruption in communication."

※※ Practical Expression 3

subject+would rather+V~than+V--- : 주어가 V---하는 것보다 V~하는 것이 나을 거야. (기호나 희망 표시)

(1) A: "I think your father will come back tomorrow."

B: "I *would rather* he came back next week *than* tomorrow."

(2) A: "Mom, I have to go out for a minute."

B: "I *would rather* you stayed home *than* went out in this blizzard."

(3) A: "I *would rather* do it myself *than* wait for you to do that."

B: "I want to help you. But I can't give you this case, it doesn't belong to me."

(4) A: "After class we're going to the movies. Do you want to join us?"

B: "To watch a pointless comedy? I'*d rather* watch a DVD at home *than* go to the movies such as that."

※※ Practical Expression 4

It would be better to+V~than to+V--- : to+V---하는 것보다 to+V~하는 게 낫다.

(1) A: "*It would be better to be* more like others *than* to be different from others."

B: "You can't say so. One's own personality should be respected in itself."

(2) A: "I won't have enough time to prepare for the exam. Actually, I think I'll cheat in the exam."

B: "What? *It would be better to fail than* to cheat in the exam."

(3) A: "Why didn't you just send it express ground mail?"

B: "I thought *it would be better to just* hand-carry it rather *than* to send it express ground mail."

(4) A: "The life of a slave was a succession of hard work. Most slaves worked from sunup to sundown, seven days a week."

B: "So, most of slaves thought that *it would be better to die than* to live so disgracefully."

Practical Expression 5

Do/Would you prefer A or B~? / Do/Would you prefer to + V~A or B~? : A와 B 중에 어느 것을 더 좋아하니?

(1) A: "*Do you prefer* green tea *or* black tea?"
B: "I like both. In fact, either of them is OK."

(2) A: "*Do you prefer* a table inside *or* outside?"
B: "Whichever is warmer. I'm feeling a bit under the weather."

(3) A: "*Would you prefer* to take your vacation this month *or* next?"
B: "This month would be better."

(4) A: "*Would you prefer* to live in a traditional house *or* in a modern apartment building?"
B: "I know that there are advantages to living in a modern apartment, but I'd prefer to live in a traditional house."

Practical Expression 6

subject + be getting worse/better~ : 주어가 점점 더 나빠지고/좋아지고 있어.

(1) A: "Times are hard and costs are just skyrocketing."
B: "Yeah, I read the economy *is getting worse*."

(2) A: "Do you hear the sound that the car's making?"
B: "Yes, it seems to *be getting worse*. We should do something about it."

(3) A: "How is it going?"
B: "I feel great. Everything's OK with me. It'*s getting better and better*."

(4) A: "How do you think is the present economic situation of the small and medium-sized enterprises in Korea?"
B: "As for economic conditions for their own businesses, 49 percent said matters *were getting better*, compared to 24 percent saying worse."

※※ Practical Expression 7

subject + know better than + to + V~ : 주어가 V~할 만큼 충분히 알고 있다구! subject + should know better than + to + V~ : 주어가 V~해서는 안 돼.

(1) A: "Dear son, you shouldn't tease me again."
B: "Mom, *I know better than to do* such a thing."

(2) A: "Why don't you ask her to help you with your homework?"
B: "*I know better than to ask* her for help. As a matter of fact, she knows less than I do."

(3) A: "It's lamentable that teenage students have no respect for their teachers at all."
B: "*They should at least know better than to make* their teachers feel insulted."

(4) A: "I'm better than him because he's not even any good at solving math problem."
B: "*You should know better than to say* something like that in front of me."

※※ Practical Expression 8

The best way + to + V~is + to + V--- : V~하는 가장 좋은 방법은 V---하는 거야!

(1) A: "What is the best way to beat the cold?"
B: "People say *the best way to beat* the cold *is to exercise* regularly."

(2) A: "What's the best way to prevent catching the flu?"
B: "*The best way to prevent* catching the flu *is to wash* your hands frequently."

(3) A: "Do you know the best way to praise someone for something?"
B: "I believe that *the best way to give* credit to someone *is to give* it to him or her away."

(4) A: "What do you think is the best way to learn English?"
B: "I think that one of *the best ways to learn* English *is to memorize* English sentences every day."

※※ Practical Expression 9

nothing is more+adjective+than~ / There is nothing more+adjective+than~ : ~보다 더 형용사한 것은 없다.

(1) A: "There is *nothing more precious than* laughing in the world."
B: "But many people cannot laugh because they focus on earning money."

(2) A: "There is *nothing more powerful than* reality and that cannot be faked."
B: "That means you stand on reality and look further, forwarding step by step."

(3) A: "*Nothing is more important than* to receive education in a democratic society."
B: "You are right. We cannot emphasize the importance of education too much."

(4) A: "Don't walk behind me, I may not lead. Don't walk in front of me, I may not follow. Just walk beside me and be my friend without fear."
B: "I believe *nothing is more despicable than* respect based on fear."

※※ Practical Expression 10

~one of the+superlative adjective/adverb+plural noun~ : ~가장 최상급한 명사구 중 하나~

(1) A: "Do you know Kelly?"
B: "Yes, she is *one of my best friends*. Why?"

(2) A: "Do you know that Haewoondae is *one of the most beautiful beaches* in Korea?"
B: "Yes. I definitely agree. It is an ideal place for young people to swim in the sea."

(3) A: "Could you tell me *one of the most beautiful moments* in your life?"
B: "I met you on the campus twenty-one years ago. That was one of the most beautiful memories in my youth."

(4) A: "I know that you took part in the Olympic Games as a volunteer worker. What do you think was the most difficult job?"
B: "*One of the most difficult jobs* in the Olympic Games was to keep out those who have not bought tickets."

※※ Practical Expression 11

> ~the + superlative adjective/adverb + plural noun + that I've ever + past participle~ :
> ~내가 과거 분사해 본 것 중에서 가장 최상급한 명사구~

(1) A: "That was one of *the best movies that I've ever seen.*"
B: "I thought it was fantastic too."

(2) A: "Tommy, what's your favorite sport?"
B: "My favorite sport is baseball. It is *the most exciting that I have ever played.*"

(3) A: "How was your holidays? Was it a sweet vacation?"
B: "This has been *the most delightful summer vacation that I've ever had.*"

(4) A: "Chomsky is an American linguist, cognitive scientist and political critic."
B: "He claims that children have innate linguistic competence. He is one of *the brightest people I've ever known.*"

※※ Practical Expression 12

> A is no more B than C (is D) / A is not B any more than C (is D) :
> A가 B가 아닌 것은 C가 D가 아닌 것과 같다.

(1) A: "I *cannot* drive a car *any more than* you can ride a bicycle."
B: "I don't think so. To drive a car is different from to ride a bicycle."

(2) A: "He *can't* swim *any more than* I can fly."
B: "It implies that he can't swim at all, so we can't go swimming with him."

(3) A: "A whale is *not* a fish *any more than* a fish boat is."
B: "It shares the same meaning as this: Camels could no more be counted than the sand on the seashore."

(4) A: "A home *without* love is *no more* a home, *than* a body without a sound mind is a man."
B: "It's similar to the situation that to be a religious man without prayer is no more possible than to be alive without breathing."

11. 관계절

관계 대명사(relative pronoun)가 선도하는 관계절(relative clause)에서 관계 대명사의 문법 기능은 who, whose, whom; which, of which(=whose), which; that, what과 같은 핵심 관계 대명사, 유사 관계 대명사(pseudo-relative pronoun)인 as, but, than과 '관계 대명사+ever' 형태의 복합 관계 대명사(compound relative pronoun)인 주변 관계 대명사로 나누어 설명할 수 있다.
관계 부사(relative adverb)가 선도하는 when, where, why, how와 같은 관계절은 선행사와 관계 부사가 명시적으로 나타나거나 선행사와 관계 부사 중에서 한 가지가 생략되는 두 가지 유형으로 나눌 수 있다.

☞ 관계 대명사 who, whose, whom의 용법

1) 관계절(relative clause)에서 관계 대명사(relative pronoun) who, whose, whom은 선행사가 사람일 때 사용한다.

(1) It isn't easy to find a person *who* is always kind to everyone.
(2) I know the boy *whose sister* is beautiful and majoring in English.
(3) The handsome young man over there *whom* Joanna likes is my brother.

2) 관계 대명사 who, whose, whom은 선행사가 사람이 아닐 때도 의인화된 경우에 사용할 수 있다.[1)]

(1) Alice likes the dog *who/which* always gives her smiles.
(2) The preacher delivered the good news to the crowd who/*which* surrounded him.
(3) The committee *who were/which was* responsible for this decision rejected their proposals.

3) 관계 대명사의 선행사가 사람 자체가 아니고, 그 사람의 신분, 지위, 성격, 상태를 지칭할 때는 which나 that을 사용해야 한다.

(1) Alexander is not the man *(that)* he used to be.
(2) Alfred is a gentleman, *which* his younger brother is not.

---

1) 선행사가 집합 명사인 경우에는 who와 which를 다 사용할 수 있는데 개체성을 중시하는 군집 명사일 때는 복수형 동사를 사용하고, 집합성을 중시하는 엄밀한 의미의 집합 명사일 때는 단수형 동사를 사용한다.

(3) Charles is far from the man *that/which* such circumstances are likely to form.

(4) Wilson is really a brave soldier, *which* was inherited from his ancestors.

(5) "Which boy teased your younger sister?" "The boy *that* just moved from Seoul (teased my younger sister)."

4) 관계 대명사 who, whose, whom의 선행사가 불특정 일반인일 때는 생략할 수 있다.[2)]

(1) A proverb says, "(The one/He) *who* never climbs will never fall."

(2) It is said that (those (people)) *whom* God loves usually die young.

☞ 관계 대명사 which, of which(=whose), which의 용법

1) 관계절에서 관계 대명사(relative pronoun) which, of which(=whose), which는 선행사가 사물이나 동물일 때 사용한다.[3)]

(1) I have read the novel *which* is very interesting and instructive.

(2) I have a handmade bag *whose/of which* color is brown and black.

(3) I have a brand-new electronic dictionary *which* my uncle gave to me.

(4) Baseball is the sport *which* I am fond of because it makes my head clear.

2) 관계 대명사 which, of which(=whose), which는 선행사가 사람의 집단, 인물, 신분, 직업, 성격을 나타낼 때 사용한다.

(1) The merchant is a good businessman, *whic*h I am not.

(2) The man is not the person *which/that* his mother wants him to be.

(3) These kinds of plants thrive in the tropical region *whose rainfall/the rainfall of which* is abundant.

(4) A Greek legend said that Philippides ran 26 hilly miles from Marathon to Athens to deliver the news *which* the Athenian Army defeated the Persians in 490 BC.

---

2) 다음 예문에서 알 수 있듯이 somebody thinks/believes/guesses/imagines/knows/says/supposes~나 as you know~와 같은 삽입절은 관계구문에 문법적으로 영향을 주지 않고 삽입될 수 있다.
(i) I chose a man who *I thought* was honest.
(ii) I like the student, *as you know*, who is diligent rather than clever.

3) 의문사 which와 관계사 which의 차이점은 which가 의문사로 사용될 때는 다음 예문 (i)과 (ii)처럼 사람과 사물에 다 사용되지만, 관계사일 때는 사물에만 사용된다는 점이다.
(i) *Which* do you like better, Tom or Judy?
(ii) *Which* do you prefer, apple or pineapple?

3) 관계 대명사 which, of which(=whose), which는 선행사가 앞 문장의 일부, 또는 앞 문장 전체일 때 사용한다.

(1) The man in the room is rich, *which* the woman is not.
(2) When Tom came to my office, *which* he did often, he was usually drunken.
(3) Whenever they quarrel each other, his wife appeals to force, *which* makes him still more angry.
(4) Jack and Jill want to go to Eastern Europe as their honeymoon trip, *which* is impossible due to traveling expenses.

☞ 관계 대명사 that의 용법

1) 관계절에서 관계 대명사(relative pronoun) that은 who와 which를 대신하여, 사람, 동물, 사물, 또는 '사람+동물'을 선행사로 선택할 수 있으며, 한정 문법 기능의 통합 용법으로만 사용되고, 속격 용법도 없다.

(1) There are lots of things *that* I need to buy before my trip to Europe.
(2) A man and his donkey *that* are crossing the shallow river look like heroes of a fairy tale.
(3) The people *that* live next door visited us in order to congratulate on my son's passing the entrance examination to the university.
(4) a. *The table, *that* stands at the corner is made of mahogany.
b. *It is certain that this is the same car, *that* he lost yesterday.

2) 관계 대명사 that은 접속사 성격이 강하여 전치사의 지배를 받지 않으므로 '전치사+관계사 that'의 형태로 사용하지 않는다.4)

(1) a. This is the house *that/which* I live in. ⟹
b. This is the house **in that/in which* I live.
(2) a. I am the wet sand at the beach **on that/on which* you walk. I am the grass **on that/on which* you lie down.

4) 다음과 같은 'in that(=since/because)+주어+동사~(~라고 하는 점에서)' 구조에서 that은 관점에 대한 이유나 원인을 설명하는 접속사라는 점에서 관계 대명사인 that과 다르다.
(i) He was a traitor *in that* he disobeyed.
(ii) Men differ from animals *in that* they can think and speak.

b. The 17th century was one **in that/in which* many significant advances were made in both science and philosophy.

3) 선행사에 한정적 의미가 강한 'the + 서수' 'the + 최상급'이 오거나, 선행사가 the very, the first, the last, the only, the same 등의 수식을 받아 분명하게 한정될 때는 한정의 의미가 강한 that을 사용한다.[5)]

(1) They will take *the first flight that* heads for Hawaii.

(2) Peter is *the wisest boy that* can solve such a problem.

(3) This is *the very book that* I have been looking for in the library.

4) 전체나 전무를 의미하는 all, both, no, none, every(thing), nothing이나 전치 수식 한정 양화사인 any, much, little 등을 선행사로 선택할 때는 한정의 의미가 강한 that을 사용한다.

(1) I gave the beggar *all the money that* I had in my pockets.

(2) *Any man that* can speak English will be employed at any time.

(3) *Nobody that* knows him will believe his words since he is a notorious swindler.

5) 선행사가 who, what, which와 같은 의문사일 때는 접속사의 성격이 강한 that을 사용한다.

(1) *Who that* has common sense can do such a foolish thing?

(2) *Which* is the automobile *that* you want to buy by monthly installments?

6) 관계 대명사가 내포문인 관계절의 보어로부터 도출될 때는 that을 사용한다.

(1) The digital computer is not the machine *that* it was.

(2) Fool *that* he was, he managed to evade his pursuers easily.

7) It is~that~어순으로 실현되는 강조 초점(emphatic focus)의 문장 구조에 that을 사용한다.

(1) It was I *that/who* saw a wolf in the mountain yesterday.

(2) It was the grammar book *that* I put on the desk in the hall.

---

5) 이와 대조적으로 선행사에 부정관사가 와서 한정의 의미가 약할 때는 "Michael is a man *that/who(m) every girl likes."에서 알 수 있듯이 관계대명사 that 대신에 who나 which를 쓰는 것이 좋다.

☞ 명사성 관계 대명사 what의 용법

1) 관계 대명사(relative pronoun) what(=the thing which=that which=all that=the man that)은 자체에 선행사를 포함하고 있는 명사성 관계 대명사(nominal relative pronoun)로서 주어, 목적어, 보어와 같은 명사절의 문법 기능을 수행하는 명사성 관계절(nominal relative clause)이다.

(1) That is just *the thing which* I want very much. ⇒
That is just *what* I want very much.

(2) *What* you have to do now is learn these sentences by heart.

(3) *What* my teacher says is true, but *what* you said is not true.

2) 명사성 관계 대명사 what은 관계 한정사로 쓰이기도 한다.

(1) Alice gave him *what money*(=all the money that) she had in her purse.

(2) Every student is allowed to borrow *what books*(=all the books) the central library keeps.

☞ 명사 관계 대명사 what이 사용되는 관용 표현(idiomatic expression)

1) what one is(=the man that one is)는 사람의 인격이나 신분이나 지위를 나타내고, what one has(=the thing that one has)는 사람이 가지고 있는 재산을 나타낸다.

(1) a. I owe *what I am* today to my parents and teachers.
b. Liz is quite another woman now. She is not *what she was/what she used to be*.

(2) a. Do not judge a man by *what he has*, but by *what he is*.
b. A man's worth is not so much in *what he has* as in *what he is*.

2) A is to B what C is to D(=what C is to D, A is to B; A is to B as C is to D; (just) as C is to D, so A is to B)는 'A에 대한 B의 관계는 C에 대한 D의 관계와 같다'는 뜻이다.

(1) Tree is to forest *what* hammer is to tool. ⇒
What hammer is to tool, tree is to forest.

(2) *What* reading is to the mind, exercise is to the body. ⇒
Exercise is to the body as reading is to the mind. ⇒
Just as reading is to the mind, so exercise is to the body.

(3) The man who cannot be trusted to society *what* a bit of rotten timber is to a house.

3) 'what is + 비교급(=in addition to; moreover; besides; what's more; into the bargain)'은 '게다가 더욱이 그 위에'의 뜻이고, 'what is + 최상급'은 '가장 최상급 한 것은'의 뜻이다.

(1) Edward is honest, and *what is more*, diligent as well as punctual.

(2) I lost my way, and *what was the worst*, it began to rain.

(3) Joan is beautiful, intelligent and *what is the best of all*, very warm and kind-hearted.

4) 'what by A and (what by) B'는 'A에 의해서, 그리고 또 B에 의해서'처럼 수단/방법을 나타내고, 'what with A and (what with) B'는 'A 때문에, 그리고 또 B 때문에'처럼 원인/이유를 나타낸다.

(1) *What by* good fortune, and *what by* effort, he could succeed in life.

(2) *What with* the earthquake and *what with* the consequent fire they had a terrible time of it.

(3) *What with* shopping and cooking and *what with* washing and cleaning, my mother is always busy everyday.

5) 'what + 주어(we/you/they) + call(=what is called; so-called; so to speak; as it is called; as they say)'은 '이른바 소위'의 뜻이다.

(1) This is *what we call* an original idea.

(2) I believe that none of his brilliant achievements were the result of *what is called* good luck.

(3) Lost time is never found again; and *what we call* time enough always proves little enough.

☞ 유사 관계 대명사의 용법

1) 유사 관계 대명사(pseudo-relative pronoun) as는 선행사가 as, so, such, the same과 같은 어구를 포함하고 있거나, 앞 문장 전체가 선행사일 때 사용한다.

(1) *As many soldiers as* went to the front were killed.

(2) *Such junk food as* they gave us was scarcely fit to eat.

(3) They are not given *so much food as* is necessary to keep health.

(4) *Sandra came from India, as* I knew from her English pronunciation.

2) 유사 관계 대명사(pseudo-relative pronoun) but(=that~not)은 선행사에 부정어인 no, not, never, few, little 등이 포함되어 있을 때 사용한다.[6)]

(1) There is *no one but* has faults. ⟹

There is no one that *has no faults*/does not have faults.

(2) There are *few of us but* wish to succeed in our life after graduation from university.

(3) When the fit of emotion is past, there's *nothing great but* a mob will forget in an hour.

3) 유사 관계 대명사(pseudo-relative pronoun) than은 선행사에 비교급이 포함되어 있을 때 사용한다.

(1) Eleanor spends *more money than* she earns.

(2) There were *more people* in the room *than* I expected.

(3) Alfred really deserved the award because he performed *much better than* was expected of him.

☞ '관계 대명사+ever' 형태의 복합 관계 대명사의 용법

1) 명사절을 선도하는 복합 관계 대명사(compound relative pronoun)는 주로 주어, 목적어, 보어의 문법 기능을 수행한다.

(1) *Whoever(=Anyone who)* wants to succeed in life must work hard.

(2) The children were allowed to do *whatever(=anything that)* they liked.

(3) You may take *whichever(=anything that)* you need in order to play with.

2) 복합 관계 대명사는 양보의 부사절이나 조건의 부사절을 선도하기도 한다.

(1) *Whoever(=No matter who)* may object, I will follow him.

(2) *Whichever(=No matter which)* you (may) choose, you'll be satisfied with it.

(3) *Whatever(=No matter what)* you may do, remember that you should do your best.

---

6) 다음 예문에서 (i)의 but은 관계사이고, (ii)의 but은 접속사이다.

(i) He is not such a fool *but* can see the truth.

(ii) He is not such a fool *but* he can see the truth.

(4) Sally dances with *whoever* asks her to dance. ⇒

If someone asks Sally to dance with her, she dances with him/her.

☞ 제한 관계절의 한정 문법 기능

1) 제한 관계절(restrictive relative clause)인 통합 관계절을 선도하는 관계 대명사의 한정 문법 기능(restrictive grammatical function)은 선행사의 내용이나 특성을 한정한다.

(1) He has two sons *who* are doctors.

(2) The outer ear and the ear canal are subject to all of the various disorders *that* affect the balance.

(3) Penicillin is perhaps the drug *which* has saved more lives than any other in the history of medicine.

2) 한정 문법 기능을 수행하는 제한 관계절의 문장 구조 특성은 관계절이 길어지면 구정보-신정보 어순이나 문미 가중 원리에 따라 외치된다. 한편, cost, equal, measure, resemble, weigh처럼 진행형으로 쓰이지 않는 상태 동사의 관계절이 후치 수식 형용사구로 축소되면, 현재 분사형으로 바뀐다. 또한, 관계절이 중첩되어 이중 한정 문법 기능으로도 사용되기도 한다.7)

(1) I saw someone *who* hadn't seen for years yesterday. ⇒

I saw someone yesterday *who* hadn't seen for years.

(2) A shark *weighing(=which weighs)* over 400 pound washed up on the beach.

(3) Can you name any musician *(that)* we know *who* is like a Bach?

☞ 관계절의 비한정 문법 기능

1) 비제한 관계절(nonrestrictive relative clause)인 보충 관계절을 선도하는 관계 대명사의 비한정 문법 기능(nonrestrictive grammatical function)은 앞 문장의 특정 단어나 특정 어구나 절 전체를 선행사로 받는다.8)

---

7) 문어보다 구어에서 주로 사용되는 중첩 관계절의 이중 한정 문법 기능에서 다음 예문처럼 두 번째 관계사는 생략하지 않는다.

(i) I like those ties *(that)* you wear *that* your sister knits for you.

(ii) There is something *(which)* passes for patriotism *which* is not patriotism at all.

8) 한정 문법 기능과 비한정 문법 기능에서 드러나는 의미상의 차이는 다음과 같은 예문을 통하여 알 수 있다.

(i) The passengers *who* survived the terrible storm were exhausted to death.

(지독한 폭풍우에 살아남은 승객들은 전체 승객의 일부임을 의미한다.)

(ii) The passengers, *who* survived the terrible storm, were exhausted to death.

(승객들 전원이 지독한 폭풍우에도 살아남았음을 의미한다.)

(1) a. Judy is *diligent*, *which* Tom is not.

b. I wanted *to study hard*, *which* was not easy for me.

(2) I want to buy *this book*, *which* treats of atomic energy. ⇒

I want to buy this book, since it treats of atomic energy.

2) 비제한 관계절은 고유 명사를 선행사로 선택할 수 있지만, 한정성이 강한 'any, every, no + 명사구', anyone, everyone, no one 등을 선행사로 선택하지 못하고, 관계사 that을 사용할 수도 없다. 한편, 비제한 관계절은 대격(=목적격) 관계 대명사를 생략할 수 없지만, '주격 관계사 + be 동사'는 생략할 수 있다. 또한, 비제한 관계절은 중첩하여 사용할 수 없다.

(1) a. *John*, *who* is a linguist, was deeply impressed by Tonny's arguments.

b. **John who* is a linguist was deeply impressed by Tonny's arguments.

(2) a. **Any man*, *who* goes back on his word, is no friend of mine.

b. *Any man who* goes back on his word is no friend of mine.

(3) a. **The plan*, *that* was discussed yesterday, will be adopted.

b. *The plan that* was discussed yesterday will be adopted.

(4) a. *The thief*, *who(m) they* finally managed to apprehend, was so frightened that he could hardly speak.

b. **The thief they* finally managed to apprehend, was so frightened that he could hardly speak.

(5) *John's lawyer*, *(who was)* packing his suitcase, heard the telephone ring.

(6) *They gave the job to Rob, *who* is very qualified, *who* starts next month.

☞ 관계절의 축약

1) 관계절의 축약(reduction of relative clause)과 관련하여 관계절에서 목적어의 문법 기능을 수행하는 관계 대명사는 생략할 수 있다.

(1) a. All the measures *(that)* we had taken were in vain.

b. We met a folk singer *(who/whom/that)* we likes so much.

(2) a. This is the library *(which)* I study in with my classmates everyday.

b. The house *(which)* my grandparents live in is located in the suburbs.

2) 관계절에서 주어 보어의 문법 기능을 수행하는 관계 대명사는 생략할 수 있다.

(1) Tom is not the boy *(that) he was* five years ago.

(2) Our teacher is not the man *(that) he was* when we first knew him.

3) 허사 주어 there/it-구문이나 분열문의 관계사절에서 주격 관계 대명사는 생략할 수 있다.

(1) There is a girl *(who) likes* a white dog.

(2) It is environmental pollution *(that) is* one of the most serious problems that are now confronted by developed countries.

4) 진행형, 수동문, 형용사 서술어 구조의 관계사절에서 주격 관계 대명사와 be 동사는 생략할 수 있다.

(1) That girl *(who is) standing* over there can answer the question.

(2) The bills *(that were) passed* by the House yesterday died in the Senate.

(3) The chairperson *(who is) familiar with* details of the proposal believes that it has a good chance of passing.

5) 선행사가 명시적인 장소, 시간, 방법, 이유를 표시할 때 관계 대명사를 생략할 수 있다.

(1) The injured person had never been back to *the place (in which/where)* the accident had happened.

(2) At *the time (at which/when)* this scheme was introduced, it was recognized that there might be problems.

(3) We would like to know *the principal reason (for which/why)* the delegates didn't accept our sincere proposal.

(4) One of our staff members thinks this approach is *the only way (in which/that/*how)* we can tackle the problem.

☞ 관계 대명사와 전치사의 배열 순서

1) 한정어구인 all of, both of, half of, most of, none of, one of, some of 등과 관계 대명사가 결합할 때는 전치 한정사의 위치 특성에 따라 '전치사+관계 대명사'의 어순을 선택한다.

(1) She took various kinds of medicine to lose weight, *none of which* worked.

(2) The musician has many types of traditional drums, *some of which* are made of cowhide.

2) 전치사가 장소, 시간, 방법, 이유를 나타내어 관계 부사화될 때는 '전치사+관계 대명사'의 어순을 선택한다.

(1) I never forget the day *on which(=when)* I met you.

(2) They gave many different *reasons for which(=why)* they want to change jobs.

3) 타전치사(transitive preposition) 특성이 강한 전치사인 (a)round, beside, beyond, during, concerning, opposite, outside, toward, as to 등이 관계 대명사와 함께 쓰일 때는 전치사의 보충어 선택 특성에 따라 '전치사+관계 대명사'의 어순만을 선택한다.

(1) There are ethical limits *beyond which* many politicians are reluctant to go.

(2) The period *during which* people learned to smelt iron is called the Iron Age.

4) '전치사+간접 목적어'의 구조이거나 이와 유사한 문장 구조일 때는 '전치사+관계 대명사'의 어순을 선택한다.

(1) The man *to whom* I had written the letter was my uncle.

(2) The politician *from whom* I had withheld the truth turned out to be a spy.

5) '동사/형용사+전치사'의 형태가 굳어져서 문법화(grammaticalization) 되면 '관계 대명사+주어+동사/형용사+전치사'의 어순만을 선택한다.

(1) The first thing *(that)* he *thought of* was to meet his roommate again.

(2) This machine, *which* I have *looked after* for over ten years, is still working perfectly.

(3) Your dishonesty, *which* we have *put up with* far too long, is beginning to annoy people around you.

☞ 전치사의 목적어로 사용되는 관계 대명사의 생략과 전치사 잔류

(1) a. The penknife *which* I was trying to cut the pencil *with* was blunt. ⇒
The penknife *with which* I was trying to cut the pencil was blunt. ⇒

The penknife I was trying to cut the pencil *with* was blunt.

b. *The penknife *with* I was trying to cut the pencil was blunt.

(2) a. The psychological effect of pretending to agree with others *with which* one does not agree is disastrous.

b. The psychological effect of pretending to agree with others *which* one does not agree *with* is disastrous.

위 예문의 문법성 판단에서 알 수 있듯이 전치사의 목적어로 사용되는 관계 대명사가 생략되면, 전치사는 원래의 위치로 되돌아가야 하는데, 이를 전치사 잔류(preposition stranding)라 한다.

☞ 부정사 관계절

(1) Here is a chair *on which to sit.* ⇒

Here is a chair *to sit on.* / *Here is a chair *which to sit on.*

(2) We need a sack *in which to carry the money.* ⇒

We need a sack *to carry the money in.* / *We need a sack *which to carry the money in.*

(3) A talkative man is not a right person *in whom to confide.* ⇒

A talkative man is not a right person *to confide in.* / *A talkative man is not a right person *whom to confide in.*

(4) a. I found something *interesting (for us/for you) to read.*

b. That is not a very good way *(for you) to do your homework.*

c. A computer programmer wouldn't be such a bad thing *(for one/for her) to be.*

위 예문의 문법성 판단에서 알 수 있듯이 부정사 관계절에서는 관계 대명사의 목적어와 전치사가 동반 이동해야 하므로 전치사 잔류를 허가하지 않지만, 관계 대명사가 생략되면 전치사는 반드시 원래 자리로 되돌아가야 한다.

☞ 관계 부사가 선도하는 관계절[9)]

1) 시간 표시 관계 부사(relative adverb)는 '시간 표시 전치사+관계 대명사'의 합체이고, 시간 관련 선행사를 후치 수식 하는 형용사 성격의 부가어절이다.

---

9) 관계사 that은 시간, 장소, 이유, 방법의 관계 부사를 대신하여 사용할 수 있다는 점에서 관계 부사에 추가되기도 한다. 다음 예문처럼 관계 부사 that 앞에 오는 선행사는 생략할 수 없다.

(i) This is *the way (that)* he can do it.

(ii) This is *how/*that* he can do it.

(1) I know *the time at which* my father is going to arrive. ⇒
I know *the time when* my father is going to arrive.

(2) In *1860 when* the Pony Express was inaugurated, Sacramento became its western terminus.

(3) Doctors say that blood pressure may change over a course of *a day*, *when* we are stressed emotionally and physically.

2) 장소 표시 관계 부사는 '장소 표시 전치사+관계 대명사'의 합체이고, 장소 관련 선행사를 후치 수식 하는 형용사 성격의 부가어절이다.

(1) This is *the village in which* I was born in 1988. ⇒
This is *the village where* I was born in 1988.

(2) The music show must win critic and audience approval in *London where* it opens tonight at the Palace Theatre.

(3) Gnats, a kind of mosquito, lay their eggs on *water*, *where* they float from one to several days before they hatch.

3) 이유나 원인 표시 관계 부사는 '이유/원인 표시 전치사+관계 대명사'의 합체이고, 이유나 원인 관련 선행사를 후치 수식 하는 형용사 성격의 부가어절이다.

(1) That was *the reason for which* my brother failed. ⇒
That was *the reason why/that* my brother failed.

(2) I like your sister. This is *the reason why/that* I love your sister and I want to marry her.

(3) We are not going abroad for our winter holidays for the simple *reason that* we can't afford it.

4) 방법 표시 관계 부사는 '방법 표시 전치사+관계 대명사'의 합체이고, 방법 관련 선행사를 후치수식 하는 형용사 성격의 부가어절이다. 방법 표시 관계 부사절 형성에서 ~the way how~는 현대 영어에서 어법상 적절하지 않은 것으로 본다.

(1) This is *the way in which* I solved the problem. ⇒
This is *how* I solved the problem.

(2) This is *the way (that/in which)* Sam says about it, which makes me angry.

(3) Now oceanographers try to find out *how* marine organisms live in relation to one another.

☞ 관계 부사의 생략과 비한정 문법 기능

1) 관계절에서 선행사가 의미상으로 시간, 이유나 원인, 방법, 장소를 분명하게 표현하고 있을 때는 의미 기능의 중복을 피하기 위해서 관계 부사(relative adverb)를 생략하는 것이 일반적이다.

(1) Sunday is *the day (when)* workers get some rest.

(2) There is *no reason (why)* we shouldn't be friends.

(3) I don't like *the way* my parents treat me in front of her.

(4) My mother wanted to see *the house (where)* she had grown up.

2) 관계 부사의 선행사가 the time과 the place처럼 불특정하면 선행사를 생략하고, 선행사가 특정 시간과 특정 장소이면 관계 부사를 생략한다. 선행사가 the reason이고 관계 부사가 why이면 선행사나 관계 부사 중에서 어느 하나를 생략하고, 선행사가 the way이고 관계 부사가 how이면 선행사 생략이 의무적이다.

(1) a. Sunday is *(the day) when* workers take/get some rest.

b. Mary wants to visit *(the place)* very much *where* Tom has been to.

(2) This is *(the reason) why* I don't like her behavior and manners.

(3) I don't know *(*the way) how* I can get through my head.

3) 관계 부사가 선도하는 관계절의 비제한적 용법은 보충어의 문법 기능을 수행하므로, where는 and there의 의미를 나타내고, when은 and then의 의미를 나타낸다.

(1) Charles often visits *a small fishing village*, *where(=and there)* he has lived for ten years.

(2) Scarlet goes to *the audio-vidual library* everyday, *where(=and there)* she studies English very hard.

(3) I began to read a detective story in *the morning*, *when(=and then)* Mary came into my room without notice.

☞ 복합 관계절

1) 시간을 나타내는 복합 관계절(compound relative clause)에서 whenever의 용법은 다음과 같다.

(1) Come and see my pets *whenever(=at any time when)* you feel inclined to.

(2) *Whenever(=No matter when)* you may visit him, you'll find him drunk.

2) 장소를 나타내는 복합 관계절에서 wherever의 용법은 다음과 같다.

(1) I will follow him *wherever(=any place where)* my father leads to.

(2) *Wherever(=No matter where)* you *(may)* go, you will have to face the publicity.

3) 방법을 나타내는 복합 관계절에서 however의 용법은 다음과 같다.

(1) *However(=No matter how)* cold it may be, I must go for a walk.

(2) We'll have to finish the job, *however(=no matter how)* long it takes.

☞ 관계 한정사가 선도하는 관계절

1) 관계 한정사절(relative determinative clause)에서 관계 한정사는 전치 수식 형용사의 문법 기능을 수행한다.

(1) Peter's car, *whose hand-brake* wasn't reliable, began to slide backwards.

(2) The old man *whose house* has burned down last month is suffering from mental disorder.

2) 복합 관계 한정사절(compound relative determinative clause)에서 복합 관계 한정사는 전치 수식 형용사의 문법 기능을 수행한다.

(1) You had better study *whichever subject(=any subject that)* you like.

(2) Susan wore *whatever clothes(=any clothes that)* her mother bought her.

(3) *Whosever horse(=Anyone's horse that)* comes in first wins the gold prize.

※※ Practical Expression 1

Is there anyone (else) who~ : ~하는 다른 사람 있습니까? Is there anything that~ : ~하는 어떤 일/사물 있습니까?

(1) A: "*Is there anyone (else) who* can speak Italian?"
  B: "I can speak Italian a little."

(2) A: "*Is there anyone (else) who* can put the following poem into English?"
  B: "It seems very difficult to translate it into English, but let me try to."

(3) A: "*Is there anything (that)* I can help you?"
  B: "No. There isn't. Thank you anyway."

(4) A: "*Is there anything* you bought that you shouldn't have?
  B: "Yes, I shouldn't have bought a lap-top. I don't need it right away."

※※ Practical Expression 2

What I'm trying to say is (that)~ : 내가 말하려고 하는 것은~이다.

(1) A: "How dare you criticize me in front of my girlfriend?"
  B: "*What I'm trying to say is* that it's your fault, not mine."

(2) A: "I've really messed up this time."
  B: "*What I am trying to say is* that life is always an ongoing process. Don't be depressed."

(3) A: "You always flush to the ears whenever you look at me. Don't be nervous. What do you want to say to me?"
  B: "*What I'm trying to say is* (that) I love you so much."

(4) A: "What do you mean that I have looked in a mirror lately? And what would I need two mirrors for?"
  B: "Couldn't you really understand what I'm saying? *What I'm trying to say is* that you're not thin."

⁂ Practical Expression 3

The last thing I want to do is+V~ : 내가 제일 싫어하는 일은 V~이야!

(1) A: "Why don't you lie to your mother about your mistakes?"

B: "No way! *The last thing I want to do is* lie to her."

(2) A: "Why don't you go over and apologize to Judy?"

B: "*The last thing I want to do is* apologize to her after she yelled at me."

(3) A: "What's the matter with you? You look pale."

B: "I think I got a cold. But *the last thing I want to do is* (to) see a doctor."

(4) A: "Why don't you attend math class yesterday, Rain?"

B: "*The last thing I want to do is* get into trouble for something I don't have any interest in at all."

⁂ Practical Expression 4

All (that) I'm asking is that you+V~ / All I'm asking is for you+to+V~ : 내가 가장 바라는 것은 네가 V~/to+V~하는 거다.

(1) A: "Why did you late for the meeting this morning?"

B: "I caused a traffic accident. *All I'm asking is that* you forgive me."

(2) A: "I fought with my co-worker because of minor problem. I was very furious at that moment, but now I feel regret for my behavior."

B: "*All I'm asking is that* you reconcile with your company."

(3) A: "Joe, *all that I'm asking is for you to go* and talk to him. I think it isn't that hard to do."

B: "But I think it's hard, because I don't get along with him."

(4) A: "Have you finished your class project yet? Moreover, do you remember that today is the deadline?"

B: "Yes, but *all I'm asking is for you to give* me more time to finish it."

※※ Practical Expression 5

The first thing you have+to+V---is that~ : 네가 제일 먼저 V---해야 될 일은 that~이야!

(1) A: "What should I do to get started on this project?"

B: "*The first thing you have to do is* get some coffee or tea."

(2) A: "What should I do to prevent an accident?"

B: "*The first thing you have to do is* (that you) wear the seat belt."

(3) A: "What should I do to prevent the shank, the lower part of my foreleg?"

B: "*The first thing you have to do is* stand away from the ball."

(4) A: "*The first thing you have to know is* that we don't have a guarantee with this product."

B: "That's okay. I can fix almost anything."

※※ Practical Expression 6

What I would like+to+V+is~ : 내가 V하려고 하는 것은~이다.

(1) A: "I heard that the diver was found on the shore, unconscious."

B: "*What I would like to know is* why he was out in the ocean all alone."

(2) A: "Oh my gosh! Are you okay? You should have been cautious in crossing the street."

B: "At any rate, *what I would like to emphasize is* the fact that I was hit by your car."

(3) A: "Our product warranty will be valid for one year from the date of purchase."

B: "Good. *What I would like to know is* how to operate the machine. Could you show me how it works?"

(4) A: "*What I would like to do is* share with you some information on this problem."

B: "For more information on why this problem happened, please contact the bank that issued your card."

※※ Practical Expression 7

That's exactly what+subject+V~ : 그게 바로 주어가 V~하(려)는 거야!

(1) A: "It must be good for you to get away from the routine life and clear your mind."
B: "*That's exactly what I am* going to do."

(2) A: "I don't think Jack is the best person. As you know, he is too young for this position."
B: "*That's exactly what I wanna* say. But he is most experienced in the field."

(3) A: "Ma'am, here's your passport and boarding pass. It's 36A, the window seat on the eighth row of the economy class."
B: "*That's exactly what I wanted.* Thank you so much."

(4) A: "I heard that you are going to be off work for a week. I'm sure you deserve it."
B: "*That's exactly what I am* going to do this time. But I'm just thinking about it because I've been very busy recently."

※※ Practical Expression 8

What one is(=the man that one is) : 사람의 인격/신분/지위를 나타낸다. What one has(=the thing one has) : 사람의 재산/경제/능력을 나타낸다.

(1) A: "I believe that to love *what one is*, not *what one has*, lasts for ever."
B: "You think so? But remember that as money isn't everything, so isn't love."

(2) A: "During last week I read a book whose title is 'How One Becomes *What One Is*'."
B: "Was it interesting? What does the author say in the book?"

(3) A: "Why did he marry the actress unexpectedly?"
B: "He married her not because he loves *what she is*, but because *what she has*."

(4) A: "The richest person is the one who is contented with *what he has*."
B: "That is true. And the most miserable person is the one who isn't contented with *what he has*."

※※ Practical Expression 9

When was the last/the first time (that)~? : 마지막으로/처음으로~한 게 언제야?

(1) A: "*When was the last time* you went to the dentist?"
B: "I think it's been two years."

(2) A: "Hi, John. Nice to meet you here again."
B: "Great to see you too. *When was the last time* we met?"

(3) A: "Dear my friend, *when was the first time* that you sent an e-mail to someone?"
B: "I can't remember exactly, but you were the first person."

(4) A: "*When was the first time* that wind was used as an energy source?"
B: "Extracting energy from the wind could be traced back to ancient times when sailing vessels were first used for marine transport and wind-mills for grinding grain."

※※ Practical Expression 10

I'm happy with~/about~ / I'm glad that~ : 나는~에 만족합니다. / 나는 that~해서 기뻐요.

(1) A: "Mom, I'm trying to read at least three books a month."
B: "*I'm so happy with* your resolution, boy."

(2) A: "Holidays have started! *I'm so happy about* this."
B: "You don't need to set your alarm every night and you can stay in bed late in the morning."

(3) A: "Thanks for inviting me, Jane. I had a good time."
B: "Me too, John. *I'm glad that* we were able to get to know each other better."

(4) A: "Jack told me yesterday that you did a great job on the project."
B: "*I'm glad that* he finally noticed my hard work. As a matter of fact, it was so difficult for me to finish within a week."

※※ Practical Expression 11

I don't know why/how/when/where~ : ~하는 이유/방법/시간/장소를 모르겠어.

(1) A: "Do you know where my purse is?"
  B: "I'm afraid that *I don't know where* it is."

(2) A: "Are you new here? Do you need any help with the machine?"
  B: "Really? Thank you. *I don't know how* to use this equipment."

(3) A: "*I don't know why* he was late. Do you know the reason why?"
  B: "He caught a bad cold and had to stay in bed till late in the morning."

(4) A: "All the home appliances we have are over 10 years old. *I don't know when* I started to save things, but I have gotten used to the habit of saving things."
  B: "Oh, really? But they all sure don't look like it."

※※ Practical Expression 12

A is to B, what C is to D / What C is to D, A is to B / A is to B as C is to D / (just) as C is to D, so A is to B : A에 대한 B의 관계는 C에 대한 D의 관계와 같은 거야.

(1) A: "The poet said, 'Words are to the poet *what* facts are to the scientist.'"
  B: "This means that the scientist sees the outer world, whereas the poet the inner world."

(2) A: "What's the meaning of the sentence, 'Air is to man *what* water is to fish.'?"
  B: "I think it's similar to 'What bladders are to the fish, lungs are to the human.'"

(3) A: "Could you explain the meaning of the sentence, 'Old age is to life *as* sunset is to day.'?"
  B: "As sunset tacitly tells us the end of a day, so does aging quietly tell us the termination of our life."

(4) A: "I once read an academic paper on '*Just as* salad is to Americans, *so* Gimchi is to Koreans.'"
  B: "This implies that Gimchi is indispensable to Koreans in the same way that salad is prerequisite to Americans."

12. 조건절

조건절(conditional clause)은 보문소(complementizer)인 if와 같은 조건 표시 접속사가 선도하는 종속절이다. 조건절은 표현하고자 하는 내용이 사실적인 내용인가, 아니면 가정적이거나 반사실적인 내용인가에 따라 직설법 조건절(indicative conditional clause)과 가정법 조건절(subjunctive conditional clause)로 나누어진다.

☞ 직설법 조건절의 유형

직설법 조건절(indicative conditional clause)인 현실 조건절은 조건절의 조건이 충족되면 조건-결과의 상관관계에 따라 결과절의 내용이 실현될 수 있는 문장 구조이다.[1), 2)]

1) 속성 조건절은 과학 기술 내용이나 변하지 않는 진실에 기초한 사실을 표현하고, 단순 현재 시제를 사용한다.

(1) If a gas *is* heated, it *expands*.
(2) If water *is* cooled to 32 degrees Fahrenheit, it *becomes* a solid.

2) 습관 조건절은 조건절의 현재나 과거의 상황이나 사건 내용이 습관적으로 실현되는 경우에 사용된다.

(1) If my father *had* business in Seoul, he often *stayed* at the Hyatt.
(2) If/*Whenever* she is his bridge game partner, she usually *loses* big.

3) 추론 조건절은 결과절의 명제 내용이 조건절의 상황이나 사건으로부터 논리적으로 추론될 때 사용된다.

(1) If Jane and Bill *left* before rush hour, they probably *had* a quick trip home.

---

1) 직접 조건은 조건절의 실현 여부에 따라 결과절의 내용이 종속적으로 결정되는 직설법 조건절과 다음 예문처럼 조건절의 내용이 현재, 과거, 미래에 각각 실현되지 '않는다' ' 않았다' ' 않을 것이다'는 화자의 생각이나 판단을 전달하는 가정법 조건절로 양분할 수 있다.
(i) If Jane and her friends *had* the time, they *would be* here with us.
(ii) If you *had listened to* me, you *wouldn't have made* so many mistakes.
(iii) If Harold *change* his opinion on the matter, he *will be* a more likable person.

2) 간접 조건을 유도하는 예로는 If you don't mind,~, If you want,~, If you can keep a secret,~, If I put it bluntly,~, If I may interrupt,~, If I may be personal,~ 등을 들 수 있다.

(2) If Ann *is* wearing a wedding ring, she and Bill *got/have gotten/must have gotten* married.

4) 미래 조건절은 계획이나 부수적으로 예견되는 내용을 표현하므로 단순 현재 시제를 사용한다.

(1) If you *don't leave* now, you *will miss* your last train.
(2) If we *get* more rain, the river *is going to* flood soon.

☞ 현재 가정구문

현재 가정구문(subjunctive sentence with present tense)은 현재나 가까운 미래의 상상 가능한 사건이나 상태에 대한 가정을 표현한다. 현재 가정구문의 가정 조건절에 사용되는 시제는 원형 동사로 표시되고, 주절인 결과절에 사용되는 시제는 미래 조동사로 표시되지만, 의미상의 시간은 현재나 미래이다.[3)]

1) 현재 가정구문의 전형적인 문장 구조는 'If+주어+원형 동사~, 주어+will/shall/can/may+V~' 형식으로 실현된다.

(1) If the weather *be* good tomorrow, I *will go* fishing.
(2) If your friend *come* here tomorrow, I *will tell* him your phone number.

2) 명령 가정(mandative subjunctive)의 전형적인 문장 구조는 '주어+명령/제안/요구/주장의 동사/명사/형용사~that+주어+원형 동사~' 형식으로 실현된다.[4)] 한편, 추정 가정(putative subjunctive)의 전형적인 문장 구조는 '주어+감정 표시의 동사/명사/형용사~that+주어+should+원형 동사~' 형식으로 실현된다.[5)]

---

3) 영어의 If-절은 가정법 현재 시제보다 직설법 현재 시제를 사용하는 보편적인 경향성을 보인다. 다음 예문 (i)은 가정법이고, 예문 (ii)는 직설법이다.
(i) If the weather *be* fine tomorrow, I will go fishing with my friends.
(ii) If the weather *is* fine tomorrow, I will go fishing with my friends.

4) 명령형의 that-절 가정법을 유도하는 대표적인 모문의 술어 요소로는
(a) 명령 동사인 order, command, dictate, 요구 동사인 demand, ask, require, request, 주장 동사인 insist, urge, 제안 동사인 propose, move, suggest, 결정 동사인 decide, determine, resolve, stipulate, 충고 동사인 recommend, advise 등을 들 수 있다.
(b) 명령의 의미를 전달하는 명사로는 advice, decision, instruction, order, proposal, recommendation, requirement, resolution, suggestion 등을 들 수 있다.
(c) 명령의 의미를 전달하는 형용사로는 advisable, compulsory, crucial, desirable, good, essential, imperative, important, impossible, insistent, natural, necessary, obligatory, preferable, proper, urgent, vital, wrong 등을 들 수 있다.

5) 추정형의 that-절 가정구문을 유도하는 대표적인 모문의 술어 요소로는
(a) 감정 표시 동사로는 regret, annoy, concern, deplore, rejoice, wonder, worry 등을 들 수 있다.
(b) 감정 표시 의미를 전달하는 명사로는 a pity, no wonder 등을 들 수 있다.
(c) 감정 표시 의미를 전달하는 형용사로는 sorry, sad, alarmed, annoyed, ashamed, astonished, curious, disappointed, fortunate, frightening, likely, lucky, pleased, shocked, surprising, strange, surprising, unthinkable 등을 들 수 있다.

(1) a. I *demand/demanded* that the committee *reconsider* its decision.
b. Our only *demand is/was* that the park *remain* open all day long.
c. It is *essential* that everyone *(should) attend* the meeting.

(2) a. I *regret* that you *should worry* about the matter of little importance.
b. It's *a pity* that she *should do* such a behavior in front of your friend.
c. I'm *sorry* that you *should think* so little of me and forget to answer my letter completely.

3) 정형 가정(formulaic subjunctive)은 형식적이고 다소 고어체 가정의 표현 방식으로 '(주어)+원형 동사~'의 문장 구조를 사용하여 현재나 미래의 소망을 표시한다.

(1) *God bless/Heaven bless* you forever!
(2) *May* the Republic of Korea prosper forever!

4) 양보 가정(concessive subjunctive)은 양보절에서 양보 접속사 though나 although와 같은 의미 속성을 통하여 명시적이나 비명시적으로 가정의 의미를 전달한다.

(1) *Though he may be* the president himself, he shall hear us.
(2) *Come what may/Whatever may come*, we will go ahead with our plan.
(3) *Try as you may/However you may try*, you will be unable to persuade her to do it.

5) 목적 가정(purposive subjunctive)은 관용적인 표현인 lest~(should)~(~하지 않도록, ~하면 안 되니까)나 for fear~(that)~(~하지 않도록, ~할까 두려워서) 등을 통하여 가정의 의미를 전달한다.

(1) The animals must be destroyed *lest* the disease *(should) spread.*
(2) They left early *for fear (that)* they *would meet* the man who hates them.

6) 명령 가정이나 추정 가정은 가정의 뜻이 포함되어 있지 않을 때는 직설법을 사용해야 한다. 즉, 가정법이나 직설법의 선택은 정형절인 that-절(that-clause)의 의미에 따라 결정된다.[6)]

---

6) 명령, 주장, 요구, 제안, 충고, 결정 등을 나타내는 매래 표시 동사나 명사나 형용사의 보충어인 that-절에서 가정법 표지인 보문소 that은 생략하지 않는 것이 일반적이다. 이러한 that-절을 비정형절로 바꿀 때는 다음 예문처럼 to-부정사절이나 동명사절로 바꾸어 쓸 수 있다.

(i) He ordered *that/*[ø]* I start at once to take the last train. ⇒
He ordered *me to start* at once to take the last train.

(ii) Our teacher urged *that/*[ø]* the students leave the classroom. ⇒
Our teacher urged *the students to leave* the classroom.

(1) a. We *insist* that the man *be admitted* to hospital immediately. (subjunctive)

b. She *insists* that the man *is guilty* of fraud and must be punished. (indicative)

(2) a. I *suggest* (that) Anna *go and see* a doctor. (subjunctive)

b. I *suggest* (that) Anna *doesn't like* us very much. (indicative)

☞ 과거 가정구문

과거 가정구문(subjunctive sentence with past tense)은 현재의 일에 관한 상상 가능한 사건이나 상태에 대한 가정을 표현한다. 과거 가정구문에 사용되는 시제는 과거 동사나 과거 조동사로 표시되지만, 의미상의 시간은 현재이다.

1) 과거 가정구문의 전형적인 문장 구조는 'If+주어+과거 동사~, 주어+would/should/could/might+원형 동사~' 형식으로 실현된다.

(1) If I *had* enough money, I *could buy* a helicopter. ⇒
As I *don't have* enough money, I *can't buy* a helicopter.

(2) If they *had* more money and time, they *could make* a trip abroad more often.

2) It's (high) time that~의 가정구문은 마땅히 해야 할 일을 하고 있지 않는 상황으로 '~해야 할 시간이다.'(=It is past time~; Something is over due~)라는 가정 의미를 표현한다.

(1) *It's time* that we *were going/should go* to bed.

(2) *It's high time* that the patient *was/were* up and about.

3) would rather (that)~의 가정구문은 '~해 주었으면' '~하면 좋겠다'(=prefer to do or have something)는 가정 의미로 화자의 바람을 표현한다.

(1) I *would rather* that you *went* back to your home.

(2) I'*d rather* you *didn't do* anything about it for the time being.

4) If it were not for~의 가정구문은 조건절이 '만약~가 (현재) 없다면'(=Were it not for~; If there were no~; But for~; Without~)의 가정 의미로 해석된다.

(1) *If it were not for water/But for water/Without water*, nothing could live. ⇒
Were it not for water/If there were no water, nothing could live.

(2) *If it were not for the sun*, the earth *would* always *be* dark even in the daytime.

☞ 과거 완료 가정구문

과거 완료형 가정구문(subjunctive sentence with past perfective form)은 과거에 일어나지 않은 과거 사실이나 사건에 대한 반사실적인 내용을 표현한다. 과거 완료 가정구문에 사용되는 반사실 조건절의 시상은 과거 완료 동사로 표시되지만, 의미상의 시간은 과거이다.

1) 과거 완료 가정구문의 전형적인 문장 구조는 'If＋주어＋had＋/PP~, 주어＋would/should/could/might＋have＋PP~' 형식으로 실현된다.[7)]

(1) If I *had studied* harder, I *could have passed* the terminal exam. ⇒
As I *didn't study* harder, I *couldn't pass* the terminal exam.
(2) If someone *had phoned* to the police earlier, the girl *might have been rescued.*

2) If it had not been for~의 가정구문은 조건절이 '만약~가 (과거에) 없었다면'(=Had it not been for~; But for~; Without~)의 가정 의미로 해석된다.

(1) *If it had not been for* your help/*But for* your help/*Without* your help, I could not have succeeded in my life. ⇒
Had it not been for your help, I could not have succeeded in my life.
(2) *If it had not been for* the enemy's attack, the historic city would not have been destroyed.

☞ 미래 표시 가정구문

미래 표시 가정구문(subjunctive sentence with future form)은 현재나 미래의 실현되기 어려운 상상에 가까운 가능성에 대한 가정이나 소망이나 상상을 표현한다. 미래 표시 가정구문의 조건절에는 should나 'were to＋V'를 사용하지만, 의미상의 시간은 미래이다.

1) 미래 표시 가정구문의 전형적인 문장 구조는 'If＋주어＋should＋V~, 주어＋would/should/could/might/will/shall/can/may＋V~' 형식으로 실현된다.[8)]

---

7) 구어 미국 영어에서는 "If I would have had more time, I would have visited that old temple."처럼 과거 완료 가정구문의 조건절에 'If＋주어＋would have＋PP~'를 사용하는 경향이 늘어가고 있다.
8) 미래 표시 가정구문의 조건절에 쓰이는 should는 순수 가정의 의미를 함축하고 있지만, 다음 예문에서 알 수 있듯이 would는 의지나 요구의 의미를 함축하고 있고, could는 요구나 능력의 의미를 함축하고 있다.
(i) If you *would* help him, he *should* be happy.

(1) If Susan *should know* the fact, she *would be/will be* astonished. ⇒

As Susan *doesn't know* the fact, she *will not be* astonished.

(2) If it *should rain* tomorrow, Mary and I *would not go out* to the movies.

2) 'If+주어+were to+V~' 형식의 가정구조는 조건절이 '만약 주어가 (현재) to-부정사 한다면'(=sentence about an imagined situation)'처럼 가정 의미로 해석된다.

(1) If I *were to die* tomorrow, what *would* you *do?*

(2) If I *were to ask* you whether dust is of any use, you *would reply* that it is of no use at all.

☞ 혼합 가정구문

1) 시제 혼합 가정구문(tense mixed subjunctive sentence)은 조건절과 주절인 결과절의 기준 시점이나 기준 시제가 서로 다르다.

(1) a. If I *had followed* your advice, I *would be* there by now. ⇒

As I *didn't follow* your advice, I *am not* there now.

b. If it *had not rained* last night, the road *would be* better now.

(2) a. If his brother *were* a good student, he *would have studied* for the test yesterday. ⇒

As his brother *isn't* a good student, he *didn't study* for the test yesterday.

b. If her sister *were* a good person, she *wouldn't have behaved* so rudely to him.

2) 법성 혼합 가정구문(mood mixed subjunctive sentence)은 조건절에는 직설법을 사용하고 주절인 결과절에는 가정법을 사용한다. 결과절과 조건절 사이에 오는 but, except, save와 같은 접속 부사어는 등은 직설법을 선도한다.[9)]

(1) The flower *would have grown* well *but* the florist *didn't water* it.

(2) Mary *would have taken* a walk *except* she *didn't have* enough time.

(ii) If he *could* easily do it, I *would* ask him to help me.

9) but (that)~, except (that)~, save (that)~, only (that)~, except (for the fact that)~ 등의 구문에서 that~ 이하는 보통 직설법 동사가 오는데, 다음 예문에서 알 수 있듯이 그 의미는 가정법인 if not~에 가깝다.

(i) It will do good *except that* it is too long. / It will do good *if* it is *not* too long.

(ii) Nothing would do *but that* I must go. / Nothing would do *if* I should *not* go.

(iii) I am well *save that* I have a bad cold. / I am well *if* I do *not* have a bad cold.

☞ 함축 가정구문과 가정구문 유도 어구

함축 가정구문(implied subjunctive sentence)을 유도하는 대표적인 함축 가정 어구로는 가정적인 내용을 포함하는 동사인 wish, 조동사절인 would that~, 접속사절인 as if~나 as though~ 등을 들 수 있다.

1) 'I wish + 과거 시제의 가정구문'이나 'I wish + 과거 완료의 가정구문'은 현재나 미래나 과거의 일에 대한 이룰 수 없는 가정적인 소망을 표시한다.

(1) *I wish* I *were* a millionaire. ⇒

In fact, I *am not* a millionaire. / I am sorry I *am not* a millionaire.

(2) *I wish/I wished* I *had bought* my textbook at that book store. ⇒

In fact, I *didn't buy* my textbook at that book store.

2) 'would rather (that) + 가정구문'은 'I wish + 가정구문'과 거의 유사한 의미로 사용된다. 또한, 소망이나 기원을 나타내는 고어의 숙어적 표현으로 'would (to God) (that) + 가정구문'(='~라면 좋겠는데~')을 들 수 있다.10)

(1) a. We'*d rather* (that) Rosemary *didn't work* in the same field as we do.

b. I'*d rather* you *hadn't told* her about the fact that Anderson failed in the final exam.

(2) a. *Would that* I became young again.

b. *Would that* my grandmother were still alive.

3) 'If only + 가정구문'은 if-조건절의 가정적 강조 형식으로서 유감이나 후회의 의미를 함축하는 표현으로 '~하기만 하면 좋겠는데~'(=provided that~)라는 뜻을 가지고 있다. 한편, only if는 '단지~인 경우라면'이란 뜻으로 if-절의 의미를 강조한다.

(1) a. *If only/I wish/Would that* mother and father *were* here now.

b. *If only* I *hadn't lost* the watch that you gave me as a birthday present.

(2) *Only if* a teacher has given permission is a student allowed to leave the room.

---

10) 'would rather/had better/had best/had as soon/had sooner/would as soon + 과거 시제' 형식의 가정구문은 다음 예문의 의미에서 알 수 있듯이 would prefer to~(=~하는 편이 낫다)는 의미를 나타낸다.

(i) I'*d rather* we had dinner now. ⇒

I *would prefer* for us to have dinner now.

(ii) I'*d rather* you didn't mention the price. ⇒

I *would prefer* for you not to mention the price.

(iii) I'*d just as soon* you didn't take those important papers with you.

4) As if~나 As though~ 이하의 내용이 가정적이면 과거 가정구문이나 과거 완료 가정구문을 사용하고, '마치~인 것처럼'의 뜻으로 해석한다.[11)]

(1) He acts *as if/as though* he *were* a millionaire. ⇒
In fact, he *is not* a millionaire.

(2) He acted *as if/as though* he *had been* the president of the organization. ⇒
In fact, he *was not/had not been* the president of the organization.

☞ 가정법 조건절 대용 표현

1) 전치사나 전치사구인 with, without, but for, except for, in one's place 등이 가정구문의 조건절을 대신하는 대용어구로 사용된다.

(1) *With* a bit more help, I *could finish/could have finished* it on time.

(2) *Without/But for/Except for* your help, Jack would fail in the exam. ⇒
If it were not for your help/*Were it not for* your help, Jack would fail in the exam.

(3) I *would not do* such a thing *in your place*. ⇒
If I *were in your place*, I *would not do* such a thing.

2) '직설법+otherwise/or (else)+가정법'의 문장 구조, '명령법+otherwise/or (else)+직설법'의 문장 구조, '명령법+and+직설법'의 문장 구조 등에서 otherwise/or (else)나 and가 가정구문의 조건절을 대신한다.

(1) I liked the garden city; *otherwise/or (else)* I *wouldn't have stayed* there so long. ⇒
I liked the garden city; if I *hadn't liked* the city, I *wouldn't have stayed* there so long.

(2) Start at once, *otherwise*/or (else) you'*ll be* late for your first class. ⇒
Start at once, if you *don't start* at once, you'*ll be* late for your first class.

(3) Say that again, *and* you'*re fired* without delay. ⇒
If you *say* that again, you *will be fired* without delay.

---

11) as if-절이나 as though-절이 가정구문을 대신하는 비공식적인 표현으로 사용될 때는 다음 예문 (i)-(iii)처럼 직설법 동사를 쓸 수 있고, 사실적인 의미를 가질 때는 (iv)-(v)처럼 직설법을 사용하기도 한다.
(i) He *acts as if* he *is* a millionaire.
(ii) He *acts as if* he *was* a millionaire.
(iii) He *acted as if* he *was* a millionaire.
(iv) It *looks as if/as though* it *is* going to rain.
(v) He *looks as if/as though* he *is* getting better.

3) to-부정사절이 가정구문의 조건절인 if-절을 대신한다.

(1) It would have been wiser *to leave it unsaid/if I (or you) had left it unsaid.*

(2) I should be happy *to be a member of the club/if I were a member of the club.*

4) 명사구가 가정구문의 조건절인 if-절을 대신한다.

(1) *A true friend* would have acted differently. ⇒
If he/she had been a true friend, he/she would have acted differently.

(2) *A man of sense* would be ashamed of such a behavior. ⇒
If you/he were a man of sense, you/he would be ashamed of such a behavior.

5) 관계절이 가정구문의 조건절인 if-절을 대신한다.

(1) Any boy *who should do that* would be sneered. ⇒
If any boy should do that, he would be sneered.

(2) We believe any one *who thought they could take advantage of us* would be disappointed. ⇒
We believe *if anyone thought they could take advantage of us*, they would be disappointed.

6) 분사절이 가정구문의 조건절인 if-절을 대신한다.

(1) *Left alone*, he would have been lonely.
If he had been left alone, he would have been lonely.

(2) The same thing or matter, *happening in war time*, would amount to a great disaster. ⇒
If it should happen in war time, the same thing or matter would amount to a great disaster.

7) 접속사가 가정구문의 조건절인 if-절을 대신한다.[12)]

---

12) 다음 예문의 용법에서 알 수 있듯이 providing~과 provided that~(=only if), grant~와 granting~과 granted~(=even if), on condition that~, in the event that과 in the event of~, as long as~와 so long as~(=only if), unless~(=if~not~) 등은 주로 직설법과 결합하지만, 가정법에도 사용되는 접속사이다. 특히, 접속사 unless는 if 다음으로 사용 빈도가 높고, 직설법에 주로 사용되며, 부정의 if-절과 유사한 only if~not의 의미를 갖는다. 한편, as long as~나 so long as~는 조건의 충족을 전제로 하며, 다소 구어적인 표현이다.

(i) *Providing(=Provided) that* all your task is done, you *may go* home.

(1) *Suppose/Supposing(=If)* we *were* late, what would our teacher say?

(2) *In case/In case that(=If)* it *should* rain, don't forget to take an umbrella with you.

(3) *Assume/Assuming(=If)* they *won* the raffle, what would they do with an extra car?

☞ 접속사의 생략과 도치

가정구문에서 조건절의 접속사인 if가 생략되면 주어-조동사 도치가 이루어진다. 이때 유의해야 할 점은 might나 could의 도치는 문장에 but이나 just와 같은 부사가 있는 경우에만 가능하다는 사실이다.

(1) *Were I* in your place, I would do it differently. ⇒
If I were in your place, I would do it differently.

(2) *Might I but/Could I but* see my native land, I would die happily. ⇒
If I might but/If I could but see my native land, I would die happily.

(3) *Had I known* about the poor and illogical story, I would have cancelled the order of the book. ⇒
If I had known about the poor and illogical story, I would have cancelled the order of the book.

(4) *Should anyone call*, please take a message. ⇒
If anyone should call, please take a message.

(ii) a. He will be in London now, *if* the plane *was not* delayed.
b. He will be in London now, *unless* the plane *was* delayed.

(iii) a. *As long as* you're here, we might as well talk about your last game.
b. You can go wherever you like, *as long as* you are back by 7.

※ Practical Expression 1

I am wondering if~ : ~일지 아닐지 궁금해요.

(1) A: "*I'm wondering if* you could make a decision as soon as you can."

B: "I'll give you a call next Monday."

(2) A: "*I'm wondering if* he will be available that day."

B: "Let me see. According to his schedule, he is available all morning."

(3) A: "*I am wondering if* I could have a moment of your time."

B: "I'm sorry. I'm very busy now. How about meeting on Friday night?"

(4) A: "How may I help you? Any question is welcome."

B: "I am having some problems at work, and *I am wondering if* you might be able to give me some advice.

※ Practical Expression 2

subject + should have + past participle~ : 과거 분사~했어야 했는데 (못했어). (유감표시)

(1) A: "Waiter, this steak *should have been cooked* longer."

B: "How did you order it? Didn't you want medium, sir?"

(2) A: "What do you think you should have done when Paul parked in your place."

B: "I think I *should have* just politely *asked* him to move."

(3) A: "I lost the match, but I *should have won.* I was better than him. I am going to file a protest now."

B: "I agree. I think the judges were biased in their decision. It's unfair for us."

(4) A: "We were worried about you. You *should have called* us, but you didn't."

B: "As a matter of fact, I was very sick. When I felt hot in my body I thought that it was not serious, but my forehead became hot. So I couldn't stand the heat."

※ Practical Expression 3

I would rather (that)~ : 차라리 (that)~하면 좋겠어.

(1) A: "Are you going to cook the dinner or would you rather I cooked it?"
B: "*I'd rather* we are going out. I'm tired of cooking."

(2) A: "I just can't get her out of my mind. I think about her all the time."
B: "*I'd rather* you could show her how much you love her."

(3) A: "I'm sorry. *I'd rather* the event were forgotten. I've got to control how much I drink next time."
B: "*I'd rather* you went slow on alcohol."

(4) A: "Have you read the novel by Jack London?"
B: "Of course. I like the following parts, 'I would rather be ashes than dust! *I would rather* that my spark should burn out in a brilliant blaze than it should be stifled by dry-rot'."

※ Practical Expression 4

It's (high) time that~ / It's (high) time to+V~ : that~할 때가 되었어요. / to+V~할 때가 되었어요.

(1) A: "*It's time to receive* some news from them on our proposal."
B: "Not yet. We only submitted it just a few days ago."

(2) A: "*It's high time* you went to the dentist."
B: "I hate going to the dentist. I don't like the sound of a dentist's drill."

(3) A: "My father brought me a big suitcase and mother bought me a job interview guide book as my birthday present."
B: "I see. This means that *it's high time that* you left home, since you're already 20 years old."

(4) A: "There's far too much offensive 'adult' content on the web, and nobody seems to care. I don't want my kids finding stuff like that."
B: "It's a real danger, and *it's high time* we did something to stop it."

※※ Practical Expression 5

~as if+직설법 현재 표현 : 마치~인 것처럼 (사실이나 가능성 표시) ~as if+가정법 과거 표현 : 마치~인 것처럼 (개연성이 없거나 의심 표시)

(1) A: "She looks *as if she is* sick."
B: "I think so. She turned pale."

(2) A: "It looks *as if it is* going to rain."
B: "The weather reporter said it's gonna rain in the afternoon."

(3) A: "The woman treats him *as if he were* her son."
B: "I know, actually she doesn't have any son."

(4) A: "How were they treated?"
B: "They were treated *as if/as though they were* citizens of the Unites States."

※※ Practical Expression 6

시제 혼합 가정구문은 조건절과 주절인 결과절의 기준 시점이나 기준 시제가 서로 다르단다. 법성 혼합 가정구문은 조건절에는 직설법을 사용하고 주절인 결과절에는 가정법을 사용한단다.

(1) A: "The accident was terrible. Probably, the driver was drowsy while he was driving."
B: "If the driver *had been* more careful, those dead people *would be* alive now."

(2) A: "You have a leak under kitchen sink. It'll take about three hours to fix."
B: "If I *knew* something about plumbing, I *could have fixed* the leak in the sink myself."

(3) A: "Could you help me how to answer the question and show me a solution?"
B: "I *don't know* the answer; *otherwise* I *could tell* you."

(4) A: "He didn't tell a lie. That's impossible! You must have misunderstood him."
B: "I *only wish* I *had misunderstood* him, but I'*m sure* that I heard him correctly."

※※ Practical Expression 7

I'd appreciate it if~ : ~해 주시면 감사하겠습니다.

(1) A: "*I'd appreciate it if* you would help me."
B: "Sure. I'd be glad to. What can I help you?"

(2) A: "Would you do me a favor? *I'd appreciate it if* you could give me a hand."
B: "No problem. It's my pleasure."

(3) A: "I'm sorry. This type of product is sold out. If you like, we can order one for you."
B: "*I'd appreciate it if* you could."

(4) A: "*I'd appreciate it if* you would keep an eye on my suitcase while I go and check to see when my flight will be boarding."
B: "Don't mention it. I will watch it over for you."

※※ Practical Expression 8

Suppose/Supposing (that) / Assume/Assuming (that) / In case (that) / What if / If only 등이 가정구문의 If를 대신하거든! (~이라면/~의 경우에)

(1) A: "Would you lend me a pen?"
B: "I'd get the pen for you *if only* I *could remember* who last borrowed it."

(2) A: "*Assume/Assuming that* you were an elephant, what would you do?"
B: "I'll do my best to keep the peace of the world because an elephant is big and strong."

(3) A: "I'm afraid I don't have a table cloth for such a large dinner table."
B: "*Suppose/Supposing/What if* we were to use the green sheet from the double bed? It would look good with the yellow table napkins."

(4) A: "You told me that I can use *'in case (that)'* to say something is done because something else might happen. Then, could you give me an example?"
B: "*In case* you *were thinking* that I'd lend you any money, I will tell you now - I won't!"

✲✲ Practical Expression 9

What (will happen) if~? : 만일~하면 어떻게 할까? / 만일~하면 어떻게 될까?

(1) A: "You do that, and *what if* things go wrong?"

B: "You don't have a right to make an unfortunate remark."

(2) A: "*What will happen if* the items are 30 days overdue?"

B: "According to the agreement the borrower will be charged for them."

(3) A: "*What if* you do not understand some sentences or words?"

B: "I look them up in the dictionary. Or just skip them and find them later."

(4) A: "*What would happen if* there were no television and computer?"

B: "Our children would get healthier than present because they could frisk instead of being couch potatoes."

✲✲ Practical Expression 10

What do you say if~? : ~한다면 어떻게 할 거야? / ~라면 어떻게 할 거야?

(1) A: "*What do you say if* we hire him?"

B: "I'd like to give full support to your idea."

(2) A: "*What do you say if* I really want to go dancing this weekend?"

B: "Good idea. If I'm not too tired, let's go together."

(3) A: "Did you make a guest list for the banquet on father's 60th birthday?"

B: "Not yet. By the way, *what do you say if* we invite only close kinsfolk?"

(4) A: "I believe that 15% raising is out of the question, but *what do you say if* we meet you halfway?"

B: "Problem is that prices go on rising in the whole area of food, clothing and housing. Okay, then let's make it 12%."

Practical Expression 11

I wish+가정법: ~라면 좋을 텐데. (가정의 소원이나 희망 표시)

(1) A: "When will the storm be over?"
B: "*I wish* I *could tell* you. But the weather becomes worse."

(2) A: "I am sweating so much! Why don't you turn on the air conditioner?"
B: "*I wish* I *could*, but it doesn't work at all."

(3) A: "Would you like to go to the concert with us?"
B: "*I wish* I *could*, but I am too busy. I can't afford to do it."

(4) A: "It was worthwhile, but *I wish* the presentation *had been* shorter."
B: "I think she wanted to cover all in detail within the limited time."

Practical Expression 12

It doesn't matter (to me) wh-word~ / I don't care if~ :
wh-어해도 상관없어요. / 나는 if~해도 상관없어요.

(1) A: "You and your sister should have formed a united front and coped with the present situation."
B: "*It doesn't matter what* you say to me. But I can't put up with your criticizing my sister."

(2) A: "Lora, Jane invited me on her birthday party this Sunday. But I don't have anything nice to wear."
B: "Don't worry, Susan. *It doesn't matter what* you wear. Just as long as you will be there."

(3) A: "*I don't care if* he buys you nice things. But, do his gifts come from the heart?"
B: "I don't know. But if he were really my sweetheart, I'd make it so that we'd never be apart."

(4) A: "My alarm clock broke, so I woke up late today."
B: "*I don't care if* you are late or not. What is important is that you must finish your work by noon."

13. 정보 구조

담화나 텍스트 속의 문장에서는 화자와 청자 사이에 원활하고 효율적인 의사소통을 위하여 화제화, 초점화, 강조와 같은 정보 구조(information structure) 특성이 작용하여 문장의 어순을 조정하게 된다. 이와 같은 정보 구조 특성에 따라 전치, 후치, 도치, 외치, 전위가 이루어진다.
분열문의 초점화 구조 역시 정보 구조에 따라 어순이 조정된 문장이다. 문장 구성 성분이 축소되어 실현되는 생략, 변위, 대치도 복원 가능성과 경제성을 전제로 하는 정보 구조의 산물이다.

☞ 전치된 문장 구조

1) 화제화(topicalization)를 위한 전치(fronting)는 보충어인 명사구, 형용사구, 전치사구, 동사구 등을 주어 앞으로 이동하는 정보 구조 도출 결과이다.[1)]

(1) There are two issues we'll have to deal with. *One (issue)* we will discuss tomorrow.
(2) This is not another vulgar disgusting adult film. *Vulgar* it's not. But *dumb* it is.
(3) It appears that *from one of them* he borrowed several hundred dollars.
(4) I have promised to help them and *help them* I will.

2) 초점화(focalization)는 어떤 문장 구성 성분을 강조하거나 의문 내용으로 변형시키는 정보 구조 조정 기능이다.[2)] 초점화는 화제화와 달리 주어-조동사 도치가 적용된다.[3)]

---

1) 전치의 일반적인 용법과 기능으로는 다음 예문 (i)과 같은 문장 구성 성분의 강조, (ii)와 같은 대조의 강조, (iii)과 같은 화제의 도입, (iv)와 같은 화제의 전환을 위한 어순 조정을 들 수 있다(Cowan 2008).
(i) I work outside in the fresh air, which I really enjoy, and I don't have anything telling me what to do every minute. *That* I also like.
(ii) *Some things* you miss because you're in a hurry; *other things* you miss because you're tired or careless.
(iii) *Racked by drug scandals and team withdrawals*, the 94th Tour de France ended Sunday as one of the most tumultuous races in the event's history.
(iv) *To get more defensive answers*, The American Association of Oral and Maxillofacial Surgeons is sponsoring continuing research.

2) 강조 초점 구조 형성을 위한 도치에서 어휘 요소 도치의 대표적인 유형으로 비대격 동사 구조에서 다음 예문 (i)과 같은 장소 부사 here, there 등의 도치, (ii)와 같은 부정어 never, seldom, rarely, scarcely, hardly, not often 등의 도치, (iii)과 같은 not only(~but also), neither, nor, so 등의 도치를 들 수 있다.
(i) *Here comes* cops! / *There goes* another SUV.
(ii) *Seldom will* you see a performance as good as that.
(iii) *Not only am* I unhappy with his behavior, but I frankly just don't understand it.

3) 다음 예문 (i)처럼 화제화는 주제 요소나 화제 요소가 주어-조동사 도치 없이 주어 앞으로 전치되지만, (ii)처럼 초점화는 초점 요소가 주어-조동사 도치를 수반한다는 점에서 화제화와 다르다.
(i) *During the holidays*, I will never write another paper.
(ii) *On no account will* I write another paper during the holidays.

(1) a. *Under no circumstances would* I go there again.

b. *So successful was* Susan at conveying her message that her book sold three million copies

(2) a. *Which book would* you read to complete your report?

b. *What do* you mean, you want to spend your Christmas with me?

3) 연결(linking)을 위한 전치는 문두로 이동한 전치 요소가 앞에 나온 문장의 내용을 평가하는 변항 값으로 앞 문장과 뒤 문장을 연관시키는 정보 구조(information structure) 도출 장치이다.

(1) "Did you want tea?" "*Coffee* I ordered."

(2) Mother made a lot of sweet breads. *A couple of pounds* I think she made for me.

☞ 후치된 문장 구조

1) 후치(post-posing)는 주어나 목적어의 문법 기능을 수행하는 명사구가 길어지거나 복잡해지면서 신정보를 포함하게 될 때, 이 명사구를 절의 끝으로 이동하는 어순 조정 기능이다. 대표적인 후치로는 과중 명사구 이동(heavy NP shift)을 들 수 있다.

(1) The bartender put *a large yellow bucket full of ice-cubes* on the table. ⇒

The bartender put on the table *a large yellow bucket full of ice-cubes*.

(2) There was *a certain aloofness that I found quite disconcerting* in the priest's manner. ⇒

There was in the priest's manner *a certain aloofness that I found quite disconcerting.*

2) 청자에게 낯선 순수한 신정보(new information)일 때도 문미 초점 원리(end focus principle)에 따라 신정보 후치의 적용을 받아 어순을 조정해야 할 때가 있다.[4)]

---

4) 직접 전달문의 전달절(reporting clause)에서 '...,주어+의사 전달 동사' 어순과 '...,의사 전달 동사+주어' 어순이 다 사용되는데, 다음 예문에서 알 수 있듯이 네 가지 유형의 전달절의 어순 구조가 나타난다.

(i) "I suppose we can have some beer," *said John.*

(ii) "I suppose we can have some beer," *said he./he said.*

(iii) "I suppose we can have some beer," *he said good-humoredly.*

(iv) "I suppose we can have some beer," *he murmured.*

위의 문장 구조에서 알 수 있듯이 (i)처럼 전달문의 주어가 신정보로 판단되는 고유 명사나 명사구이면 '의사 전달 동사+주어'의 어순으로 도치된다. (ii)처럼 전달문의 주어가 구정보로 판단되는 대명사이면 '주어+의사 전달 동사'의 어순이나 '의사 전달 동사+주어'의 어순이 선택적으로 사용된다. (iii)처럼 주어가 구정보의 대명사이면서 의사 전달 동사가 길어지거나 복잡해지거나 무거워지면 '대명사 주어+의사 전달 동사'의 어순이 사용된다. (iv)처럼 주어가 구정보의 대명사이면서 의사 전달 동사가 say가 아닌 blubber, demand, exclaim, sneer, whisper 등과 같은 신정보이면 '대명사 주어+의사 전달 동사'의 어순이 사용되는 경향성을 갖는다. 이러한 사실은 직접 화법의 전달절에도 신정보와 과중 요소가 문미에 온다는 원리가 적용된다는 증거이다.

(1) I made *all the changes you wanted* without delay. ⇒

I made without delay *all the changes you wanted.*

(2) *A software engineer* suggested that the best solution would be to install a security alarm system. ⇒

The best solution, suggested *a software engineer*, would be to install a security alarm system.

☞ 도치된 문장 구조

1) 주어-동사 도치(subject-verb inversion)에서는 주어가 후치되는 대신에 동사에 의존하는 다른 동사 보충어 요소들이 전치되는 특별한 정보 구조이다. 이때 주어는 신정보의 성격이 강한 반면, 전치되는 요소들은 구정보의 성격이 강해야 한다는 기능 문법적인 제약을 받는다.[5)]

(1) *On the manager's desk sat* a large manila envelope.

(2) Stephen, can you do me a favor? *Up in my room, on the nightstand is* a reddish envelope that has to go out immediately.

(3) *In a little wooden house in the middle of a deep forest lived* a solitary man who spent his days reading and hunting.

2) 장소 부사와 부사어, 또는 공간 부사와 부사어 중에서 특히 방향의 장소 부사가 문두 위치에 오면 주어-동사 도치가 일어난다.

(1) A strange woman stood in the doorway. ⇒

In the doorway stood a strange woman.

(2) A light colored football rolled down on the street. ⇒

On the street rolled down a light colored football.

(3) a. Here comes the bus. ⇔ *Here* it is.

b. There are your keys ⇔ Ah, *there* they are.

---

5) do-지원 없이 '주어-동사 도치'가 일어나는 동사들은 be, arrive, arise, appear, come, die, lie, occur, roll 등과 같은 비대격 동사에 속한다. 비대격 동사는 원래 동작 주체가 되는 주어가 없이 동사의 보충어만 선택하는데, 이 보충어가 주어로 이동하여 정상적인 문장 구조로 도출된다. 이와 같은 비대격 구문에서 장소 부사나 방향 부사가 문두에 와서 주어와 동사가 도치되는 현상은 다음 예문처럼 부정 부사가 문두에 와서 주어-조동사 도치가 일어나는 현상과 유사하다. 이와 같은 주어-동사 도치는 고대 영어 시대에 보편적인 어순 결정 요인의 한 가지이던 V-2(verb second position)과 연결하여 설명할 수도 있다.

(i) *Little did* I dream that I could make such a great success.

(ii) *Not until we lose our health do* we realize the value of it.

☞ 외치된 문장 구조

1) 외치(extraposition)는 정보량이 많아 길어진 주어 요소가 허사 주어인 it에게 원래의 주어 자리를 넘겨주고 절의 끝으로 이동하는 어순 조정을 뜻한다. 외치되는 주어의 형태는 보통 that-절(that-clause), wh-의문사절(wh-interrogative clause), to-부정사절(to-infinitive clause), 동명사절(gerundive clause)과 같은 내용절이나 과중 명사구인 경우가 대부분이다. 외치가 과중 명사구 이동과 다른 점은 외치되는 요소는 구의 문법 범주가 아니라, 절의 문법 범주를 가지고 있다는 사실이다.

(1) *That Edward hasn't called* worries me. ⇒
It worries me *that Edward hasn't called.*
(2) *Why she didn't tell him the truth* is unclear. ⇒
It is unclear *why she didn't tell him the truth.*
(3) *To resist an invitation like that* would not be pointless. ⇒
It would not be pointless *to resist an invitation like that.*
(4) *Getting the participants to agree to our proposal* will be no problem. ⇒
It will be no problem *getting the participants to agree to our proposal.*

2) 시제 동사가 appear, be, chance, come about, fall out, happen, seem, strike, turn out과 같은 인상 동사(raising verb)이거나 자동사 decide, fall, hope, intend, remain 등이 사용될 때는 외치가 거의 의무적이다.

(1) a. It turned out *that he was dying.*
b. **That he was dying* turned out.
(2) a. It was decided *to short-list three of the candidates.*
b. **To short-list three of candidates* was decided.

☞ 전위된 문장 구조

1) 좌향 전이(left dislocation)에서는 화제화된 명사구가 절의 왼쪽 끝으로 이동하고, 원래의 명사구 자리에는 이 명사구를 선행사로 받는 재서 대명사(resumptive pronoun)가 들어온다.6)

---

6) 다음 예문 (i)처럼 보충어가 좌향 전위된 자리에는 대명사가 나타나지만, (ii)처럼 보충어가 전치된 자리는 공범주로 비어 있다는 차이점이 드러난다.

(i) a. *Her parents*, I don't like *them* at all.
b. *Garlic*, I ate *it* and pretty soon my stomach's upset.
(ii) a. *Her parents* I don't like__at all.
b. *Garlic* I ate__and pretty soon my stomach's upset.

(1) *The beautiful rainbow*, *it* seemed to end on the hillside.

(2) *A friend of mine* in my linguistics class, I gave *him* my note to copy.

2) 우향 전위(right dislocation)에서는 신정보의 성격을 가지고 있는 명사구가 절의 오른쪽 끝으로 이동하고, 원래의 명사구 자리에는 이 명사구를 선행사로 받는 재서 대명사가 들어온다.[7)]

(1) I really like *her*, *your younger sister*.

(2) No one had told *them* about the drug's side effects, *high school students*.

☞ 초점화된 요소를 강조하기 위한 분열문

1) 분열문(cleft sentence)인 It is~that~문장에서 초점화 되어 강조되는 요소는 be 동사 뒤에 오는 문장 구성 성분인데, 강조 초점의 특정 의미를 전달한다.

(1) I bought a wool sweater at the department store yesterday.

(2) a. It was *a wool sweater* that I bought at the department store yesterday.

b. It was *at the department store* that I bought a wool sweater yesterday.

c. It was *yesterday* that I bought a wool sweater at the department store.

2) 분열문의 어순에서 be 동사 뒤에 들어와 초점화 되어 강조되는 내용은 주어, 목적어, 보어, 부사어와 같은 요소들이다. 초점화를 통하여 강조되는 요소들을 문법 범주로 나누면, 명사구, 전치사구, 부사구, that-절, to-부정사절, wh-의문사절 등이다.

(1) It was *Edward VIII* that Simpson married.

(2) It is *only on Wednesday* that they come to New York.

(3) It's *certainly not to make life easier* that they are changing the rules.

(4) I think it is *not whether you win or lose* that matters, but how you play the game.

☞ 초점화된 요소를 강조하기 위한 유사 분열문

1) 유사 분열문(pseudo-cleft sentence)인 명사성 관계 대명사 'what+주어+동사+be~' 어순에서 be 동사 뒤에 오는 요소는 신정보로 문미 초점(end focus)의 특정 의미를 전달한다.

---

7) 다음 우향 전위문 (i)의 it은 지시 내용을 가지고 있는 실사이지만, 외치문 (ii)의 it은 지시 내용을 가지고 있지 않은 허사이다.
(i) *It* annoyed us both, *having to do the calculations by hand.*
(ii) *It* annoyed us both *that we had to do the calculations by hand.*

(1) What I bought was *a red wool sweater.*

(2) What I meant was *that you don't have to come if you don't want to.*

(3) What you must do is *(to) apply for special leave for coming holidays.*

(4) What her father is, if you want my view, *arrogant, dogmatic, and calm.*

2) 유사 분열문 구조에서 강조되는 요소는 be 동사 뒤에 오는 문장 구성 성분으로 주로 목적어, 보어, 부사어와 같은 문법 기능 요소들인데,[8] 이러한 문미 초점을 통하여 강조되는 요소들을 문법 범주로 나누면, 목적어나 주어 명사구, 전치사구, 형용사구, that-절, to-부정사절, 동명사절, wh-의문사절, 동사구 등이다.

(1) What the poor fellow wanted was *a piece of bread.*

(2) What Jackson promised was *to have it ready in the afternoon.*

(3) What the little boy said was *that he was fatigued with work and very hungry.*

(4) What I really don't know is *why they decided to do it today without my help.*

☞ 문장 구성 성분의 축소

1) 생략(ellipsis)은 통사-의미 자질을 가지고 있지만 음운 자질이 문자화 되지 않아 공범주로 실현되는 문장 구성 성분을 가리키는데, 생략 단위는 명사구 NP, 동사구 VP, 시제구 TP와 같은 구범주이다.[9]

(1) The tiger will *chase the cat*, and the lion will *chase the cat* too. ⇒

The tiger will *chase the cat*, and the lion will [$_{VP}$ Ø] too.

(2) *The dog* chased the cat, and *the dog* kicked the cat. ⇒

The dog chased the cat, and [$_{NP}$ Ø] kicked the cat.

(3) For my birthday present, I *received a new computer*, but I didn't expect to *receive a new computer.* ⇒

For my birthday present, I *received a new computer*, but I didn't expect to [$_{VP}$ Ø].

---

8) 주어와 동사구를 유사 분열문 구조를 사용하여 강조한 예는 다음 문장 (i)-(ii)와 같다.

(i) *Bob* won't be at the party. ⇒
Who won't be at the party was *Bob.*

(ii) He *sells sports cars in Seattle.* ⇒
What he does is *sell sports cars in Seattle.*

9) 특히, "I am confused about ellipsis and you will be [VP __] too."와 같은 문장에서는 be가 생략되지 않는다. 이와 같은 통사 구조 제약은 be 동사가 어휘 동사와 달리 고대 영어 이래로 현대 영어에 이르기까지 VP 밖으로 명시적으로 동사 이동하거나 조동사처럼 VP 밖의 기능 범주에서 외부 결합되기 때문이다.

(4) He *could have helped* her sister or she *could have helped* him. ⇒

He *could have helped* her sister or she [TP Ø] *have helped* him/*she've helped him.

(5) They want *John* to help *himself.* / *They* want [NP Ø] to help *themselves*.

(6) She *requested* that he [TP Ø] [VP *have* a second chance]/*he've a second chance.

2) 변위(displacement)는 문장 구성 성분의 일부가 원래의 규범적인 위치에 있지 않고 원위치로부터 이탈하여 다른 위치로 이동한 문장 구조를 말하는데, 화제화나 초점화가 대표적이다.

(1) They claim I think you said the dog was chasing *that cat*. ⇒

That cat, they claim I think you said the dog was chasing [NP__].

(2) I will write another theory-oriented paper *under no circumstances*. ⇒

Under no circumstances will I write another theory-oriented paper [PP__].

(3) I am absolutely convinced that he would turn to *no other colleague*. ⇒

I am absolutely convinced that *no other colleague would* he turn to [NP__].

(4) President Smith called the senior master sergeant *a hero*. ⇒

a. What President Smith called the senior master sergeant was [NP *a hero*].

b. *What President Smith called was [NP *the senior master sergeant*][NP a hero].

3) 대치(substitution)는 완전한 문장 구성 성분 대신에 주로 전방 조응의 대용형(pro-form)을 사용하는 문장 구성 성분 축소 방법이다.

(1) I bought *a house* with three bedrooms. [NP *It*] was in a dead end.

(2) The movie was actually *quite long*, but it didn't appear [AP *so*] because it was very engrossing.

(3) They had always been *good friends*, and hoped to remain [NP *so*] forever.

(4) The press say that the chairman has *resigned from the board*, and [VP *so*] he has.

(5) I think *that John is very wealthy*, but no one else believes [CP *so*].

(6) For my birthday present, I *received a new computer*, and I didn't expect to [VP *receive a new computer*]. ⇒

For my birthday present, I *received a new computer*, and I didn't expect to [VP *Ø*/**do it*/**do so*].[10)]

---

10) 이 예문처럼 대용형을 사용할지, 생략을 적용할지는 대용이나 생략의 대상이 되는 동사구 VP에 달려 있다. 즉, 대용형의 VP인

❋ Practical Expression 1

공간 부사구가 문두에 와서 강조되기도 한단다.

(1) A: "What do you see through a telescope on the mountain?"
B: "*On the top of the hill stands* a small beautiful temple."

(2) A: "Did you meet a little girl who lost her way?"
B: "*On the stair is* sitting a red-haired girl just like a picture."

(3) A: "Look through a window and watch the fire in the fireplace!"
B: "Yeah! *Above the fireplace is* a picture of a lady who looks familiar to me."

(4) A: "Where can I get on the Metropolitan bus?"
B: "*Across the main street from the tall building is* a gas station where the Metropolitan bus stops."

❋ Practical Expression 2

초점화 되어 문두로 전치되는 요소는 주어-시제 동사 도치가 이루어져야 돼!

(1) A: "How many reports did they produce on the digital economy?"
B: "They produced three reports, *neither of which did* any new productive suggestions contain, though."

(2) A: "People are busy buying and throwing away clothes these days. Such things worsen the environmental problems around us."
B: "*Never did* I know before about how much our fast fashion is destroying the earth."

(3) A: "*What is* it like living in that apartment complex?"
B: "People say it's very convenient to live in, but it's quite expensive to buy."

(4) A: "*Why can't* you have dinner with me this evening?"
B: "I very much appreciate your kind offer, but I already made a promise that I should keep."

---

do it/do so는 buy, eat, say와 같은 자발적 행위 동사를 대신하여 사용되는 된다. 그러나 know, receive, expect, live와 같은 비자발적 행위 동사는 생략구문을 사용한다(Radford 2009, Culicover 2009).

※※ Practical Expression 3

It~that~분열문은 앞에 강조 초점이 있고, What~is~분열문은 뒤에 강조 초점이 있지.

(1) A: "It was *the tiger* that chased the lion in the forest."
B: "I think that the lion is the king of beasts in the savanna."

(2) A: "When do you think the modern newspaper began to be published?"
B: "It was *between 1830 and 1835* that the modern newspaper was born."

(3) A: "Dear boy, what kind of iPhone are you talking about?"
B: "What I'd like to buy is *an iPhone that includes a front-facing camera for video chats*."

(4) A: "What do you like Harry to do?"
B: "What I want to do now is *demand that he come on this program and confront me like a man*."

※※ Practical Expression 4

There is~/There are~구문은 be 동사 뒤에 오는 요소가 신정보라구!

(1) A: "What are you interested in, especially in the nature of human societies?"
B: "If there is *a general problem* with something so common, that makes me wonder."

(2) A: "The weather becomes dry, cold and windy. We must take care not to start a fire."
B: "You're right. In fact, there occurred *several fires* downtown and in the forest yesterday."

(3) A: "My favorite classical musician is Mozart. Do you like to listen to his works too?"
B: "Yes. There appears *to be no limit* to the enjoyment that can be found by listening to the music of Mozart."

(4) A: "Once a human being is exposed to radioactive ray coming from radioactive material, what happens to human brain?"
B: "There happens *disorder* in central neural system and human being will get cataract, leukemia, various cancers and so on after passing several tens of years latent period."

✲✲ Practical Expression 5

문장에서 긴 요소는 대부분 신정보이므로 문미로 이동하는 게 원칙이야!

(1) A: "What do you want now?"

B: "What I want now is *just one thing that makes my mind comfortable*."

(2) A: "Who do you want to do the work?"

B: "It matters little *who does the work so long as it's done completely*."

(3) A: "Jinny scored with a low shot into the corner of the net."

B: "Her father watched from the stands *his daughter's attempt to shoot a basket*."

(4) A: "Do you believe that we can get information online easily?"

B: "It is true *that we can search for a lot of things online*, but it is books that we can refer to at any time and place."

✲✲ Practical Expression 6

화제화 되어 문두로 전치되는 요소는 주어-시제 동사 도치가 이루어지지 않는단다.

(1) A: "When does the boy sell what as a means of his family's livelihood?"

B: "*On the day of the market*, it is bottled beer that he sells."

(2) A: "Which computer do you want to buy?"

B: "*The conventional one*, I wanna buy that is equipped with a television capture card."

(3) A: "They said that he must eat his spinach, but *eat his spinach*, he wouldn't."

B: "I understand his real state of mind. If you have a bad memory of a childhood for some food, you wouldn't like it too."

(4) A: "*A non-native speaker*, I met yesterday, and he speaks English nearly without a foreign accent. Do you think it's possible?"

B: "Yes. I think that some people have a really good ear for accents and can practically eliminate their native accents and reproduce a foreign accent."

⁂ Practical Expression 7

It seems (that)~ : ~인 것 같다. / ~인 것 같아!

(1) A: "*It seems* that this meeting will never end."
B: "It's even longer than yesterday's special meeting."

(2) A: "Why is traffic moving so slow this morning?"
B: "*It seems* that there may be an accident in the tunnel."

(3) A: "*It seems* that someone else has already booked the Crystal Hall for the same time period."
B: "You can't be so serious. I think they have another space for us?"

(4) A: "Do you want to have your sister's wedding here?"
B: "Yes, but *it seems* that the diningroom as well as wedding hall isn't spacious enough to accommodate all our guests."

⁂ Practical Expression 8

직접 화법을 전달하는 전달 동사의 주어가 신정보이면 동사+주어의 도치 어순으로 표현하는 게 좋아.

(1) A: ""Look at these ribbons! Do you want one?", *she asks Snow White*."
B: ""Yes, they are very beautiful ribbons," *says Snow White*."

(2) A: ""Have you ever said, 'I love you dearly.' to a total stranger?," *asks a minister*."
B: ""No. If I would, they may think that I'm mentally ill or simply just joking," *I told him*."

(3) A: "*Teacher said to me*, "Why were you absent from school yesterday?""
B: "I told him that I was in bad condition because of influenza."

(4) A: "*Jane said to me*, "Please tell Mark to call me about 10 tomorrow if you meet him.""
B: "I replied, "Of course, I will. By the way, what's the matter?""

⁂ Practical Expression 9

> 생략은 보통 하나의 사고 단위인 구범주 말뭉치 단위로 이루어진단다.

(1) A: "Could I have/**Could I've* done something to help you?"
B: "Yes, You could helped me, or [TP ~~you could~~] have helped my sister."

(2) A: "Have you spoken to your secretary about your next week's plan?"
B: "No, I haven't [VP ~~spoken to my secretary about my next week's plan~~]."

(3) A: "Shall we go out and take a walk for about an hour?"
B: "I'm sorry, but I don't want to [VP ~~go out and take a walk for about an hour~~]."

(4) A: "The man wrote his greatest novel while [TP (*~~he was~~*)] working as an English literature professor in the college."
B: "I read that novel. I think it was very impressive and instructive."

⁂ Practical Expression 10

> not＋V~until--- : ---가 되어서야 (비로소) V~하다.
> It is not until＋subject＋V~that~ : that~하고 나서야 비로소 주어가 V~한다.

(1) A: "Where is my money that uncle gave me yesterday? I know that you hid it."
B: "You will *not find it out until* after you have obeyed my order."

(2) A: "Sophia was taking full advantage of the fact that her boss is her friend."
B: "Edmund did *not know the fact until* he met her boss." ⇒
Not until he met his boss did he knew the fact. ⇒
It was not until he met his boss that he knew the fact.

(3) A: "My health condition is poor nowadays. I often have a pain in the head."
B: "Why don't you take care of your body? *It is not until you lose* health that you know the value of it."

(4) A: "What value will your time have? To realize the value of a year, ask the man who was just diagnosed with cancer and was to die in a year."
B: "*It is not until we come* to the end of life that we know the value of time."

※ Practical Expression 11

> 문장 구성 성분이 문두로 이동하는 변위는 보통 하나의 사고 단위인 구범주 말뭉치 단위로 이루어진단다.

(1) A: "Danny, do you like Joan?"

B: "*Joan*, I don't like [Ø]. Rather I like her sister Jane."

(2) A: "The demonstrators have been looting shops and setting fire to cars."

B: "*That kind of behavior*, we cannot tolerate [Ø] in a civilized society."

(3) A: "I didn't think that he did such a behavior."

B: "*Never did* I [Ø] dream that such a thing would happen in front of me."

(4) A: "When you leave the house, *under no circumstances* must the door be left unlocked [Ø]."

B: "OK, I will. Furthermore, I don't have door key with me."

※ Practical Expression 12

> so는 보통 명사구, 형용사구, 절을 대신한다구!

(1) A: "How much is the programs that I wanna to buy?"

B: "The programs are *expensive*, and even more [$_{AP}$ *so*] if you have to keep altering them."

(2) A: "It's very hard to grasp the meaning of *The English Patient*."

B: "Well, *The English Patient* is [$_{NP}$ *so*] called because the main character is assumed to be English."

(3) A: "It is the end of the year. But I think the real estate market isn't very *good* right now."

B: "It might become [$_{AP}$ *so*] after summer began."

(4) A: "Do you think *that the Irish Republican Army was responsible for the bomb threat*?"

B: "Some people believe [$_{CP}$ *so*], but my father doesn't."

참고 문헌

Azar, Betty Schrampfer. 2000. *Understanding and Using English Grammar: Workbook*. White Plains, N.Y.: Pearson Education.

Azar, Betty Schrampfer. 2001. *Understanding and Using English Grammar: With Answer Key*. White Plains, N.Y.: Pearson Education.

Badalamenti, Victoria and Calolyn Henner-Stanchina. 2007. *Grammar Dimensions 1: Form-Meaning-Use*. Boston, Mass: Thomson Heinle.

Biber, Douglas, Stig Johansson, Geoffrey Leech, Susan Conrad and Edward Finegan. 1999. *Longman Grammar of Spoken and Written English*. Harlow: Longman.

Chalker, Sylvia and Edmund Weiner. 1996. *The Oxford Dictionary of English Grammar*. Oxford: Oxford University Press.

Biber, Douglas, Susan Conrad and Geoffrey Leech. 2002. *Student Grammar of Spoken and Written English*. Harlow: Longman.

Carter, Ronald and Michael McCarthy. 2006. *Cambridge Grammar of English: A Comprehensive Guide*. Cambridge: Cambridge University Press.

Chomsky, Noam. 1981. *Lectures on Government and Binding*. Dordrecht, Holland: Foris.

Chomsky, Noam. 1986. *Knowledge of Language: Its Nature, Origin and Use*. New York and London: Praeger.

Chomsky, Noam. 1995. *The Minimalist Program*. Cambridge: Cambridge University Press.

Chomsky, Noam. 2000. Minimalist Inquiries: The Framework. In Martin, R., D. Michaels and J. Uriagereka, (eds). *Step by Step*, 89-156. Cambridge, Mass.: MIT Press.

Chomsky, Noam. 2001. Derivation by Phase. In Kenstovicz, M. (ed). *Ken Hale: A Life in Language*, 1-52. Cambridge, Mass.: MIT Press.

Chomsky, Noam. 2004. Beyond Explanatory Adequacy. In Belletti, A. (ed). *Structures and Beyond: The Cartography of Syntactic Structures*, 104-131. Oxford: Oxford University Press.

Chomsky, Noam. 2005. Three Factors in Language Design. *Linguistic Inquiry* 36: 1-22.

Chomsky, Noam. 2007. Approaching UG from Below. Sauerland U. and H.-M. Gärtner (eds). *Interfaces+Recursion=Language?: Chomsky's Minimalism and the View from Syntax-Semantics*, 129. Berlin: Mouton de Gruter.

Chomsky, Noam. 2008. On Phases. In Freidin, R., C. P. Otero, and M. L. Zubizaretta, (eds). *Foundational Issues in Linguistic Theory: Essays in Honor of Jean-Roger Vergnaud*, 133-166. Cambridge, Mass.: MIT Press.

Chomsky, Noam. 2008. The Biolinguistic Program: Where Does It Stand Today? Ms., MIT.

Cook, J. Vivian and Mark Newson. 1996. *Chomsky's Universal Grammar: An Introduction*. Oxford: Blackwell.

Dickerson, Wayne B. 1989. *Stress in the Stream of Speech: Teacher's Manual*. Urbana: University of Illinois Press.

Ek, Jan A. van and Nico J. Robat. 1984. *The Student's Grammar of English*. Oxford: Basil Blackwell.

Frodesen, Jan and Janet Eyring. 2007. *Grammar Dimensions 4: Form-Meaning-Use*. Boston, Mass: Thomson

Heinle.
Fransis Gill, Elizabeth Manning and Susan Hunston (senior editor). 1998. *Collins Cobuild Verbs: Patterns & Practice*. London: Harper Collins.
Givón, Talmy. 2001. *Syntax*, Volume I-II. Amsterdam/Philadelphia: John Benjamins.
Greenbaum, Sidney. 1996. *The Oxford English Grammar*. Oxford: Oxford University Press.
Greenbaum, Sidney and Randolph Quirk. 1990. *A Student's Grammar of the English Language*. Harlow: Longman.
Haegeman, Liliane and Jackueline Guéron. 2000. *English Grammar: A Generative Perspective*. Oxford: Blackwell.
Huddleston, Rodney and Geoffrey K. Pullum. 2002. *The Cambridge Grammar of the English Language*. Cambridge University Press.
Huddeleston, Rodney and Geoffrey K. Pullum. 2005. *A Student's Introduction to English Grammar*. Cambridge: Cambridge University Press.
Jespersen, Otto. 1961. *A Modern English Grammar on Historical Principles*, Part I-VII. London: George Allen & Unwin.
Levin, Beth. 1993. *English Verb Classes and Alternations: A Primary Investigation*. Chicago and London: The University of Chicago Press.
Murphy, Raymond. 1994. *English Grammar in Use: A Self-study Reference and Practice Book for Intermediate Students of English*, Second Edition. Cambridge: Cambridge University Press.
Murphy, Raymond. 2000. *English Grammar in Use: Intermediate*. Cambridge: Cambridge University Press.
Murphy, Raymond. 2004. *English Grammar in Use with Answers and CD ROM: A Self-study Reference and Practice Book for Intermediate Students of English*, Third Edition. Cambridge: Cambridge University Press.
Quirk, Randolph, Geoffrey Leech and Jan Svartvik. 1985. *A Comprehensive Grammar of the English Language*. London and New York. Longman.
Radford, Andrew. 2004. *Minimalist Syntax: Exploring the Structure of English*. Cambridge: Cambridge University Press.
Radford, Andrew. 2009. *An Introduction to English Sentence Structure*. Cambridge: Cambridge University Press.
Reppen, Randi. 2011. *Grammar and Beyond*, Level 1-4. Cambridge: Cambridge University Press.
Sinclair, John (editor in chief). 2003. *Collins Cobuild Advanced Learner's English Dictionay*. London: Harper Collins.
Summers, Della (editorial director). 1996. *Longman Language Activator: The World's First Production Dictionary*. Harlow: Longman.
Summers, Della (director). *Longman Dictionary of Contemporary English*. 2003. Harlow: Longman.
Swan, Michael. 2005. *Practical English Usage*. Oxford: Oxford University Press.
Thewlis, Stephen H. 2007. *Grammar Dimensions 3: Form-Meaning-Use*. Boston, Mass: Thomson Heinle.
Wisniewska, Ingrid, Heidi Riggenbach and Virginia Samuda. 2007. *Grammar Dimensions 2: Form-Meaning-Use*. Boston, Mass: Thomson Heinle.
Woods, Geradine. 2001. *English Grammar for Dummies*. New York. Hungry Minds.

찾 아 보 기

(ㄴ)

(ㄷ)

(ㄹ)

(ㅁ)

(ㅂ)

(ㅅ)

(ㅇ)

(ㅈ)

(ㅊ)

(ㅌ)

(ㅍ)

(ㅎ)

저자에 대하여

박상수 (Sangsoo Park)

■ 저서

* 「EFL 환경에서 영어 사용 능력을 키우기 위한 영어문법」, 개정판. 2012. 서울: 경문사.
* 「쉽게 말하고 바르게 쓰기 위한 실용영문법」, 개정판. 2012. 서울: 경문사.
* 하고 쓰기 위한 영어 문장과 표현 연습. 2011. 부산외국어대학교 출판부.
* 「영어사 - 영국사와 함께 읽기」. 2007. 부산외국어대학교 출판부.
* 「실용영어문법」. 2006. 서울: 경문사.
* 「영어동사용법의 이론과 실제」. 2004. 부산외국어대학교 출판부.
* 「영어사와 영국사」. 1999. 부산외국어대학교 출판부.
* 「영어통사론」. 1994. 서울: 형설출판사.
* 「언어학개론」(공저). 1993. 서울: 형설출판사.
* 「신영어학개론」(공저). 1987. 서울: 학문사.

■ 논문

* Aspect of the Diachronic Changes of Absolute Participial and Gerundive Clauses and Their Logical Subjects in English. 2013.
* 영한 번역을 통한 표층결속의 비교분석. 2013.
* 영어 to-부정사절과 그 내부 통사구조의 통시적 변화. 2012.
* 영어 동명사의 통시적 발달과 동명사의 내부 통사구조. 2011.
* EFL 환경에서 영어 문장의 산출 및 구성성분의 인지와 언어 운용능력의 상관관계. 2010.
* On the Diachronic Status of the Core Negative Element ne and not in English Negation. 2010.
* An Analysis of the Mandative Subjunctive from a Diachronic Perspective. 2010.
* Asymmetry of Wh-Movement from Non-Subject and Subject Positions from a Diachronic Perspective. 2009.
* 동사이동의 재분석, Do-지원의 동인, 그리고 축약 부정조동사의 문법화. 2009.
* The Observance of V2 in the English Focalized Constructions. 2008.
* 보문소로 문법화된 that과 for의 통사자질. 2008.
* The Diachronic Change of Locative Inversion in English. 2008.
* A Diachronic Analysis of Focaliztion in English. 2007.
* A Diachronic Analysis of that-t Effect between Complement and Relative Clauses. 2007.
* tough+to-부정사구문의 논항이동. 2007.
* 영어 이중 목적어 어순의 통시적 변화. 2007.
* The Development of Complementizer and Relativizer that in the History of English. 2006.
* A Diachronic Analysis of the Syntactic Change of to-infinitive. 2006.
* On Transitive Phrasal Verb Constructions in English. 2005.
* 영어의 인상구문과 학습지도 내용. 2005.
* 부정사를 선택하는 연쇄동사 구문의 내부구조와 학습내용. 2005.
* 문법화 이론과 영어 동사어구의 문법화. 2004.
* 한국 중·고등학교 학생들의 영어학습을 위한 동사용법. 2003.

등 70여 편